リカード貿易論解読法
——『資本論』に拠る論証——

Decoding Ricardo's Trade Theory :
An Argument Based on *Das Kapital*

福留 久大 著
FUKUDOME Hisao

社会評論社

How David Ricardo Has Been Misunderstood.

序言　固定観念への抵抗の辞

　日露戦争（1904 〜 05 年）では日本帝国軍が露国帝国軍に勝利した、と言われている。1905 年 1 月に旅順攻略戦で露国要塞が陥落、奉天会戦で 18 日の激闘の末 3 月に露国軍が撤退、5 月 27 〜 29 日の日本海海戦でバルチック艦隊が連合艦隊に全滅させられる。戦力も資力もほぼ枯渇していた日本から要請を受け、6 月 6 日にセオドア・ルーズベルト米国大統領が日露両国に講和勧告を行う。「血の日曜日」を発端とする第一次露国革命に揺れる露国も同意して、9 月のポーツマツ講和条約の締結に至る。

　日本軍は、露国領内に侵攻したのではない。まして首都サンクトペテロブルクを制圧したのでもない。領土外の出先での勝負だった。しかしこの勝利によって、帝国陸海軍主流派の脳裡で、「初戦の大勝、早期の講和」が戦勝の方程式として固定観念と化した。その後の日中戦争の推移を吟味すれば、出先の勝負は本来の戦勝を意味しないことが洞察できたはずである。その洞察に依って、米国内に攻め込んでワシントンを制圧してこそ勝利だという認識が広まれば、太平洋戦争は回避されたかも知れない。実際には、「初戦の大勝、早期の講和」の固定観念に囚われて、日本帝国軍部は 1941 年 12 月 8 日の暴挙になだれ込んで行った。

　ディヴィッド・リカード『経済学および課税の原理』(David Ricardo, *On the Principles of Political Economy and Taxation*. 1817) の「外国貿易論」で説かれる比較生産費説は、高校の「政治・経済」教科書と大学の「国際経済論」教科書の必須事項であって、極めて著名な存在である。しかしながら、それを巡る教科書の説明が、或いは通常の辞書の説明が、原著者リカードの言明に反し、商品（＝市場）経済の基本的事実に反する内容に変形していることは、全く知られていない。誤解に基づく通説的解釈が固定観念化して世界に広く流布している。如何なる形でリカードの原意に反するか、如何なる形で商品（＝市場）経済の基本的事実に反するか、第一章「比較生産費と国際価値──リカード対ヴァイナー」の

冒頭2・5頁部分に明示されている。リカードは、価格上の絶対優位が輸出入の必要条件だと明言する。「クロスは、輸入元の国で掛かる費用より多くの金に対して売れるのでなければポルトガルに輸入され得ず、ワインは、ポルトガルで掛かる費用より多くの金に対して売れるのでなければイギリスに輸入され得ない」。これは、リカードを待つまでもなく商品経済の基本原理である。それにも拘らず、内外の著名な経済学者が、「生産費が（絶対的には高くても）比較的に安ければ輸出可能で各国が貿易利益を得る」と共存共栄と相互利益を主張して、比較生産費説の通説として定着させている。

　この明瞭な事実が、何故に無視されるのか。何故に理解されないのか。19世紀には英国でミル（Mill）の親子、20世紀には米国でヴァイナー（Viner）とサムエルソン（Samuelson）の師弟、当代一流の大学者が、誤読誤解によってリカード見解の核心を除去して、貿易利益を謳う絶妙の牧歌的定式を仕立て上げ、普及させ通説として固定観念化させた。以後、多くの経済学者が、リカード原典に拠らずに、固定観念化した解釈を学び教え踏襲する慣行が生まれ定着した。リカード貿易論の基本概念について、思考の陥穽が生まれ専門家集団は思考停止に陥った気配である。貿易認識が歪み資本主義認識に欠落が生じる。

　本書の目的は、誤解を正したリカード本来の正解を明らかにして固定観念化した通説に対置するところにある。強固な鎧兜（よろいかぶと）に守られた固定観念を揺さぶるために、比較生産費説の基本概念を抱いて、わが身を打ちつける弱体の紙礫（かみつぶて）である。揺さぶりの見込みが極めて低いことは承知している。専門家には一顧だにされないかも知れない。それでも紙礫は、様々の関連事項は措くことにして、基本概念だけを抱きしめて、繰り返し揺さぶりを試みる。破れ果てるまで試みる間に、少数であれ筆者主張支持の老若学徒の登場を待つ心境である。

　本書は、次の形で構成されている。第一章において本書全般の論旨の基幹が提示される。同章二節「古典学派の二重の視点」において本書における筆者主張の梗概が2400字にまとめられる。三節「比較生産費説の解読法」において、まず『資本論』冒頭章を丹念に辿って、「価値実

体としての労働」と「価値形態としての価格」が商品経済分析の基本概念を成すとされる。（初回通読の際は、マルクスの議論はかなり複雑なので後回しにして、39頁のスミス論へ直行するのが良策だろう）。次にスミス『国富論』(Adam Smith, *An Inquiry into The Nature and Causes of The Wealth of Nations*..1776) における「労働」と「価値」、「勤労」と「価値」という二重の視点での貿易分析が示される。最後に「労働」と「価値・価格」の二重の視点を活用して、難解とされるリカード比較生産費説の正解が綺麗に解明される。合わせて、労働量基準に基づく（＝価格視点を欠落させた）物々交換方式として貿易を把握する通説的解釈の誤解である所以が指摘される。四節「比較生産費説の誤読例」において、誤読の元祖（ミル親子とヴァイナー）、日本の優れた研究者四名（宇沢弘文、小宮隆太郎、中村廣治、根岸隆）が主対象となって批判され、その誤解に基づく弱点が明示される。

　第二章「比較生産費と国際価値──サムエルソン会長講演」、第三章「比較生産費と国際価値──リカード対アーウィン」においては、批判の対象がノーベル賞受賞のサムエルソンと現役教授アーウィン（Douglas A. Irwin）に変化したが、批判の論調に変化はない。したがって記述に重複が多くなった。特にサムエルソンとアーウィンが比較生産費説の提唱者としてトレンズ（Robert Torrens）にリカードに優る評価を与えている点を巡っては、サムエルソンとアーウィンが共にヴァイナーの議論に依拠しているので、批判の筆も同一軌道を辿ることになった。新しく比較生産費説に遭遇する老若学徒が、リカードの基本概念に接触する機会が多いほどに、固定観念克服の道が開けると考えて、重複を厭わないことにした。ただ、第二章第三章におけるトレンズ批判、J・ミル（James Mill）批判は、リカードに依る両者への批判の紹介とともに、独自の意義を有するはずである。第四章「対リカード誤解の構造── A・アーウィンの場合」は、第五章「How David Ricardo Has Been Misunderstood: The Case of Douglas A. Irwin」の日本語翻訳を本体として、補足の関連事項を註記の形で前後に配列したものである。第五章は、第六章「How David Ricardo Has Been Misunderstood: The Case of Jacob Viner」と共に、リカードの基本概念を英文で表現し、アーウィンとヴァイナーの弱点を

剔抉したもので、前の各章より一直線の理解に資するかも知れない。リカード原文と併用して読まれることがあれば幸いである。

　米ソ冷戦終結後三十年余、グローバリゼーション下の国際貿易は、共存共栄と相互利益の世界を生み出してはいない。優勝劣敗と弱肉強食の苛烈な競争が、格差と分断を拡大し国際秩序を崩壊させつつあるのではないだろうか。各地に立ち現れる異形の権力者による理不尽な振る舞いは、秩序崩壊の反映とも言えよう。比較生産費説の通説的解釈と国際貿易の現実との大きな乖離は、冷静沈着な考察を促すに違いない。そういう思いを抱きつつ、筆者は病床にあって命の残り火を見守るとともに、鎧兜に抗する紙礫の健闘を祈念している。

2022 年 3 月 29 日

福留　久大

リカード貿易論解読法——『資本論』に拠る論証
＊目次＊

第一章

比較生産費と国際価値
——リカード対ヴァイナー

序節．問題の所在と課題限定 [1)]

ディヴィッド・リカード『経済学および課税の原理』(David Ricardo, *On the Principles of Political Economy and Taxation.*) [2)] 第7章（1821年第3版、1819年第2版。1817年第1版では第6章）「外国貿易論」の構成は、次のように整理される。「1) 外国貿易が価値ないし利潤に影響を及ぼし得るかという問題を扱う部分（pp.128-133）、2) 投下労働価値論の適用範囲を国内にのみ限定し外国貿易には比較生産費原理をあてるという部分（pp.133-137）、3) 貴金属の国際的配分および為替相場と外国貿易との関係を取り扱う部分（pp.137-149）に三分されよう」（真実一男）[3)]。さらに簡潔には、「外国貿易論は、1)『外国貿易による価値額不変、したがって利潤率不変』命題、2) 比較生産費説、3) specie flow mechanism の三つの部分からなっている」（鳴瀬成洋）と表現される [4)]。

その第二の部分、いわゆる比較生産費説を論じた部分の、そのまた核心部分——イギリスとポルトガルの間の貿易商品クロスとワインを巡る「四つの数字」による例解部分、「一節、比較生産費説原文訳文」に該当する部分は、著者リカードによって「労働」と「価値・価格」の二重の視点に基づいて説明されている [5)]。学説史の流れに即して言えば、スミスからマルクスに至る古典学派の伝統に即した叙述である [6)]。

学問的に不幸なことに、通説的理解においては、この古典学派の二重の視点が摂取されなかった。価格視点が欠落して仕舞うと、個別資本の商品売買として行われる貿易取引が、一国単位の物々交換としてしか捉えられない結果になる。①労働量基準に基づく（＝価格視点を欠落させた）②一国単位の③物々交換方式として、リカード貿易論を誤解することが通例化する。労働量による相対優位を基準にして、価格の高低に拘らず各国が貿易利益を獲得できるという誤解が世界的に流布する。日本でも高校の「政治・経済」教科書のほぼ全てに、大学の「国際経済論」「経済学説史」教科書の圧倒的多数に、この誤解に基づく説明が掲げられている。有力な研究者による、その誤解の典型例を挙げてみる。

（例1）「ある意味で現代の経済学を代表するノーベル賞経済学者のサ

ミュエルソンは次のように言っている。お互いに異論が多くてなかなか同意しない経済学者であるが、そのほとんどすべてが一致して承認する経済学の定理は、リカードの国際貿易に関する比較生産費の原理、比較優位の原理である、と。各国が比較的に（絶対的にではなくてもよい）生産性が高い産業に特化し、その生産物を互いに輸出する国際貿易により、どの国も貿易利益が得られる」（根岸隆）[7]。

　（例2）「リカードゥは、比較生産費 comparative cost of production 原理に従うかぎり、一国は生産性において他国に劣る財を輸出することさえ可能であり、また自国が生産性において優越する財の輸入によってさえ利益を獲得できることを示した。つまり、この原理の核心は、国際分業は絶対的生産性の優位に基づいて行われるとする通俗的な考えの否定にある。」「リカードゥは、この原理を、ポルトガルおよびイギリスは、クロスとワイン1単位の生産に、それぞれ90人と80人、100人と120人を必要とするという数値例によって示した。つまりそこでは、ポルトガルはイギリスに対して、両財とも絶対的生産性のうえで優位にある。しかし、90/80 > 100/120 となることから、ワインに対するクロスの生産性では、イギリスはポルトガルに優っている。これは、ポルトガルはワインに、イギリスはクロスに比較優位をもつことを意味する。このとき、両国間の貿易において、ポルトガルのワインとイギリスのクロスが100/120以上90/80以下の比率で交換されれば、両国はともに利益を得る。なぜなら、そのとき両国は、比較優位をもたない財を生産するよりも、その労働力を比較優位財の生産に振り向けて貿易を行った方が必ず有利になるからである」（野口旭）[8]。

　通説的誤解の典型例において筆者が付した下線部分は、絶対的優位は問題でなく比較的（相対的）優位のみが輸出可能の条件であると主張する。それに対して、リカードは、次のように価格上の絶対優位が輸出入の必要条件であることを明言している。「クロスは、輸入元の国で掛かる費用より多くの金に対して売れるのでなければポルトガルに輸入され得ず、またワインは、ポルトガルで掛かる費用より多くの金に対して売れるのでなければイギリスに輸入され得ない。<Thus, cloth cannot be imported into Portugal, unless it sell there for more gold than it cost

in the country from which it was imported; and wine cannot be imported into England, unless it will sell for more there than it cost in Portugal.>」(p.137)(194頁)。

　生産費が絶対的には高くても比較的に安ければ輸出ができるという主張は、このようにリカードの見解に反するわけだが、リカードを待つまでもなく、そもそもイギリスの商品の生産費がポルトガルの同種商品の生産費より絶対的に高ければポルトガルへ輸入される道理はないのが商品経済の世界の冷厳な事実である。経済学を学ぶまでもなく自明というべきこの道理が、何ゆえに多くの練達の経済学者に見落とされるのか、さらには何ゆえ見落とされるだけでなく「通俗的な考え」として積極的に排除されるのか。

　「人間は智慧で仕事をする。魔術でやらかすんじゃない。とすると、智慧の仕上げにゃ時間がかかる。< Thou Know'st we work by wit, and not by witchcraft; And wit depends on dilatory time. >」[9]

　何事であれ本来の人間の仕事は、物事の理に即して知力を振り絞って進められるものである。魔法の力を借りて一足飛びで目的を達成できるようなものではない。しっかり知力が身につくまでには相当の時間を費やさねばならない。早期熟成など無理な相談だ。

　シェークスピアは、「オセロー」の第2幕第3場の終わり近くで、そういう台詞を残している。優れた経済学者が、商品経済の基本的事実に対立するし、リカードの言明にも反する解釈を淡々と披瀝するのは何故なのか。考えられるのは、次のような事情である。直接的には、経済学説史や国際経済論の分野で長期にわたってそういう解釈が通説として定着していて、学生時代に、あるいは若手研究者時代に、教師から、あるいは先輩から伝授された通説的解釈を受容する。余程の衝撃的経験がない限り、良く整っているように見える通説的解釈を、根本的に反省する機会はないだろう。学習段階つまり習うことを学ぶ段階で、魔法のような解釈を学ぶ。本来は、学問段階つまり問うことを学ぶ段階に至って、先入見を払拭して魔法のような解釈を根本的に再検討することが必要なのだろう。時間をかけた再検討を経てこそ、商品経済の基本的事実に即した、リカードの言明にも沿った比較生産費説理解が得られるのだろう。

だが、現実には、学習段階で1時間、多くても2時間の講義で通説的解釈が伝授されて、学問段階での再検討による改訂機会を得られないままに、リカード比較生産費説誤解が次々に中継されてきたのだろう。

　一方で、生産費が（絶対的には高くても）比較的に安ければ輸出可能で各国が貿易利益を得るという誤れる見解が生まれ、他方で、各国商品のなかで最低価格商品のみが生き残り他の商品は敗退を余儀なくされる「底辺への競争（the race to the bottom）」に対する認識欠如が生じる。この誤りに満ちた通説的理解の形成の跡を尋ねることを通して、広く流布されている通説的理解の誤謬を正し、リカード比較生産費説の正解を提示するのが、本章の課題である。本章では、この課題の解明に検討対象を限定する。

　課題の解決を、「三節．比較生産費説の解読法」（1）マルクス価値論の目標（2）スミス貿易論の二視点（3）リカードの四つの数字、「四節．比較生産費説の誤読例」（1）現代日本における事例（2）ミルからヴァイナーへ、の順路で進める。筆者の主張の梗概は、「二節．古典学派の二重の視点」において、（1）〜（5）の順序で示される。（お急ぎの方はここだけ通覧下さい。20分も要しないはずです）。

一節．比較生産費説原文訳文

　リカードが『原理』第7章「外国貿易論」において、比較生産費説を提示したとされる部分は、いわゆる「四つの数字」を中心とする五つの段落と一つの長い註記から成っている。以下に段落に記号を付して、原文と訳文を掲げる。

[A] If Portugal had no commercial connexion with other countries, instead of employing a great part of her capital and industry in the production of wines, with which she purchases for her own use the cloth and hardware of other countries, she would be obliged to devote a part of that capital to the manufacture of those commodities, which she would thus obtain probably inferior in quality as well as quantity.

「仮にポルトガルが他の諸国との通商関係を全く持たないとすれば、この国は、その資本と勤労の大部分をワインの生産に使用しそれを以て自国用のために他の諸国のクロスや鉄器類を購買する代わりに、その資本の一部分をそれらの商品の製造に向けることを余儀なくされ、したがっておそらく量ばかりでなく質においても劣ったものを取得することになるであろう」(p.134)（191 頁）。

［B］The quantity of wine which she shall give in exchange for the cloth of England, is not determined by the respective quantities of labour devoted to the production of each, as it would be, if both commodities were manufactured in England, or both in Portugal.

「この国がイギリスのクロスと引き換えに与えるであろうワインの分量は、仮に両商品が共にイギリスで製造されるか、あるいは共にポルトガルで製造されるならばそうであろうように、各々の生産に向けられる労働のそれぞれの分量によって、決定されるのではない」(pp.134-135)（191 頁）。

［C］England may be so circumstanced, that to produce the cloth may require the labour of 100 men for one year; and if she attempted to make the wine, it might require the labour of 120 men for the same time. England would therefore find it her interest to import wine, and to purchase it by the exportation of cloth.

「イギリスはクロスを生産するのに 1 年間 100 人の労働を必要とし、またもしワインを醸造しようと試みるなら同一期間に 120 人の労働を必要とするかも知れない、そういった事情のもとにあるとしよう。それゆえに、イギリスは、ワインを輸入し、それをクロスの輸出によって購買するのがその利益であることを知るであろう」(p.135)（191 頁）。

［D］To produce the wine in Portugal, might require only the labour of 80 men for one year, and to produce the cloth in the same country, might require the labour of 90 men for the same time. It would therefore be advantageous for her to export wine in exchange for cloth. This exchange might even take place, notwithstanding that the commodity imported by Portugal could be produced there with less labour than in England. Though she could make the cloth with the labour of 90 men, she would import it from a country where it required the labour of 100 men to produce it, because it would be advantageous to her rather to employ her capital in the production of wine, for which she would obtain more cloth from England, than she could produce by diverting a portion of her capital from the cultivation of vines to the manufacture of cloth.

「ポルトガルでワインを醸造するには、1年間80人の労働を必要とするに過ぎず、また同国でクロスを生産するには、同一期間に90人の労働を必要とするかも知れない。それ故に、その国にとってはクロスと引き換えにワインを輸出するのが有利であろう。この交換は、ポルトガルによって輸入される商品が、そこではイギリスにおけるよりも少ない労働を用いて生産され得るにも拘わらず、なお行われ得るであろう。ポルトガルは、クロスを90人の労働を用いて生産できるにも拘わらず、それを生産するのに100人の労働を必要とする国からそれを輸入するであろう。なぜならば、その国にとっては、その資本の一部分を葡萄樹の栽培からクロスの生産に転換することによって生産し得るよりも、より多量のクロスをイギリスから引き換えに取得するであろうワインの醸造にその資本を使用する方が、むしろ有利だからである」(p.135) (191 〜 192 頁)。

[E] Thus England would give the produce of the labour of 100 men, for the produce of the labour of 80. Such an exchange could not take place between the individuals of the same country. The labour of 100 Englishmen cannot be given for that of 80 Englishmen, but the produce of the labour of 100 Englishmen may be given for the production of the labour of 80 Portuguese, 60 Russians, or 120 East Indians. The difference in this respect, between a single country and many, is easily accounted for, by considering the difficulty with which capital moves from one country to another, to seek a more profitable employment, and the activity with which it invariably passes from one province to another in the same country.

「このようにして、イギリスは、100 人の労働の生産物を、80 人の労働の生産物に対して、与えるであろう。このような交換は同国内の個人間では起こりえないであろう。100 人のイギリス人の労働が、80 人のイギリス人のそれに対して与えられることはあり得ない。しかし 100 人のイギリス人の労働の生産物は、80 人のポルトガル人、60 人のロシア人、または 120 人のインド人の労働の生産物に対して与えられ得るであろう。この点での単一国と多数国との間の差異は、資本がより有利な用途を求めて一国から他国へ移動することの困難と、資本が常に同国内で一つの地方から他の地方へ移動するその活発さとを考察することによって、容易に説明される」(pp.135-136)（192 頁）。

[F]（原文 [E] に付された註記）It will appear then, that a country possessing very considerable advantages in machinery and skill, and which may therefore be enabled to manufacture commodities with much less labour than her neighbours, may, in return for such commodities, import a portion of the corn required for its consumption, even if its land were more fertile, and corn could be grown with less labour than in the country from which it was imported. Two men can both make shoes and hats, and one is superior to the other in both employments; but in making hats, he can only exceed his competitor by one-fifth or 20 per cent., and in making shoes he can excel him by one-third or 33 per cent.; — will it not be for the interest of both, that the superior man should employ himself exclusively in making shoes, and the inferior man in making hats ?

「こうしてみると、機械と熟練において非常に著しい利点を持ち、それ故に、その隣国よりもはるかに少ない労働を用いて諸商品を製造しうる国は、たとえ、そこから穀物を輸入する国よりも、自国の土地がより肥沃であり、穀物がより少ない労働で栽培されうるとしても、そのような商品を代償として、自国の消費に要する穀物の一部分を輸入することがある、ということは明らかであろう。二人の人が共に靴と帽子を作ることが出来て、一方の人はこれら両方の仕事において他方の人よりも優れているが、しかし帽子の製作においては、彼は彼の競争者に 5 分の 1 す

なわち20％だけ優れているに過ぎず、そして靴の製作においては、3分の1すなわち33％だけ優れている、としよう。優れた人の方が専ら靴の製作に従事して、劣った人の方が帽子の製作に従事するのが、両者の利益ではないだろうか？」（p.136）（192～193頁）。

二節．古典学派の二重の視点

　（1）古典学派において、商品経済現象は「価値実体としての労働」と「価値形態としての価格」の二重の視点から分析される。マルクスは、『資本論』第1巻第1篇「商品と貨幣」第1章「商品」第1節「商品の二要因、使用価値と価値（価値実体・価値量）」で「価値の実体をなしている労働」を究明し、第3節「価値形態または交換価値」で「貨幣形態の生成」を示して「価格」を「価値の貨幣表現」として説明する。そのうえで、第4節「商品の物神的性格とその秘密」において、スミスやリカードについて、「不完全ながらも、価値と価値量を分析して、これらの形態のうちに隠されている内容を」つまり「価値となって現れる労働を」「発見した」と評価している。

　（2）スミスは、マルクスの評価通り、『国富論』で貿易を論じた第2篇第5章で「労働 labour」と「価値 value」を、第4篇第2章で「勤労 industry」と「価値 value」を対概念とした二重の視点で貿易利益を検討している。国際経済論・貿易論の通説的解説では、古典派経済学は生産費用を専ら労働量で考えると述べられることが少なくないが、原典を読めばすぐ分かる通り、それは改められるべき誤解である。

　（3）イギリスとポルトガルの間のクロスとワインの貿易を巡る「四つの数字」によるリカード比較生産費説の例解は、労働量表記のみで行われているかの如くに受け取られて、国際経済論や経済学説史の通説的理解では、①労働量基準に基づく（＝価格視点を欠落させた）②一国単位の③物々交換方式として解釈されるのが常態である。しかしながら、リカード『経済学および課税の原理』においては、外国貿易は＜1＞価格の絶対優位を輸出入の必要条件とし＜2＞個別資本主体の独立の取引として

＜3＞牧歌的な物々交換ではなく苛烈な価格競争として展開されること
が強調されている。上記①②③のような通説的理解は否定され、正反対
の見地が提示されている。

　「労働」と「価値・価格」との二重の視点に基づく考察は、リカード
においても堅持されている。リカードは、引用した [B][E] にあるように、
国内市場では資本移動が容易であるのに対して、国際市場ではそれが困
難であるので、国内市場では労働価値説が適用されるが、国際市場では
適用されないと想定する。そのうえで、労働価値説の妥当しないイギリ
スとポルトガルとの貿易取引において「100 人の労働生産物（イギリス
クロス）を 80 人の労働 生産物（ポルトガルワイン）に対して与えるであ
ろう」としている。「100 人の労働生産物（イギリスクロス）」と「80 人
の労働生産物（ポルトガルワイン）」とが「何らかの意味で等価」である
ことが読み取れる。それは、「価値」ないし「価格」が等しいことを意
味していると理解できる。「価値」にも単位があるものとして、価値（価格）
の単位を、イギリスにおいても他の地域においても「ポンド」で表示する。
そこで、この等価の価値水準を仮に 40 百ポンドと仮定する。W 量のイ
ギリスクロス＝ X 量のポルトガルワイン＝ 40 百ポンドである。また、
一国内では労働価値説が妥当するので、X 量のイギリスワインの価値は
（40 百 ×120/100=）48 百ポンドであり、W 量のポルトガルクロスの価値
は（40 百 ×90/80=）45 百ポンドとなる。こうして下表のように、W 量の
クロスの価値は、イギリスで 40 百ポンドであり、ポルトガルでは 45 百
ポンドである。イギリスクロスは、ポルトガルクロスに対して価値（価
格）上で優位にあり、クロスはイギリスからポルトガルへ輸出可能であ
る。同様に、X 量のワインの価値は、ポルトガルで 40 百ポンドであり、
イギリスでは 48 百ポンドである。ポルトガルワインは、イギリスワイ
ンに対して価値（価格）上で優位にあり、ワインはポルトガルからイギ
リスに輸出可能である。貿易はあくまでも価値（価格）上の絶対優位を
基礎にして行われるのであって、その内実として労働量の相対優位が位
置づけられるのである。

	W 量のクロス	X 量のワイン
イギリス	100 人	120 人
ポルトガル	90 人	80 人

	W 量のクロス	X 量のワイン
イギリス	£40 百	£48 百
ポルトガル	£45 百	£40 百

　「イギリスのクロスの生産費が絶対的には高くても、比較的に安ければよい」という通説的理解は、リカードの見解にも商品経済の事実にも反する誤謬に外ならない。さらに、注目すべきは、リカードが、イギリスワインの生産性向上による価格低廉化、ポルトガルワインのイギリスへの輸出不可能の事例を挙げていることである。いわゆる片貿易であり、ポルトガルは貨幣での支払で決済をしなければならないことになる。

　(4) 経済学史や国際経済論の教科書的解説においては、個別資本の商品売買として行われる貿易を「一国単位」の「物々交換」として捉えるために、価格視点が欠落して仕舞い、労働量による相対優位論に立って、価格の高低に拘らず各国が貿易利益を獲得できるという誤った解釈が形成される。現代日本の国際経済論および経済学説史の著作から、比較生産費説の誤解に基づく適用方法として宇沢弘文氏と根岸隆氏の事例を、比較生産費説の誤解に基づく説明方法として中村廣治氏と小宮隆太郎氏の事例を、取り上げその弱点を指摘する。

　(5) 現代日本の優れた研究者たちが、価格視点を欠落させたまま労働量基準で比較生産費説を解釈するという陥穽に陥っているのは、いわば世界的通説に潜む陥穽を看破し得ないままにそれを踏襲した結果にほかならない。労働量基準に依ってリカード貿易論を物々交換方式で解釈する世界的通説の形成の跡を、① J・ミル（James Mill）の「植民地」（*Colony, The Supplement to the Encyclopedia Britannica*, 1818, pp.26-27）論文、② J・S・ミル（John Stuart Mill）の『経済学原理』（*Principles of Political Economy*, the first edition 1848, the seventh 1871.）第 18 章「国際価値論」（Chapter 18, Of International Values）、③ 20 世紀において物々交換方式の理解を定着させた、ヴァイナー『国際貿易理論研究』（Jacob Viner; *Studies in the*

Theory of International Trade. 1937)「Ⅷ章・貿易からの利益：比較生産費の教義」（Gains from Trade: Doctrine of Comparative Costs）に探る。

　ヴァイナーは、スミスやリカードが「労働」と「価値・価格」の二重の視点に基づいて議論している事実を読み取れず、労働量を基準にして誤読を重ねる。その結果、一方で、スミス見解に＜ 18 世紀基準 the eighteenth-century rule ＞という蔑称を与え、他方で、リカードが「輸入はたとえ輸入商品が自国で海外よりも少ない費用で生産できるとしても有利で有り得る。＜ that imports could be profitable even though the commodity imported could be produced at less cost at home than abroad ＞」（Viner, p.441）と述べているかの如く誤解して、その点がスミスの 18 世紀基準を凌駕する重要論点だと強弁している。ヴァイナーの主張が淵源となって、スミス貿易論を絶対生産費説と名づけてこれを不当に貶め、リカード貿易論を比較生産費説として不当に崇める風潮が生まれたのである。

三節．比較生産費説の解読法

　　　　（初回の通読時には、「(1) マルクス価値論の目標」は後回しにして、
　　　　39 頁「(2) スミス貿易論の二視点」に直行するのが好適である）。

(1) マルクス価値論の目標

　マルクスは、『資本論』第 1 巻第 1 篇「商品と貨幣」第 1 章「商品」において、次の事項の解明を目標としている [10]。第 1 節「商品の二要因、使用価値と価値（価値実体・価値量）」で「価値の実体をなしている労働」を究明して、「価値実体としての労働」論を確立する。第 3 節「価値形態または交換価値」で「貨幣形態の生成」を示して「価格」を「価値の貨幣による表現」と説明して、「価値形態としての価格」論を確定する。その目標に至る論証には、必ずしも十全でない面を残しながらも、第 4 節「商品の物神的性格とその秘密」において、スミスやリカードについて、「不完全ながらも、価値と価値量を分析して、これらの形態のうちに隠されている内容を」つまり「価値となって現れる労働を」「発見した」

と評価し、古典学派の商品経済分析に「労働」と「価値・価格」の二重の視点が内在することを示唆する。

『資本論』難解の要因

　『資本論』は、読解が極めて困難な書物だという定評がある。後に優れた経済学者に成り得た人であっても最初に『資本論』に接したとき『資本論』の読解は容易ではなかった。幾つか具体例を引いてみる。

　（例1）大正8年ということは、西暦1919年に当たる。32歳で大蔵省官吏から東京帝国大学経済学部助教授に転じて、「河上肇さんなんかの影響もあったでしょうが、けっきょく『資本論』に行きついたわけですね。しかしそのあいだが長くかかったですよ。『資本論』をあけてもはじめのほうばかりでやめてしまう。第1篇のところを何度読んでもわからないんだよ。大体問題の立て方がわからなかったんだよ」（大内兵衛）[11]。

　（例2）「『資本論』は、不幸にして第1分冊が初学者には大変分りにくい。私も大学生の頃この部分を読んだが少しも分らなかった」。「僕がはじめて『資本論』を読んだのは学生のときで、研究室に入りこんでちっとばかり読んでみたが全然わからなかった。大正12年にドイツに行ってはじめからしまいまでドイツ語で読み通した。4ヶ月ぐらいかかったでしょうかね。僕は体力はあるものだから、とにかくはじめからしまいまでドイツ語で読んだんです。やっぱりいまから考えるとまったくわかっていなかったということでしょうね」（向坂逸郎）[12]。

　（例3）戦前の1940年頃、「私がマルクス主義に近づいた時は、すでに言論の暗黒時代に入っていて、文献の入手は古本屋を漁るか、友人間の回し読みや筆写に頼る外なかった」時代の実例を挙げる。「私は和歌山中学を経て、大阪商科大学に学んだ。理科系にあこがれていた私には、これは自ら望んで選んだ進路ではなかった。青春の思想的彷徨の果てに、予科を終える頃にマルクス主義に近づき、はじめて進んで経済学を学ぶ気持になった。人並にマルクス主義の基礎文献を読み漁ったものの、『資本論』には全く歯が立たなかった。むしろ私を魅きつけたのは日本資本主義論争であり、30年代の世界の政治・経済を論じた資本主義の全般的危機の第3期論であった」（木下悦二）[13]。

（例 4）戦後の経済学部卒業生で実業の世界に進んだ人の例も挙げてみる。「私は 1940 年に福岡県に生まれ、63 年に九州大学経済学部を卒業しました。60 年代は多くの国立大学経済学部でマルクス経済学が勢いのある時代でした。九州大学では向坂逸郎先生は退官されていましたが、高橋正雄先生はお元気な頃でした。私も『資本論』に挑戦しましたが、数頁読んでは挫折し — を繰り返す日々でした」（池田弘一）¹⁴⁾。

この難解感挫折感を、筆者も、1960 年に大学生となって『資本論』に接して以来、幾度も体験してきた。その体験に基づいて、挫折をもたらす難解の原因の大きなものが、第 1 巻冒頭章に潜んでいると考える。難解の要因を冒頭章に求める見解は、後述のように『資本論』の著者・マルクスの表明するところでもある。しかしながら、冒頭章の内部で難解と考えられる部分については、マルクスと見解を異にせざるを得ない。それが、筆者の『資本論』読者としての感想である。

難解の要因を巡る著者マルクスの見解は、『資本論』第 1 版序文の次の部分で窺い知ることができる。以下は、一連の文章だが、便宜上（A）（B）（C）に三分割して引用する。

（A）「何事も初めが難しいということは、どの科学にも当てはまる。だから、第 1 章（第 2 版以後は第 1 篇に当たる — 引用者）、ことに商品の分析を含む節（第 2 版以後は第 1 章に当たる — 引用者）を理解することは、最大の難関になるであろう。価値実体と価値量の分析についてさらに詳しく言うと、私はこの分析をできるだけ平易なものにした」。

（B）「価値形態の分析はそうはゆかない。この分析は難解である。何故なら、弁証法が、前者の叙述のばあいよりもはるかに鮮明だからである。だから、弁証法的思考に全く不慣れな読者に、私は次のことを勧めておく。すなわち 15 頁 19 行目から 34 頁末尾までの部分は全て省略したまま読まずに、その代わり本書に追補してある付録『価値形態』を読むこと。この付録では、問題の科学的把握が許す限りでこの問題を単純にまた教師風に叙述することが試みられている。付録を読み終わってから、読者は本文に戻って 35 頁から読み続ければ良い」。

（C）「価値形態 — その完成形が貨幣形態である — は、極めて無内容

で単純である。にもかかわらず人間精神は2千年以上も前からその究明に空しい努力を続けてきた。他方、これよりもはるかに内容豊富で複雑な諸形態の分析には、少なくとも近似的には成功を収めた。何故か？　発育した身体は身体細胞よりも研究しやすいからである。その上、経済的諸形態の分析に際しては、顕微鏡も化学試薬も役立たない。抽象力が両者の代わりをしなければならない。ところが、ブルジョア社会にとっては、労働生産物の商品形態または商品の価値形態が経済的細胞形態である。無教養の者には、この形態の分析は、あれこれと細事の詮索をやっているだけのように見える。この場合には、実際に細事の詮索が問題になるに違いない。しかし、それは、顕微解剖でこのような詮索がなされるのと全く同じことなのである。それゆえ、この価値形態に関する節を別とすれば、本書を難解だと言って非難することはできないであろう。勿論、私が予想している読者は、何か新しいことを学ぼうとし、したがってまた自分自身で考えようとする人々なのである」[15]。

　上の引用文の中で（B）部分は、一般の『資本論』読者には馴染みのない文章のはずである。1872年刊行の『資本論』第2版に収録された「第1版序文」にあっては、この（B）部分は消去されたから、通常の『資本論』翻訳書では読者の眼に触れ得ないのである。

　（A）（B）（C）の引用部分において、マルクスは、三つの段階を追って難解の度合が高まる、と言っている。第1版の第1章「商品と貨幣」は、第1節「商品」、第2節「商品の交換過程」、第3節「貨幣または商品流通」の三つの節から構成されていた。第1段階、これら三つの節から成る第1章全体が難解であるとされる。第2段階、「商品の分析を含む節」つまり第1節「商品」を「理解することは最大の難関になるだろう」と予告する。第3段階、第1節の内部に立ち入って、「価値実体と価値量の分析」の部分については、マルクスは「この分析をできるだけ平易なものにした」から、「自分自身で考えようとする人々」ならば、何とか理解できるはずだと考える。しかし、第1節のなかでも「価値形態の分析はそうはゆかない。この分析は難解である。＜ Anders mit der Analyse der Werthform. Sie ist schwerverständlich, ＞」という次第で、難関中の最

難関が、価値形態論である。そこで、「価値形態 ― その完成形が貨幣形態である ―」については、第 1 節中で価値形態を論じた「15 頁 19 行目から 34 頁末尾までの部分は全く省略したまま読まずに、その代わり本書に追補してある付録『価値形態』を読むこと」を勧める、というのがマルクスの親切心である。と同時に、価値形態論という同一主題について、二重の記述を用意するというのは、その主題についてのマルクスの思索が不徹底であることを物語るものであった。

　実際に、『資本論』第 2 版に至ると、第 1 版における未完成部分不徹底部分に大幅な添削が加えられることになる。この改訂を巡ってはマルクス自身が「第 2 版後記」で「篇章の分け方」から作業報告を切り出している。「第 1 版の読者には、まず第 2 版で加えられた変更について報告しておかなければならない。篇章の分け方が見渡しやすいものになったことは一見して明らかである」[16]。多少具体的に見ると、篇章編成の格上げと明確化は次の形で行われている。第 1 版で、第 1 章「商品と貨幣」第 1 節「商品」第 2 節「商品の交換過程」第 3 節「貨幣または商品流通」となっていたのが、第 2 版では、第 1 篇「商品と貨幣」となり、その下に第 1 章「商品」第 2 章「商品の交換過程」第 3 章「貨幣または商品流通」の三つの章が節から昇格した形で置かれる。その上で、第 1 章は 4 節に、第 3 章は 3 節に分けられ、それぞれの節ごとに論題が記載されている。問題の第 1 章について見ると次の通りである。

　第 1 節「商品の二つの要因、使用価値と価値（価値実体・価値量）」、

　第 2 節「商品に表される労働の二重性」、

　第 3 節「価値形態または交換価値」、

　第 4 節「商品の物神的性格とその秘密」。

　こうした篇章編成の下で行われた第 1 章の改訂内容については、次のように続けている。「第 1 章第 1 節では、それぞれの交換価値が表現される諸等式の分析による価値の導出が、科学的に一層厳密になされている。また第 1 版では暗示されているだけの、価値実体と社会的必要労働時間による価値量の規定との関連も、明確に述べてある。第 1 章第 3 節（価値形態）は全面的に修正されたが、これは既に第 1 版の二重の記述から見ても必要なことだった。」「第 1 章の最後の一節『商品の物神的性

格云々』は大部分書き改められている」。[17]

　以上のように、マルクスは、冒頭章のなかで最大の難所は「価値形態」論にある、と述べている。『資本論』現行版の第1巻第1章第1節「商品の二つの要因、使用価値と価値（価値実体・価値量）」で検討対象となる「価値実体」論については、大体において、スミスやリカードの見解を継承して多少とも改良すれば良い、とマルクスには思われる。それに対して、第1巻第1章第3節「価値形態または交換価値」で検討対象となる「価値形態」論こそは、スミスやリカードに欠けている領域（それだけに留まらず、マルクス以後の新古典派にも欠けている領域）、マルクスの独創性が発揮される領域を成すが、それだけにマルクスの懸命の努力にもかかわらず暗中模索が続いて明快な把握が成しえていない領域であった。したがって彼が、「価値形態 — その完成形が貨幣形態である — 」を論じた個所が最大の難所である、と考えるのには頷けるものがある。しかしながら、「この価値形態に関する節を別とすれば、本書を難解だと言って非難することはできないであろう」という見方には、大きい疑問符を打たざるを得ない。「価値形態」論以外に、難解な部分、疑問の個所が厳存するのである。

　マルクスは、冒頭章において自己独自の独創的領域としての「価値形態」論については、商品の関係のなかから貨幣が分化してくる論理的過程を解明すべく脳力の限りを尽くした感がある。しかし、「価値実体」論を巡っては、基本的にスミスやリカードの論証方法を継承している。「資本主義的生産様式」の下での商品の「価値を形成する実体すなわち労働」に相応した論証方法を独自に確立するところまでには至らなかった。これが、一つの不作為である。いま一つの不作為は、「価値実体」と「価値形態」に対して、その原点をなす「価値」（価値そのもの、価値自体）概念について、明示的で意識的な定義づけを冒頭章では行っていないことである。「使用価値」についての説明は存在するが、「価値」についての説明は容易には見いだせない。この二つの不作為は、読者が「労働」と「価値」と「価値実体」と「価値形態」の区別と関連を把握し、夫々の領域について明快な理解を得ることを、極めて困難にする。読者は、「労

働」と「価値」と「価値実体」と「価値形態」との四つの術語を巡って、混乱を余儀なくされる。そういう次第で、第1章第3節の「価値形態論」だけではなく、第1章第1節の「価値実体論」にも、難解の原因を求める点で、著者・マルクスと見解を異にせざるを得ない。それが、筆者の『資本論』読者としての体験を通して骨身に徹した感想である。

　上記二つの不作為が『資本論』冒頭章に、如何なる弱点を残しているか、第2版に至る改訂作業を通じて如何なる方向に弱点克服の努力が向けられたのか。マルクス独自の領域としての第3節の価値形態論と、古典学派の思考枠を超えられない第1節の価値実体論との対比的検討によって、第1章の価値論における弱点の所在とその克服を目指した進化の跡を確認することが出来る。

第1章第1節の価値論

　第1章第1節「商品の二つの要因、使用価値と価値（価値実体・価値量）」の検討課題は、表題から窺える通り、「資本主義的生産様式」の下での商品の「価値」と「価値を形成する実体すなわち労働」の関連を解明することである。この通りに課題は明確であるが、その課題に応えるべき論証方法は必ずしも十分に考え抜かれたものではなかった。そのためにマルクスの議論には幾つかの弱点が生じた。その弱点は、読者を誤解へと導く糸口にも成ったのである。第1節の叙述に即して、そのような事情を確認しておきたい[18]。

　『資本論』第1章第1節の冒頭の一文、「資本主義的生産様式が支配的に行われている社会の富は、一つの『巨大な商品の集まり』として現われ、一つひとつの商品は、その富の基本形態として現われる。それゆえ、われわれの研究は商品の分析から始められる」(S.49)(71頁)。ここで、マルクスは、分析対象が資本主義的商品であることを明示する。

　その商品に含まれる二要因、「使用価値」と「価値」のうちで、「その属性によって人間の何らかの種類の欲求を充足させる」「使用価値」(S.49,50)(71、73頁)を取りあげる。「使用価値は、富の社会的形態がどのようなものであるかに関わりなく、富の素材的内容をなしている。

我々が考察しようとしている社会形態にあっては、それは同時に素材的な担い手になっている ― 交換価値の」（S.50）（73頁）。ということで、考察対象を交換価値に移して、諸商品の直接交換を想定する。「交換価値は、まずある一種類の使用価値が他の種類の使用価値と交換される量的関係・割合として現れる」（S.50）（74頁）と考えて、「ある一つの商品、例えば1クォーターの小麦は、X量の靴墨とか、Y量の絹とか、Z量の金とか、要するに色々に違った割合の諸商品と交換される」（S.51）（74頁）という関係を設定する。この関係から次の二点を導き出す。「第一に、同じ商品の妥当な諸交換価値は、一つの同じものを表現している、ということになる。第二に、交換価値は、一般にただそれと区別される或る内実の表現様式、『現象形態』でしかありえない、ということになる」（S.51）（75頁）。

　次いでマルクスは、この「一つの同じもの」「或る内実」を探求する過程で、商品の使用価値を捨象する。「諸商品の交換関係を明白に特徴づけているものは、まさに諸商品の使用価値の捨象である。そのなかでは、一つの使用価値は、それが適当な割合でそこにありさえすれば、他のどの使用価値とも丁度同じだけのものと認められるのである。使用価値としては、商品は何よりもまず色々に違った質であるが、交換価値としては、商品は何よりもただ色々に違った量でしかありえないのであり、したがって一分子の使用価値も含んでいないのである」（S.52）（76頁）。

　この使用価値の捨象とともに、諸商品に共通な「一つの同じもの」「或る内実」は、抽象的人間労働に還元されることになる。「労働生産物の使用価値を捨象するならば、それを使用価値にしている物体的な成分や形態をも捨象することになる。（中略 ― 引用者）これらの労働はもはや互いに区別されることなく、全てことごとく同じ人間労働に、抽象的人間労働に、還元されているのである」（S.52）（77頁）。

　こうしてマルクスは、価値の実体は人間労働だと結論し、労働量を基準にして商品が交換されることを示唆することになる。「今度はこれらの労働生産物に残っているものを考察してみよう。それらに残っているものは、同じ幻のような対象性のほかには何もなく、無差別な人間労働の、すなわちその支出の形態に関わりのない人間労働力の支出の、ただ

の凝固物の他には何もない。これらのものが表しているのは、ただその生産に人間労働力が支出されており、人間労働が積み上げられているということだけである。このようなそれらに共通な社会的実体の結晶として、これらのものは価値 — 商品価値なのである。」(S.52)（77頁）。「ある使用価値または財貨が価値を持つのは、ただ抽象的人間労働がそれに対象化または物質化されているからでしかない。ではその価値はどのようにして計られるのか。それに含まれている『価値を形成する実体』の量、すなわち労働の量によってである」(S.53)（78頁）。

　以上の推論について、次の四つの特徴を指摘できる。（一）諸商品が直接に交換されるものと想定されており、商品交換の困難は問題とされていない。（二）商品の使用価値が捨象されており、商品がその使用価値において欲求されることは考慮されていない。（三）諸商品に共通なものは、抽象的人間労働の凝固物であるとされている。（四）価値概念について明示的な定義づけが行われないままに、価値が価値実体に密着した形で説明されており、価値は抽象的人間労働の凝固物であるかの如き誤解を生むことになる。

　特徴（一）と（二）は、商品経済の事実から乖離した想定に基づいての議論であり、その点が商品の特質を語る上で弱点となっている。「販売することを予定されている物品すなわち商品」(S.201)（326頁）という特質上、商品は買手を見つけて販売されなければならないものであり、そのためには商品に含まれる使用価値を買手から欲求されることが事の始まりである。商品の直接交換の想定や商品の使用価値の捨象は、商品の特質に即した論証とは言えないのである。

　特徴（三）についても、次のような弱点を指摘しなければならない。ここで「労働」を論ずるためには、生産に従事する人間から見ると労働過程、生産される財貨から見ると生産過程、合わせて労働生産過程が設定されねばならない。第１節の検討対象は、資本主義的商品だから、資本主義的労働生産過程における労働が問題となるわけだが、それには労働力の商品化が前提される必要がある。労働力商品化が実施されて資本家ないしその代理人の指揮命令下で労働が行われることによって抽象的

人間労働が実現される。しかし、「まだ労働力の商品化が説かれない以上、その生産は小生産者によるものと考えざるをえない。そして小生産者による商品生産は歴史的に見て封建社会や資本主義社会に部分的に存在していたにすぎず、そういう生産が一つの社会に支配的になりうるようなものではなかった。小生産者による商品生産が支配的であるような社会は存在しないし、そういう商品が労働量を基準にして交換されることなど論証されるはずもないのである」[19]。

　特徴（四）は、重要である。マルクスの結論部分「これらのものは価値 ── 商品価値である＜ sind sie Werte ── Warenwerte ＞」を卒然として読むと（ということは「それらに共通な社会的実体の結晶として＜ Als Kristalle dieser ihnen gemeinschaftlichen gesellschaftlichen Substanz ＞」という微妙な語句を度外視することだが）、「人間労働力の支出のただの凝固物」「人間労働が積み上げられている」ものが「価値、商品価値」である、と言っているように読める。すぐ後に示す通り、そういう読み方は誤読であり誤解である。にも拘らず、この誤読は根強く流布している。ここには、法律学分野と論理学分野の哲学者の誤読例を挙げてみる。

　（例1）「商品の価値とは何かに関するマルクスの基本的言明」は、「敢えて単純化して表現すれば、『商品の価値とはその生産に投入された労働である』という言明」に帰着するし、また、この一文は「簡略を期するために『V ＝ L』という記号で表すこと」（V ＝ Value, L ＝ Labour）ができる。（碧海純一）[20]。

　（例2）「マルクスは『資本論』の初めの部分で商品の分析をおこなっている。そして次のような三つの命題を立てている。①すべての商品は使用価値をもつ。②すべての商品は交換価値をもつ。③すべての商品は労働価値をもつ。（中略 ── 引用者）マルクスの場合も使用価値＝交換価値＝労働価値という式が成立するのは当然である。そしてこの式がマルクスの労働価値説の核心をなす式であるといえる。（中略 ── 引用者）すなわち労働価値説は、価値＝労働価値という等式を主張するものである」（山下正男）[21]。

　（例1）（例2）として挙げた見解は、マルクス価値論の核心を「商品の価値とはその生産に投入された労働である」と把握している。この把

握が誤解であることは、『資本論』第1章第1節から上に引用した部分の最後の所、「ではその価値はどのようにして計られるのか。それに含まれている『価値を形成する実体』の量、すなわち労働の量によってである」（S.53）（78頁）を読めば明らかになる。ここで語られるのは、労働は、価値そのものではなく、価値を形成する実体である、ということにほかならない。つまり、（例1）（例2）として挙げた見解は、「価値」（価値そのもの、価値自体）と「価値実体」との区別ができずに、価値実体としての労働を価値そのものと混同しているのである。

そうではあるが、この誤読を導いた責任の一端は、マルクスの叙述に求められることも認めなければならない。「価値」概念について、明示的で意識的な定義づけを欠いたままで、価値実体に密着した説明を行えば、「価値」と「価値実体」の区別ができないで両者を混同する読者が続出するのは、当然のことなのである。

第1章第3節の価値論

第1章第3節「価値形態または交換価値」の課題を、マルクスはこう述べる。「諸商品は、それらの使用価値の雑多な現物形態とは著しい対照をなしている一つの共通な価値形態 — 貨幣形態をもっているということだけは、だれでも、ほかのことは何も知っていなくても、よく知っていることである。しかし、いまここでなされなければならないことは、ブルジョア経済学によってただ試みられることさえないこと、すなわち、この貨幣形態の生成を示すことであり、したがって、諸商品の価値関係に含まれている価値表現の発展をその最も単純な最も目立たない姿から光まばゆい貨幣形態に至るまで追跡することである。これによって同時に貨幣の謎も消え去るのである」（S.62）（93〜94頁）。

商品経済社会では、商品の価値は「一つの共通な価値形態 — 貨幣形態」を以て表現されている。商品パン1個は金60円である、商品洋服1着は金60000円である、という風に。商品の価値は、貨幣の一定量で、つまり「貨幣形態」で、表されているのであるが、その貨幣形態は、「諸商品の価値関係に含まれている価値表現」つまり「価値形態」の最も発展したもの、完成したものと考えられる。こうして、商品の価値表現の

形態である「価値形態または交換価値」を、「その最も単純な最も目立たない姿から光まばゆい貨幣形態に至るまで追跡すること」によって、第一に、商品が交換されその価値が実現されるための前提として、商品の価値が表現される仕組が解明されることになる。第二に「同時に貨幣の謎も消え去る」ことになる。「貨幣の謎」とは何か？　商品を持っていても望みのままに商品を売って貨幣を入手できるとは限らない。しかし、貨幣を持っていれば、何時でも何処でもどういう商品でも購買できる。どうして貨幣が商品に対してそういう強大な力を持つに至ったか。それがここでいう「貨幣の謎」で、その解明が価値形態論のいま一つの課題である。その二つの課題を、A)「単純な個別的偶然的価値形態」、B)「全体的な展開された価値形態」、C)「一般的価値形態」、D)「貨幣形態」という順路で果たして行くことになる。ここではその論証の詳細は省略に委ねて、第1章第1節の価値論に見られた弱点を克服する新たな見地が提示されている事実だけを指摘しておきたい。

　「単純な個別的偶然的価値形態」の分析において、最も単純な価値表現形態として「20 エレのリンネル＝1 着の上着、又は 20 エレのリンネルは 1 着の上着に値する」(S.63)（94 頁）という等式が取り上げられる。この等式は、相対的価値形態にある「商品リンネルの価値が商品上着の身体で表現され、一商品の価値が他の商品の使用価値で表現される」(S.66)（101 頁）ことを示している。
　さらに、「20 エレのリンネル＝1 着の上着」というのは、リンネル商品の所有者が上着との交換を求めて上着商品の所有者に働きかける過程で、リンネル商品の価値を表現することを示すものであって、商品同士の交換を示しているのではない。「一商品 A（リンネル）は、その価値を異種の一商品 B（上着）の使用価値で表現することで、商品 B そのものに一つの独特の価値形態、等価物という形態を押し付ける。（中略——引用者）リンネルは実際にそれ自身の価値存在を、上着が直接にリンネルと交換され得るものだということによって、表現するのである。したがって、一商品の等価形態は、その商品の他の商品との直接交換可能性の形態である」(S.70)（106 〜 7 頁）ということになる。交換を求めたリンネ

ル商品は上着商品を入手できるとは限らないのに対して、交換を求められた上着商品は、望めば何時でもリンネル商品を入手できる直接交換可能性を持ち得ることが明らかにされる。等価形態に置かれた商品の持つこの直接交換可能性（unmittelbare Austauschbarkeit）こそが、貨幣が商品に対して有する強大な力、何時でも何処でも任意の商品を買い得る力の萌芽形態なのである。

　以上の説明のなかに、第1章第1節の価値論に見られた特徴（一）（二）（三）とは異なる見地、特徴（一）（二）（三）に潜む弱点を克服する見地を確認することができる。

　特色（一）。相対的価値形態に在る商品は交換を望みながら交換実現の保証はなく、等価形態に置かれた商品は交換を求められたことによって相手に対する直接交換可能性を持つことになる。その点で、第1節で特徴（一）として「諸商品が直接に交換される」と想定されていたのとは異なる見地が提示されている。

　特色（二）。相対的価値形態にある商品リンネルの価値が商品上着の身体で表現され、一商品の価値が他の商品の使用価値で表現される。ここでは、使用価値の存在が考慮されており、それが捨象されているのではない。その点で、第1節で特徴（二）として、商品の使用価値が捨象されている、とされたのと反対の見地が示されている。

　特色（三）。諸商品に共通なものとして「一つの共通な価値形態 — 貨幣形態」つまり価値の貨幣による表現としての価格を持つことが指摘されており、第1節で特徴（三）として「諸商品に共通なものは抽象的人間労働の凝固物」とされていたのと異なる見地が認められる。

　特色（四）。四点の特徴の残り（四）についても、第3節には新たな見地が認められる。「流動状態にある人間の労働力、すなわち人間労働は、価値を形成するが、しかし価値ではない。それは凝固状態において、対象的形態において、価値になるのである」(S.65)（99頁）。「一商品の単純な価値形態は、異種の一商品に対するその商品の価値関係のうちに、すなわち異種の一商品との交換関係のうちに、含まれている。商品Aの価値は、質的には商品Aの与えられた量との商品Bの直接交換

可能性によって表現される。商品 A の価値は、量的には商品 A の与え
られた量との商品 B の一定量の交換可能性によって表現される」(S.74)
(115 頁)。二つの引用文の前者では、「価値」と「価値を形成する労働」
＝「価値実体」とを明確に区別する見地が示されており、後者では、「価
値」を「交換可能性」(die Austauschbarkeit) を意味するものとして把握
する見地が打ち出されている。第 1 節における「価値実体」に密着した
形での「価値」理解の水準を明らかに超越しているのである。

　「商品 A の価値は、商品 A の与えられた量との商品 B の交換可能性
によって表現される」とは、質的には、商品 B の所有者に商品 A との
交換に応ずる気持を引き起す力を商品 A が持っているということであ
り、量的には、その力の大小が、商品 A の所与量との交換に応じた商
品 B の所有者から商品 B の如何ほどの量を引き出し得るかで計られる
ことを意味する。

　この量的側面に焦点を合わせると、リカードの商品価値の説明と重
なることが判明する。『経済学および課税の原理』第 2 版において、第
1 章第 1 節に第 1 版には無かった次の表題が書き加えられた。「第 1 節、
一商品の価値、すなわち、この商品と交換される他の何らかの商品の分
量は、その生産に必要な労働の相対量に依存するのであって、その労働
に対して支払われる報酬の大小には依存しない＜ Section I. *The value of a
commodity, or the quantity of any other commodity for which it will exchange,
depends on the relative quantity of labour which is necessary for its production,
and not on the greater or less compensation which is paid for that labour.* ＞」
(p.11) (17 頁)。A 商品と交換に与えられる B 商品の分量は各々の生産
に向けられる労働のそれぞれの分量によって決定される、という形でい
わゆる労働価値論（商品価値の決定要因を労働・労働量に求める学説）と
して、以後のリカード経済理論の中枢に位置するものである。

　こうして、経済用語として「価値」＝「交換可能性」は、他の任意の
商品の一定量に対するその商品の交換力・購買力を意味するものとして
用いられている。そのことが、第 1 章第 1 節の冒頭で、「使用価値」の
説明が与えられたのと同時に明示されていたならば、『資本論』読者の
難解感は相当に解消されたに相違ない。一般読者に対して、「価値」が

「交換可能性・交換力・購買力」を意味することが明確になるのに伴って、「価値」を、抽象的人間労働がその実体となり、価格という形態をとって表現されるものと理解することは、さほど困難ではなくなったであろう。「価値」（価値そのもの・価値自体）と「価値実体としての労働」と「価値形態としての価格」との三者の関連の把握も随分と容易になったことと考えられる。

　しかし、経済学の先達としてのリカードを読破してきたマルクスにしてみると、「価値」＝「交換可能性」という説明は余りにも馴染み深いものであって、改めて説明の必要を感じなかったのかも知れない。彼が、「使用価値」の対概念として「価値」を説明するのは、第3章「貨幣または商品流通」第3節「貨幣」a項「貨幣蓄蔵」のなかの次の文章の登場まで待たなければならなかった。「使用価値としての商品は、ある特殊な欲望を満足させ、素材的な富の一つの特殊な要素をなしている。商品の価値＜ Wert ＞は、素材的な富のすべての要素にたいするその商品の引力の程度を表わし、したがってその商品の所有者の社会的な富の大きさを表わしている」(S.147) (234 頁)。ここでは、商品の価値は、「素材的な富のすべての要素にたいするその商品の引力」を意味するものとされている。前述の「交換可能性」に替わって「引力＜ Attraktionskraft ＞」が用いられているが、「富のすべての要素」を引き付け得る力ということで、「交換可能性・交換力・購買力」と同一意味と考えてよいだろう[22]。

マルクスの古典派評価

　マルクスとて人の子である。全知全能の神ではない。経済についてもスミスやリカードを懸命に読んで勉強に励むしか認識を高める術はなかった。やがてスミスやリカードを超えて価値形態論に挑むことになるわけだが、マルクス自身が価値形態論の解明を課題に暗中模索を重ねる段階では、古典学派に形態論的認識が欠如していることを指摘して、否定的評価を強調していた。例えば、1862–63 年の草稿をまとめた『剰余価値学説史』において、リカードに次のような厳しい評価を与えていた。「彼は、価値をその形態 — 価値の実体としての労働が取るところの特定

の形態 ── について研究することを全く行わず、ただ価値の大きさだけ
を、諸商品の価値の大きさの相違を引き起こすところの、抽象的な一般
的な、そしてこの形態においては社会的な労働の量だけを研究するので
ある」[23]。「リカードは、この労働の姿態 ── 交換価値を創造するものと
しての、または交換価値で表されるものとしての、労働の特殊な規定 ──
を、この労働の性格を研究していない。したがって彼は、この労働と貨
幣との関連を、すなわちこの労働が貨幣として表されなければならない
ことを、理解していない。したがって彼は、商品の交換価値の労働時間
による規定と、諸商品が貨幣形成にまで進む必然性との間の関連を、全
く把握していない」[24]。これらの文章におけるマルクスの否定の勢いは
大変に強くて、「研究することを全く行わず< gar nicht untersucht >」と
か「全く把握していない< begreift durchaus nicht >」という形で強調さ
れているのである。

　しかし、価値形態論にある程度の見通しを得られると、精神的余裕が
生まれて、否定的評価ばかりではなくなってくる。古典学派の功績を認
める言説も見出されることになる。

　確かに 1867 年の『資本論』第 1 版でも、古典学派における形態論的
認識の欠如を指摘する次のような文章が記されている。「古典派経済学
の根本欠陥の一つは、この経済学が、商品の分析から、一層特殊的には
商品価値の分析から、商品価値をまさに交換価値にするところの価値の
形態を見出すことに成功しなかったことである。A・スミスやリカード
のような古典派経済学の最良の代表者たちにおいてさえ、古典派経済学
は、価値形態を全くどうでもよいものとして、あるいは、商品そのもの
の性質には外的なものとして、取り扱っている」(第 1 版 S.34-35)(現行
版 S.95)(149 頁)。

　1872 年刊行の『資本論』第 2 版に至ると、「政治経済学は、たとえ不
完全であっても、なるほど価値と価値量を分析して、これらの形態のう
ちに隠されている内容を発見した」(第 2 版 S.57-58)(現行版 S.94-95)(147
頁)と、肯定的評価を与える文章に出会える。同時に「しかし、なぜこ
の内容があの形態をとるのか、つまりなぜ労働が価値に表されるのか、
という問題は提起したことさえなかった」(S.95)(147 頁)と批判するこ

とも忘れてはいないが。

　この評価の文章は、マルクスの心理を反映した、少なからず興味を惹く構成になっている。第 1 版においては、「政治経済学は、たとえ不完全であっても、なるほど価値と価値量を分析してきた＜ Die politische Oekonomie hat nun zwar, wenn auch unvollkommen, Werth und Werthgrösse analysirt. ＞」(第 1 版 S.41) と、事実の記述で終わっている。それに対して、第 2 版においては、「そして、これらの形態のうちに隠されている内容を発見した＜ und den in diesen Formen verstecken Inhalt entdeckt. ＞」(第 2 版 S.57-58) と、功績を評価する文言が書き加えられたのである。追加された文章の中の「隠されている内容」とは、同頁の「価値となって現れる労働＜ Arbeit, wie sich in Werth darstellt ＞」と同義であって、「政治経済学は、たとえ不完全であっても、なるほど価値と価値量を分析して、これらの形態のうちに価値となって現れる労働を発見した」と読み替えることができる。古典派経済学の議論の展開に「労働」と「価値」の二つの視点が存在することを示唆するものと言える。

　「価値」と「価値実体としての労働」と「価値形態としての価格」との三者は、商品経済現象の分析に欠かせない基本概念を成している。このなかで、「価値」と「価値実体としての労働」との関係を究明する価値実体論的理解は、「価値を形成する実体すなわち労働」という形で、古典学派にもその存在が認められる、そうマルクスは肯定的に評価した。それに対して、「なぜこの内容があの形態をとるのか、つまりなぜ労働が価値に表されるのかという問題」つまり価値形態論的問題は「提起したことさえなかった」と否定的評価を下している。しかしながら、筆者にはこの否定的評価は厳しすぎるように思われる。

　マルクスは、「価格は、商品に対象化されている労働の貨幣名である」(S.116)（183 頁）と述べたり、「価値量と価格」の関係は「すなわち価値量とそれ自身の貨幣表現」(S.117)（185 頁）の関係であると言ったりしている。「価格」は「価値の貨幣による表現＜ Geldausdruck ＞」であると要約できる。このマルクスの理解は、リカードの次のような理解と相当に近似している。リカードは、「価格を表現する媒介物である貨幣＜ money, the medium in which price is expressed ＞」(p.47)（61 頁）という把

握、「貨幣」を「価値を評価する媒介物ないし価格を表現する媒介物＜ the medium in which value is estimated, or price expressed ＞」（p.48）（62 頁）とする理解を示している。「価値 (value) (Wert)」と「価格 (price) (Preis)」と「貨幣（money）(Geld)」の関係を巡る近似性に着目すると、リカードにも不完全ではあれ、「価値形態としての価格」概念の萌芽が抱懐されていたことが窺えるのでないだろうか。先に古典派経済学の議論に内在すると評価された「労働」と「価値・価格」の二つの視点は、「価値実体としての労働」と「価値形態としての価格」の二重の視点へと敷衍することができると考えられる。

(2) スミス貿易論の二視点

スミスは、マルクスの評価通り、『国富論』[25] で貿易を論じた第 2 篇第 5 章で「労働 labour」と「価値 value」を、第 4 篇第 2 章で「勤労 industry」と「価値 value」を対概念とした二重の視点に立脚して貿易利益を検討している。

第 2 篇第 5 章「資本のさまざまな使用について」における冒頭の一文は次の通り。「すべての資本は生産的労働の維持だけに当てられるのであるが、等量の資本が活動させ得る労働の量は、その使用の多様性に応じてはなはだしく異なるし、同様にこの使用がその国の土地および労働の年々の生産物に付加する価値もはなはだしく異なるのである。＜ Though all capitals are destined for the maintenance of productive labour only, yet the quantity of that labour, which equal capitals are capable of putting into motion, varies extremely according to the diversity of their employment; as does likewise the value which that employment adds to the annual produce of the land and labour of the country. ＞」（p.341）（157 頁）。

ここでは、労働が価値を付加することつまり労働が価値となって現れること、しかも労働の仕方によって付加される価値量が異なりうること、が明瞭に述べられている。この第 5 章を読めば、＜ the quantity of productive labour ＞と＜ the value of the annual produce ＞に類似した対句を含んだ文章を十数個見出すことができるはずである。「労働」と「価値」との二重の視点の存在を看取することができる。

第4篇第2章「国内で生産し得る財貨の、諸外国からの輸入に対する制限について」においては、「労働 labour」と「価値 value」に代わって「勤労 industry」と「価値 value」が対句になるが、この対句を含む文章が同様に複数回登場している。なかでも興味深いものとして、余りにも有名な「見えざる手＜ invisible hand ＞」を含む文章と、貿易の利益を述べた文章との二つを引用する。

　①有名な＜見えざる手 invisible hand ＞を含む文章。「国外の勤労よりは国内の勤労を支えることを選ぶことによって、彼はただ彼自身の安全だけを意図しているのであり、<u>その勤労をその生産物が最大の価値を持つような仕方で方向づける</u>ように努力することによって、彼はただ彼自身の儲けだけを意図しているのである。そしてこの場合でも、他の多くの場合と同様に、見えざる手に導かれて、彼の意図のなかに全くなかった目的を推進するようになるのである。（中略－引用者）彼はしばしば、自分自身の利益を追求することによって、実際に社会の利益を推進しようと意図する場合よりも効果的に、それを推進する。＜ By preferring the support of domestic to that of foreign industry, he intends only his own security; and <u>by directing that industry in such a manner as its produce may be of the greatest value,</u> he intends only his own gain, and he is in this, as in many other cases, led by an invisible hand to promote an end which was no part of his intention ..... By pursuing his own interest he frequently promotes that of the society more effectually than when he really intends to promote it. ＞」（p.423）（303 〜 304 頁）。

　この引用の下線部分に勤労の生産物が価値を持つこと、勤労の仕方で価値量が変動することが明確に示されている。スミスが、「労働」と「価値」の二つの視点で、商品経済を分析していることが判明するはずである。

　②貿易の利益を述べた文章。「もし或る外国が或る商品を、われわれが自分で作り得るよりも安くわれわれに供給できるならば、われわれの方がいくらか優っている仕方で使用されたわれわれの勤労の生産物の一部で、その外国からそれを買う方が良い。国の勤労全体は、その勤労を使用する資本につねに比例するのだから、それによって減少することはないだろう。（中略－引用者）自国で作るよりも他国から買う方が安くつ

くような対象に勤労が向けられる場合には、確かに最も有利に勤労が使用されるわけではない。それが向けられている商品の生産よりも、明らかに価値が大きい商品の生産から逸らされている場合には、勤労の年々の生産物の価値が多かれ少なかれ減少することは確実である。

＜ If a foreign country supply us with a commodity cheaper than we ourselves can make it, better buy it of them with some part of the produce of our own industry, employed in a way in which we have some advantage. The general industry of the country, being always in proportion to the capital which employs it, will not thereby be diminished,..... It is certainly not employed to the greatest advantage, when it is thus directed towards an object which it can buy cheaper than it can make. The value of its annual produce is certainly more or less diminished, when it is thus turned away from producing commodities evidently of more value than the commodity which it is directed to produce.＞」(p.424) (305 〜 306 頁)。

　この引用部分は、その前半で「勤労＝労働」と「価値」との二重の視点から貿易利益を追究するとともに、後半で貿易の有無に応じた生産規模の増減を価値の増減として（つまり価値の視点で）説明しており、特別に興味を惹く内容となっている。前半部分では、自国産より安価な外国産商品を輸入し、外国産より安価な自国産商品の輸出によって輸入代金の支払に充当するとき「最も有利に勤労が使用されるわけで」「勤労の年々の生産物の価値」が最大化する、という形で貿易利益が説明される。この論理の延長上に、あらゆる貿易商品はその生産費が最低の所で生産されるという見解が生まれる訳である。

　後半部分では、自国産より安価な外国産商品が存在するにも拘らず、それを輸入せずに自国で生産する場合には「最も有利に勤労が使用されるわけではない」ので「勤労の年々の生産物の価値が多かれ少なかれ減少する」ことが述べられる。この場合、「勤労＝労働」の「量」は不変でありながら、その「質」が劣化したために「年々の生産物の価値」が減少する、と説明しているのだから、スミスが国民生産の規模を「労働量」のみで考えているのでないことが明瞭に読み取れる。

　そのことを強調するのは、国際経済論・貿易論の教科書で、古典派経

済学者は財の生産費用を専ら労働量で考えるという誤りの記述が見受けられるからである。近年の一例を挙げると、佐藤秀夫『国際経済 — 理論と現実』（ミネルヴァ書房、2007 年）における主張がそうである。同書の第 1 章第 1 節「スミスの貿易論」において「絶対生産費説とその誤り」の小見出しの下に、こう記述されている。「まず注意して欲しいのは、ここでいう生産費をわれわれの日常の観念に浮かんでくる生産費、つまり、金額表示の生産費と考えてはいけない、ということだ。スミスやリカードゥは、財の生産費用を『財 1 単位の生産に要する直接・間接の投入労働量（労働投入係数という）』で考えた」。「スミスの貿易論は、世界市場での価格競争の特性を理解することなく、世界市場競争と一国市場でのそれを同一視する絶対生産費説として特徴づけられている。」「ある国のある産業部門の国際競争力があるかないかは、他国同部門の労働投入係数と自国のそれを直接比較して数値の大小を見れば分かる、絶対生産費説はこう考える」[26]。このようなスミス貿易論の特徴付けは、原典を読めば分かる通り誤解である、と言わねばならない。リカードについては後述部分に譲り、スミスについて言えば、前述の通り、「労働＝勤労」と「価値」との二重の視点に基づいて貿易とそれを支える商品生産を考察しており、「財の生産費用を」「金額表示の生産費」ではなく「財 1 単位の生産に要する直接・間接の投入労働量で考えた」という説明は、スミス経済学の事実に反するのである。「国際競争力があるかないか」という問題、内外商品の優劣比較問題についても、スミスは、前述の通り、「より安価 cheaper」であるか否かという基準で、つまり「金額表示の生産費」で、判断しているのであって、「他国同部門の労働投入係数と自国のそれを直接比較して」判断しているわけではない。机上のモデル計算ならば可能だろうが、現実の市場競争では「他国同部門の労働投入係数と自国のそれを直接比較して数値の大小」を見ることは極めて困難である。現実の市場では「労働」は「価値」となって現れるわけで、国際競争力は「金額表示の生産費」で判断されるほかないのである。その意味では、スミスの貿易論は極めて妥当な見解であり、それを「誤り」と言う佐藤氏こそが「誤り」を犯していることになる。

　ただ、その「誤り」は佐藤氏一人のものではない。後述の「(5) ミ

ルからヴァイナーへ」において、多少とも詳しく検討するが、Joseph A. Schumpeter; *History of Economic Analysis*. 1954.（東畑精一訳『経済分析の歴史 1 〜 7』岩波書店、1955-62 年）によって非常に高く評価されたことで格段に声望を高めて近代国際経済論の標準的基本文献と位置づけられる Jacob Viner, *Studies in the Theory of International Trade*. 1937.（中澤進一訳『国際貿易の理論』勁草書房、2010 年）に、国際経済論の教科書に共通の「誤り」の通念の淵源があり、佐藤氏はその感化を受けて「誤り」に陥った犠牲者だと考えられる。

(3) リカードの四つの数字

労働基準の物々交換？

「労働」と「価値・価格」の二重の視点は、リカードにおいても堅持されている。しかし、四つの数字による比較生産費説の例解が労働量のみを基準にしているかの如く誤解されたために、国際経済論や経済学説史の通説的理解では、① 労働量基準に基づく（＝価格視点を欠落させた）②一国単位の③物々交換方式として、リカード貿易論を解釈することが定着している。

通説化している誤解の経緯を知るために、先出の［A］［B］［C］［D］［E］［F］の六部分から構成されている「四つの数字による例解」のうち、まずは、［C］［D］だけを再引用する。

［C］「イギリスはクロス（the cloth）を生産するのに 1 年間 100 人の労働を必要とし、またもしワイン（the wine）を醸造しようと試みるなら同一期間に 120 人の労働を必要とするかも知れない、そういった事情のもとにあるとしよう。それゆえに、イギリスは、ワイン（wine）を輸入し、それをクロス（cloth）の輸出によって購買するのがその利益であることを知るであろう」（p.135）（191 頁）。

［D］「ポルトガルでワイン（the wine）を醸造するには 1 年間 80 人の労働を必要とするに過ぎず、またクロス（the cloth）を生産するには、同一期間に 90 人の労働を必要とするかも知れない。それ故にその国にとってはクロス（cloth）と引き換えにワイン（wine）を輸出するのが有利であろう。この交換は、ポルトガルによって輸入される商品が、そこ

ではイギリスにおけるよりも少ない労働を用いて生産され得るにも拘わらず、なお行われ得るであろう。ポルトガルはクロスを 90 人の労働で生産できるにもかかわらず、その生産に 100 人の労働を要する国からそれを輸入するであろう。なぜなら、ポルトガルにとってはその資本の一部分を葡萄栽培からクロス製造へと転換することによって生産し得るよりも、一層多くのクロスをイギリスから交換入手するワインの生産にその資本を投下する方が、むしろ有利だからである」(p.135) (191 ～ 192 頁)。

　［C］と［D］の二つの文章について、＜ the cloth ＞＜ the wine ＞という定冠詞に着目すると、国際貿易市場で売買価格が同一になる特定量（例えば W 量）のクロスと別の量（例えば X 量）のワインの生産に必要な、それぞれの労働量を表示したものと考えることができる。英文法上の事項を加味すると、イギリスクロスの生産は現在形で表現されながら、イギリスワインの生産は、<if she attempted to make the wine, it might require the labour of 120 men for the same time.> と、仮定法過去形が用いられていることが注目される。現在の事実に反する仮想という現在から離れた世界を表現するために動詞の時制を現在から一つずらして過去形にする。イギリスワインは、国際市場の価格競争に耐え得ないために、生産さえされていない現実を暗示していると考えられるのである。

　しかし、価格関係の存在を看破できずに、労働量にのみ着目すると、イギリスで 100 人労働を費やした或る量のクロスとポルトガルで 80 人労働を費やした別の量のワインが、一国単位で一括交換される物々交換の印象を受けるのは、自然なことかも知れない。現代の高校教科書、大学教材において、比較生産費説の説明のほとんどが物々交換方式を採用しているのは、このような印象に基づくのであろう。

　①労働量基準に基づく（＝価格視点を欠落させた）②一国単位の③物々交換方式として、貿易取引を理解すれば、本章冒頭部分に誤解例として示した次のような解釈が生まれてくる。「ポルトガルはイギリスに対して、両財とも絶対的生産性のうえで優位にある。しかし、90/80 ＞ 100/120 となることから、ワインに対するクロスの生産性では、イギリスはポルトガルに優っている。これは、ポルトガルはワインに、イギリスはクロスに比較優位をもつことを意味する。このとき、両国間の

貿易において、ポルトガルのワインとイギリスのクロスが100/120以上90/80以下の比率で交換されれば、両国はともに利益を得る」。ここでは、内外商品の価格の優劣比較は問題とされることがない。事を決するのは、労働量の比較優位だということになる。

しかしながら、商品経済の世界で決め手になるのは、同種同質の商品について言えば、価格の絶対優位である。自国商品が相手国商品より安価であるからこそ、輸出が可能になるのである。その基本的事実を踏まえただけでも、上記の通説的理解には首肯し難い部分を認めざるを得ない。確かに、特定量のクロスとワインの生産に、ポルトガルは90人と80人、イギリスは100人と120人を必要とするという数値例だけを見ると、ポルトガルはイギリスに対して、両商品とも絶対的生産性のうえで優位にあるように見える。「イギリスで労働者100人」「ポルトガルで90人」という労働量表示であっても、価格表示においては「イギリスでのクロスの生産費はポルトガルより安い」水準になり得る事情を含めて、比較生産費説を理解するためには、リカード『経済学および課税の原理』の原典に即して、再検討が必要になる。

リカード貿易論の見地

リカード『原理』においては、下記の通り、外国貿易は＜１＞価格の絶対優位を輸出入の必要条件とし＜２＞個別資本主体の独立の取引として＜３＞牧歌的な物々交換ではなく苛烈な価格競争として展開されることが強調されている。上記①②③のような通説的理解は否定され、正反対の見地が提示されている。

＜１＞「クロスは、輸入元の国で掛かる費用より多くの金に対して売れるのでなければポルトガルに輸入され得ず、またワインは、ポルトガルで掛かる費用より多くの金に対して売れるのでなければイギリスに輸入され得ない。＜ Thus, cloth cannot be imported into Portugal, unless it sell there for more gold than it cost in the country from which it was imported; and wine cannot be imported into England, unless it will sell for more there than it cost in Portugal. ＞」（p.137）（194頁）。価格基準に基づく取引が明記され、価格上の絶対優位が商品輸出入の必要条件として強調される。

＜2＞「商業上の各取引は独立の取引である＜ Every transaction in commerce is an independent transaction. ＞」（p.138）（195 頁）。商品の生産と販売が個別資本に担われて、各々が（クロスはクロス同士、ワインはワイン同士で競争して）独立の個別商品として販売されることが示される。商品経済的取引においては、個々の商品が貨幣に対して販売され次いでその貨幣で別の商品が購買されることになる。『資本論』の表現を借りると、「商品の交換過程は、対立しつつ互いに補い合う二つの変態 ― 商品の貨幣への転化と貨幣から商品へのその再転化とにおいて行われるのである。」「こういうわけで、商品の交換過程は次のような形態変化をなして行われる。商品（Ware）― 貨幣（Geld）― 商品（Ware）、W―G―W」ということになる（S.120）（190 ～ 191 頁）。W→W の背後にW→G→W が存在すること、W→G→W の結果だけを掬い取ったのが両端の W→W だということである。直接には W→G ないし G→W という独立の形の商品売買方式で行われる多数の取引の積み重なりの結果を一括して W→←W 形式で表現したのが「四つの数字による例解」である。

＜3＞「イギリスがワイン生産の一方法を発見し、そこでそれを輸入するよりはむしろそれを生産する方がその利益になるものと仮定すれば、イギリスは当然その資本の一部分を外国貿易から国内産業へ転換するであろう。イギリスは、輸出のためにクロスを生産することを止めて、自国でワインを生産するであろう。これらの商品の貨幣価格は、それに応じて左右されるであろう、すなわち、イギリスではクロスは引き続いて以前の価格にあるのにワインは下落し、ポルトガルではいずれの商品の価格にも変更は起こらないであろう。クロスは、その価格がポルトガルではイギリスよりも引き続いてより高いから、しばらくの間はイギリスから引き続いて輸出されるであろう。しかし、それと引き換えにワインではなく貨幣が与えられるであろう。＜ Now suppose England to discover a process for making wine, so that it should become her interest rather to grow it than import it; she would naturally divert a portion of her capital from the foreign trade to the home trade; she would cease to manufacture cloth for exportation, and would grow wine for herself. The money price of these commodities would be regulated accordingly; wine would fall here while cloth continued at its former price, and in Portugal no alteration would take place in the price of either commodity. Cloth would continue for some time to be exported from this country, because its price would continue to be higher in Portugal than here; but money instead of wine would be given in exchange for it, ＞」(p.137)（194～195頁）。

　イギリスでのワイン生産の技術革新によってポルトガルのワイン生産のイギリスのそれに対する絶対的優位性が失われると、（ポルトガルワインのクロス生産に対する相対的優位性は保持していても）ポルトガルワインの輸出は不可能になり貨幣による支払いを余儀なくされるのである。ポルトガルはクロス輸出だけでなく、ワイン輸出も不可能となる、いわゆる片貿易の状態に陥る事例である。ここからは、貿易取引が牧歌的な物々交換ではなく、苛烈な価格競争として展開されること、同種商品間の価格競争に敗れて輸出商品なしの国も存在し得ることが読み取れる。

内外の商品価値の法則

　リカードは、労働量を基準とするだけではなく、価格の絶対優位を輸出入条件として併用しているわけで、この二重の視点に立脚すれば、四つの数字の解読に特別の困難は無くなる。比較生産費説の例解の核心を構成する［C］［D］［E］の三部分のうち、保留していた［E］に着目する。

　［E］「このようにして、イギリスは100人の労働の生産物を、80人の労働の生産物に対して与えるであろう。このような交換は同国内の個人間では起こりえないであろう。100人のイギリス人の労働が、80人のイギリス人のそれに対して与えられることはあり得ない。しかし100人のイギリス人の労働の生産物は、80人のポルトガル人、60人のロシア人、または120人のインド人の労働の生産物に対して与えられ得るであろう」（p.135）（192頁）。

　「100人のイギリス人の労働が80人のイギリス人のそれに対して与えられることはあり得ない」のに反して、「100人のイギリス人の労働の生産物が80人のポルトガル人の労働の生産物に対して与えられ得る」事情を理解するために、リカードが「労働」を以て国際貿易における商

品価値の決定の法則（rule）とはしていない事実を確認しておきたい。

　まず、商品価値の決定における一国内と国際間の相違が次のように強調される。「一国内の諸商品の相対価値を規定するのと同じ法則が、二国間あるいはそれ以上の国々の間で交換される諸商品の相対価値を規定するわけではない。＜ The same rule which regulates the relative value of commodities in one country, does not regulate the relative value of the commodities exchanged between two or more countries. ＞」(p.133)（190 頁）。

　次に、「法則（rule）」の内容が説明される。「ポルトガルがイギリスのクロスと引き換えに与えるであろうワインの分量は、仮に両商品が共にイギリスで、あるいは共にポルトガルで製造される場合にそうであるようには、各々の生産に投じられるそれぞれの労働量によって決定されるものではない。＜ The quantity of wine which she［i.e., Portugal］shall give in exchange for the cloth of England, is not determined by the respective quantities of labour devoted to the production of each, as it would be, if both commodities were manufactured in England, or both in Portugal. ＞」(pp.134-5)（191 頁）。

　国内に関しては、国際貿易における商品価値決定について否定形で述べられた法則を、肯定形に直せば良い。経済用語として「価値」は「交換力・交換可能性」を意味しており、一国内で A 商品と交換に与えられる B 商品の分量は、各々の生産に向けられる労働のそれぞれの分量によって決定される、という形でいわゆる労働価値説（商品価値の規定要因を労働・労働量に求める学説）が妥当することになる。

　ここまで論理を辿ってくると、［E］に対する註記である［F］についても、見通しを付けることが出来る。

　［F］「こうしてみると、機械と熟練において非常に著しい利点を持ち、それ故に、その隣国よりもはるかに少ない労働を用いて諸商品を製造しうる国は、たとえ、そこから穀物を輸入する国よりも、自国の土地がより肥沃であり、穀物がより少ない労働で栽培されうるとしても、そのような商品を代償として、自国の消費に要する穀物の一部分を輸入することがある、ということは明らかであろう。二人の人が共に靴と帽子を作ることが出来て、一方の人はこれら両方の仕事において他方の人よりも

優れているが、しかし帽子の製作においては、彼は彼の競争者に 5 分の 1 すなわち 20％だけ優れているに過ぎず、そして靴の製作においては、3 分の 1 すなわち 33％だけ優れている、としよう。優れた人の方が専ら靴の製作に従事して、劣った人の方が帽子の製作に従事するのが、両者の利益ではないだろうか？」(p.136)（192 ～ 193 頁）。

　この註記［F］の前半は、労働価値説の妥当しない国際貿易においては、輸入国の穀物生産より多くの労働を要する輸出国の穀物が、価格においては輸入国の穀物価格より安価になり得る事例を提示していると考えることが出来る。それに対して註記［F］の後半は、労働価値説の妥当する国内取引においては、労働能力が劣る劣者の製品は高価になることを免れずに、競争に耐えられない事例を提示していると考えることが出来る。幸いにして優者が一人で、靴製作と帽子製作と二つの仕事があるために、劣者に劣位の小さい帽子製作の仕事が残されていて、分業の利益を享受できるのである。前半の国際比較、後半の国内比較、両者合わせて、労働量の異なる生産物の等価交換が国際的には有り得ても、国内的には有り得ない事情を例示しているのである。

四つの数字による例解

　以上のような見地から、［E］の一文を読めば、労働価値説の妥当しないイギリスとポルトガルとの貿易取引において「100 人の労働生産物（イギリスクロス）を 80 人の労働生産物（ポルトガルワイン）に対して与える」ということは、両者が等価であることを意味することになる。［C］と［D］の二つの文章において与えられた労働量の関係が、［E］の一文において価値関係として表現されるわけである。この等価の価値水準を（何ポンドと仮定しても良いわけだが）仮に 40 百ポンドと仮定する。W 量のイギリスクロス＝ X 量のポルトガルワイン＝ 40 百ポンドである。一国内では労働価値説が妥当するので、X 量のイギリスワインの価値は（40 百 ×120/100=）48 百ポンド、W 量のポルトガルクロスの価値は（40 百 ×90/80=）45 百ポンドとなる。こうして下表のように価格上の絶対優位を基礎にして労働量の相対優位が位置づけられる。イギリスは（120−100=）20 人の労働を、ポルトガルは（90−80=）10 人の労働を節約

可能という形で貿易利益が得られるが、それはあくまで自国輸出商品の価格の絶対優位に基づいてのことである。この貿易利益の裏面において、それだけの人々が就業の場を奪われ失業の憂き目を見ることも忘れてはならない。

	W 量のクロス	X 量のワイン
イギリス	100 人	120 人
ポルトガル	90 人	80 人

	W 量のクロス	X 量のワイン
イギリス	£40 百	£48 百
ポルトガル	£45 百	£40 百

　国際市場においては各種商品のなかで絶対優位を有する最低価格商品のみが輸出可能となって勝ち残り、その種商品への特化傾向が生まれる。これらの最低価格商品の価格が、各商品の所謂「国際価値」水準を規定すると考えられる。これら各国の輸出可能商品を基準とする比較を通じて各国他種商品の競争関係が規定されることになるが、労働量の国内比較で相対劣位にある商品は、他国同種商品に対して単位労働量あたりの労働生産性において絶対優位にある場合でも（ここではポルトガルクロスが該当する）、商品価値においては劣位を余儀なくされることがある。上表に即して言えば、「100 人の年間労働生産物（イギリスクロス）＝ 80 人の年間労働生産物（ポルトガルワイン）＝ 40 百ポンド」という関係から、イギリスの年間 1 人当り価値生産性が 40 ポンド、ポルトガルのそれが 50 ポンドで、ポルトガルが 5/4 倍の高さにある。この高低は、基本的には生活水準の高低を反映していると考えられる[27]。これによって、9/10 という労働生産性の絶対優位が解消される。90 人の年間労働生産物（ポルトガルクロス）＝ 45 百ポンドとなって、100 人の年間労働生産物（イギリスクロス）＝ 40 百ポンドを価格において上廻る結果になり、国際市場からの敗退を迫られることになる。

一六の数字による例解
　リカード比較生産費説に関しては、各国の有無相通ずる貿易利益によ

る調和的世界の形成を導く理解が有力である。この理解は、リカード説からの逸脱というわけではない。リカード自身が次のように調和的世界の形成を示唆している。「完全な自由貿易制度の下では、各国は当然にその資本と労働を自国にとって最も有利となるような用途に向ける。この個別的利益の追求は、全体の普遍的利益と見事に結びついている。勤勉を刺激し、工夫力に報い、また自然によって賦与された特殊の能力を最も有効に使用することによって、それは労働を最も有効にかつ最も経済的に配分する。一方、諸生産物の全般的数量を増加させることによって、それは全般の利益を普及させ、そして利益と交通という一つの共通の絆帯によって、文明世界を通じて諸国民の普遍的社会を結成する」(pp.133-134)（190頁）。

　しかしながら、この調和的世界像は、苛烈な価格競争に勝ち残った「勝ち組」の世界の描写である。その背後に、絶えず作用する優勝劣敗の価格競争の存在こそがリカード説の主軸であることが看取されねばならない。

　この事情は、前出の引用［E］のロシアとインドを含んだ「一六の数字による例解」に的確に描き出されている。イギリスとポルトガルの二国を貫徹するリカードの論理は、ロシア産品とインド産品にも適用され得る。「100人のイギリス人の労働の生産物は、80人のポルトガル人、60人のロシア人、または120人のインド人の労働の生産物に対して与えられ得るであろう」という説明について、次のような想定が可能である。国際市場において、W量のクロス＝X量のワイン＝Y量の穀物＝Z量の棉花 …… ＝ 40百ポンドという形の貿易取引が成立していて、各国が最小労働量で生産できる商品が、イギリスは100人でW量クロス、ポルトガルは80人でX量ワイン、ロシアは60人でY量穀物、インドは120人でZ量棉花であり、それらが輸出商品となる、この関係のなかから四国の輸出商品の労働量だけを抽出したものである、と。この関係を、先例にしたがって労働量表示と価格表示で表現すると、次のような形になる。

	W量の クロス	X量の ワイン	Y量の 穀物	Z量の 綿花
イギリス	100人	120人	140人	160人
ポルトガル	90人	80人	100人	110人
ロ シ ア	84人	78人	60人	102人
イ ン ド	138人	150人	129人	120人

	W量の クロス	X量の ワイン	Y量の 穀物	Z量の 綿花
イギリス	£40百	£48百	£56百	£64百
ポルトガル	£45百	£40百	£50百	£55百
ロ シ ア	£56百	£52百	£40百	£68百
イ ン ド	£46百	£50百	£43百	£40百

　二国二財の場面を四国四財に拡張した「一六の数字による例解」は、各国商品のなかで世界最高の生産性を実現できた最低価格商品のみが生き残り得て、各商品の所謂「国際価値」水準を形成することを示している。各国の他種商品は敗退を余儀なくされる市場状況、過酷な「底辺への競争（the race to the bottom）」の存在がより鮮明に表現されることになる。イギリスでのワイン生産の改良によるポルトガルワインの輸出停止の例解をも勘案すると、国際市場で生き残り得る商品を一つも生産し得ない国・地域も存在するのであり、熾烈な生産性引き上げ・価格引き下げ競争の渦巻く優勝劣敗の市場像が浮かび上がることになる。リカード説に含有されているこの側面も、広く確実に認識される必要がある。上記の表示は、四国のそれぞれが一つずつ国際輸出商品を有している幸運な調和的世界を表現しているが、それは絶えざる競争によって常に変動を迫られている訳である。

四節．比較生産費説の誤読例

（1）現代日本における事例
　経済学史や国際経済論の教科書的解説においては、個別資本の商品売買として行われる貿易を一国単位の物々交換として捉えるために、価格

視点が欠落して仕舞う。労働量による相対優位論に立って、価格の高低に拘らず各国が貿易利益を獲得できるという誤った解釈が形成される。現代日本の国際経済論および経済学説史の著作から、比較生産費説の誤解に基づく適用方法として宇沢弘文氏と根岸隆氏の事例を、比較生産費説の誤解に基づく説明方法として中村廣治氏と小宮隆太郎氏の事例を、取り上げその弱点を指摘する。

宇沢氏と根岸氏の錯誤[28]

　宇沢弘文『経済学の考え方』「第三章、リカードからマルクスへ」のなかの「リカードの経済学」に、次のような記述がある[29]。

　「リカードの分析的視点がもっとも明確に現れているのは、外国貿易にかんする有名な例である。イギリスでクロス一単位を生産するのに労働者100人、ワイン一単位を生産するのに労働者120人を必要とする。これに対して、ポルトガルでは、クロスには90人、ワインには80人の労働者を必要とするとしよう。このとき、イギリスはクロスを輸出して、ポルトガルからワインを輸入する。ポルトガルでのクロスの生産費は、イギリスより安いが、それでもポルトガルはワインを輸出して、イギリスのクロスを輸入した方が有利となる。この考え方が、リカードの比較生産費説である。イギリスはクロスの生産に比較優位をもち、ポルトガルはワインの生産に比較優位をもつというわけである。しかも、関税をかけない自由な貿易によって、イギリスもポルトガルもどちらの国も、利益を受けるという主張が展開される。この例は、リカード理論のエッセンスを伝えるとともに、その理論前提を示すものでもある」（新書35〜36頁、著作集32〜33頁）。

　宇沢氏のリカード理解における錯誤は、下線を付した「ポルトガルでのクロスの生産費はイギリスより安いが、それでもポルトガルはワインを輸出して、イギリスのクロスを輸入した方が有利となる」という一節に端的に表出している。前述の通り、リカードは、「労働」と「価値・価格」の二重の視点に立脚して、「イギリスの100人労働のクロス」が「ポルトガルの90人労働のクロス」より廉価で有り得る事情を明らかにしていた。宇沢氏は、この二重の視点を摂取し得ずに、専ら労働量を基準に

して、「ポルトガルでのクロスの生産費はイギリスより安い」と誤解するのである。さらに、前述の通り、リカードは、価格上の絶対優位を輸出入の必要条件としていたから、「ポルトガルでのクロスの生産費はイギリスより安い」のならば、イギリスクロスのポルトガル輸入は不可能のはずである。だが、宇沢氏は、その点を無視して、物々交換的に、「ポルトガルはワインを輸出して、イギリスのクロスを輸入した方が有利となる」と明言する。「イギリスはクロスの生産に比較優位をもち、ポルトガルはワインの生産に比較優位をもつ」ということから、イギリスはクロス生産に、ポルトガルはワイン生産に特化することを通じて、「イギリスもポルトガルもどちらの国も、利益を受ける」という理解が示される。この相互利益は、次のような計算に基づくと考えられる。ポルトガルがワイン生産に特化（クロス生産を止めてワイン生産に集中）すれば、170 人でワイン（170/80=）2.125 単位を生産できる。同様にイギリスがクロス生産に特化すれば、220 人でクロス（220/100=）2.2 単位を生産できる。両国間でワインとクロスを 1.1 単位ずつ物々交換すれば、ポルトガルはクロス 1.1 単位、ワイン 1.025 単位消費でき、イギリスはクロス 1.1 単位、ワイン 1.1 単位消費できる。貿易取引と生産特化が行われる以前は、イギリスもポルトガルも、クロスとワインをそれぞれ 1 単位ずつ生産し消費していたのだから、「自由な貿易によってイギリスもポルトガルもどちらの国も利益を受ける」という結果がもたらされる。

日本経済新聞の「やさしい経済学」欄に掲載された根岸隆「比較生産費説は不滅」（1982 年 5 月 12 日〜 19 日、5 回連載）と「学説史に学ぶ」（2001年 9 月 6 日〜 21 日、11 回連載）を検討対象とする[30]。

「比較生産費説は不滅」においては、次のようにリカード比較生産費説が紹介されている。「この理論は、周知のごとく、各国が相対的に生産費の安い財に特化してそれを輸出し、かわりに相対的に生産費の高い財を外国から輸入するという貿易により利益を得るというものである。すなわち、<u>絶対的に、つまりあらゆる財について生産性が低い国でも、比較的に生産性の高い財を輸出できるし、またあらゆる財について生産性が高い国でも、比較的に生産性の低い財は輸入したほうが有利である</u>

わけである」（5月12日）。

　「リカードの理論は二国二財貿易についての有名な数値例によって与えられている。すなわち、イギリスはクロス1単位を作るのに100人の労働、ワイン1単位を作るのに120人の労働を要するのに、ポルトガルはそれぞれ90人、80人ですむものとする。いまイギリスはクロスを生産輸出し、ワインを輸入しており、その交換比率は1対1であるとすると、ワインを自国で生産するよりは、120人のかわりに100人ですむから有利である。同様にポルトガルもクロスを自国で作るよりワインと交換して入手するのが有利であり、両国に貿易利益が発生している」（5月17日）。

　「比較生産費の原理に従い各国が特定の財の生産に特化するならば国際貿易から利益を引き出せるという貿易利益論は、決して新古典派理論と運命をともにするものではなく」他の学派にも受け入れ可能なものである。「この意味において比較生産費説は不滅であり、学派の相違をこえてあらゆる経済学者が承認せざるを得ないものである」（5月19日）。

　「学説史に学ぶ」においては次のような形でリカード貿易論への言及が行われている。「リカードにとっては自由貿易が一国全体にとって有利であることを示す『比較生産費の理論』が必要になる。それは『経済学および課税の原理』（1817年）における数値例である。イギリスではクロス1単位を生産するのに100人の労働が、ワイン1単位の生産に120人の労働が必要だ。ポルトガルでは、それぞれ90人、80人である。イギリスは比較的に生産費の安いクロスの生産に特化し、その1単位をポルトガル製のワイン1単位と交換すれば、100人の労働で120人の労働の生産物が入手できる。イギリスのクロスの生産費が絶対的には高くても、比較的に安ければよいというのがみそである」（9月12日）。

　「ある意味で現代の経済学を代表するノーベル賞経済学者のサミュエルソンは次のように言っている。お互いに異論が多くてなかなか同意しない経済学者であるが、そのほとんどすべてが一致して承認する経済学の定理は、リカードの国際貿易に関する比較生産費の原理、比較優位の原理である、と。各国が比較的に（絶対的にではなくてもよい）生産性が高い産業に特化し、その生産物を互いに輸出する国際貿易により、どの

国も貿易利益が得られる。基礎的な原理としては自由貿易が正しい」(9月21日)。

　下線部分に留意しつつ、以上を見てくれば、根岸氏のリカード理解において、貿易商品の生産費の絶対的比較は問題にされないこと、問題になるのはその相対的比較だけであることには、疑問の余地がない。そのことは、直前の一文「各国が比較的に（絶対的にではなくてもよい）生産性が高い産業に特化し、その生産物を互いに輸出する国際貿易により、どの国も貿易利益が得られる」という説明に明らかである。同じ趣旨は、それに先立つ一文「イギリスのクロスの生産費が絶対的には高くても、比較的に安ければよいというのがみそである」という主張からも読み取れる。

　語呂合わせのダジャレではなく、真摯な批判として筆者のリカード理解を対置すれば、「イギリスのクロスの生産費が絶対的には高くても、比較的に安ければよいというのはうそである」。それは成立不可能の命題である。同様に、宇沢氏の、「ポルトガルでのクロスの生産費は、イギリスより安いが、それでもポルトガルはワインを輸出して、イギリスのクロスを輸入した方が有利となる」という説明にも、うそが含まれている、故意のウソではなく無意識のウソではあるが。そしてこれもまた成立不可能の命題となる。

　「イギリスのクロスの生産費が絶対的には高くても、比較的に安ければよいというのがみそである」という命題、「ポルトガルでのクロスの生産費は、イギリスより安いが、それでもポルトガルはワインを輸出して、イギリスのクロスを輸入した方が有利となる」という命題、これらはなぜ成立不可能なのか？

　ある同種商品についてポルトガル産がイギリス産より低価格の場合、そもそもイギリス産商品のポルトガルへの輸入そのものが成り立ち得ない。逆向きで言えば、ある同種商品についてイギリス産がポルトガル産より高価格の場合、イギリス産商品のポルトガルへの輸出が可能な道理はありようがない。そういう商品経済の基本的事実は、経済学を学ぶまでもなく自明の理である。宇沢氏と根岸氏の命題は、この商品経済の基本的事実に反しているからである。

　念のため、この点を、再度リカードの文章で、確認しておく。「クロスは、輸入元の国で掛かる費用より多くの金に対して売れるのでなければポルトガルに輸入され得ない。また、ワインは、ポルトガルで掛かる費用より多くの金に対して売れるのでなければイギリスに輸入され得ない」（p.137）（194頁）。

　宇沢氏と根岸氏の説明は、前記のリカードの言明に反するし、安く買い高く売ることを基本とする商品経済の下では成立しえない命題である。「イギリスのクロスの生産費が絶対的には高く」「ポルトガルでのクロスの生産費はイギリスより安い」のであれば「イギリスはクロスを輸出」できないし、「ポルトガルは」ポルトガル国内で販売できないから「イギリスのクロスを輸入」するはずがないのが商品経済の現実である。ポルトガル産がイギリス産より安いときに、ポルトガルにイギリス産を持ち込んでも購入者は誰もいないだろう。イギリスからのクロス輸出もポルトガルへのクロス輸入も不可能なのである。にも拘らず、宇沢氏も根岸氏も、それが可能であるかの如く述べるのは、次のような錯覚に陥ってしまったからだと考えるしかない。まず、一国単位の経済行動を想定する、すると、ポルトガルがワイン生産を選択することは、同時にクロス生産を放棄することを意味する、その結果、イギリスクロスは無競争状態でポルトガルへ輸出できることになる。だが、それは、現実には有り得ない机上の空論である。宇沢見解も根岸見解も、机上の空論に支えられるしか存立し得ないものなのである。

　宇沢氏と根岸氏は、商品経済の基本的事実を見落としている。二重の視点に立脚するリカードの見解にも反している。その結果、自由貿易の相互利益が一方的に強調され、各国商品のなかで最低価格商品のみが生き残り他の商品は敗退を余儀なくされる「底辺への競争（the race to the bottom）」の存在は看過されることになる。

中村氏と小宮氏の誤読

　商品経済の基本的事実に対立するし、リカードの言明にも反する解釈、何故そういう誤った通説的解釈が生まれたのか。リカードが商品売買の

観察において労働量表示と価格表示の二重の視点に立脚していることを認識できなかったからである。その背後には、価格表示の視点を摂取できずに労働量表示のみに依存したために、商品経済で最も重要な価格の高低の問題が看過されたという事情が厳存している。

その実例を、中村廣治著『リカァドゥ体系』及び同著『リカードゥ評伝』に基づいて挙げてみる[31]。

まず注目すべきは、『体系』において「直接的生産物交換として表象されている外国貿易」(271頁) と規定されていることである。『評伝』においては「外国貿易を理論的に説明するモデルとして」「外国貿易を国際的な商品交換(バーター)とみなし」(104頁)た、と解釈されている。『リカードゥ体系』における「生産物交換」という規定と『リカードゥ評伝』における「商品交換（バーター）」という解釈に、筆者は疑問を抱かざるを得ない。『体系』における「生産物交換」という規定は、「比較生産費命題」に関して与えられた規定であるが、「リカードの四つの数字」を用いた比較生産費説の例解が、物々交換方式に依るものでないことは、「(3)リカードの四つの数字」において先に示した通りである。ここでは、「第7章・外国貿易論」の冒頭の一文に関して「外国貿易を国際的な商品交換（バーター）」と見做す『評伝』における解釈を検討する。

「外国貿易の拡張は商品数量を増大させ、その結果享楽の総量を増大させることに極めて強力に寄与するだろうが、しかし直接には一国の価値量を増大させないだろう。すべての外国財貨は、それらと引き換えに与えられるわが国の土地と労働の生産物の分量によって測定されるから、仮に新市場の発見によって、わが国の財貨の一定量と引き換えに外国財貨の2倍量を獲得するとしても、わが国はより大きな価値を得てはいないだろう。＜ No extension of foreign trade will immediately increase the amount of value in a country, although it will very powerfully contribute to increase the mass of commodities, and therefore the sum of enjoyments. As the value of all foreign goods is measured by the quantity of the produce of our land and labour, which is given in exchange for them, we should have no greater value, if by the discovery of new markets, we obtained double the quantity of foreign goods in exchange for a given quantity of our's. ＞」(p.128)

（183 頁）。

　この冒頭の一文を引用して、中村氏は、次のような解釈を加える。「『外国貿易』を国際的な商品交換（バーター）とみなし、輸入財貨の『価値』は、それと引き換えに輸出された国産品の『価値』に等しく、したがって輸出入の前後で一国の『価値』総量は変化しない、というのである。輸出と輸入が独立の経済主体（輸出業者と輸入業者）によって、それぞれの利害計算に基づいて行われることは、勿論、リカードは承知している。したがって、明らかにそれは、『外国貿易』を理論的に説明するモデルとして想定され、バーターである限り、交換される輸出入商品数量の大小を問わず、両商品は、『等価』だ、というのだ。『等価』といっても、関係両国の両商品の『価値』が、ある国際的な共通の『価値』、いわば『国際価値』としての『等価』なのではない。輸入品は、それと引き換えに輸出される国産品の、いわば『国民的価値』と『等価』だ、というのである。換言すれば彼は、『国際価値』は成立しないという見解を伏線にして、『価値量不変命題』を、あたかも自明のように示しているのである」（104 頁）。

　この冒頭部分を、「『外国貿易』を国際的な商品交換（バーター）とみなし」「バーターである限り、交換される輸出入商品数量の大小を問わず、両商品は、『等価』だ」と解釈しなければならない必要はない。必要があるのは、貨幣を商品の進化形態として把握する、したがって貨幣をも広義の商品群に含めて把握する価値形態論的理解能力である。

　意味するところを、先出のリカードの表現を用いて説明する。「クロスは、その価格がポルトガルではイギリスよりも引き続いてより高いから、しばらくの間はイギリスから引き続いて輸出されるであろう。しかし、それと引き換えにワインではなく貨幣が与えられるであろう。＜ Cloth would continue for some time to be exported from this country, because its price would continue to be higher in Portugal than here; but money instead of wine would be given in exchange for it, ＞」（p.137）（194 ～ 195 頁）。イギリスから輸入するクロスの支払代金をワインのイギリスへの輸出でまかなっていたポルトガルが、イギリスワインの生産性向上、イギリスワインの低廉化のあおりでワインを輸出できなくなって、貨幣で支払う事例

である。つまり、商品輸出入貿易で、イギリス側が輸入超過であればイギリスが、ポルトガル側が輸入超過であればポルトガルが、貿易収支の差額を貨幣で決済する。「すべての外国財貨は、それらと引き換えに与えられるわが国の土地と労働の生産物の分量によって測定される」と言うとき、「わが国の土地と労働の生産物」から「貨幣商品・金銀」を排除しなければ良いのである。この論点については、マルクスの次のような規定も参考になるはずである。「他のすべての商品はただ貨幣の特殊的等価物でしかなく、貨幣は他の諸商品の一般的等価物なのだから、他の諸商品は、一般的商品としての貨幣に対して、特殊的諸商品として相対するのである」『資本論』第2章、(S.104)（164頁）。

　直接には「独立の経済主体（輸出業者と輸入業者）によってそれぞれの利害計算に基づいて」W→G ないし G→W（Ware 商品、Geld 貨幣）という独立の商品売買方式で行われる多数の貿易取引の積み重なりの結果を一括して W→←W 形式で表現したのが、リカード貿易論の内実である。W→←W のなかに G を含めておけば、「輸入財貨の『価値』は、それと引き換えに輸出された国産品の『価値』に等しく、したがって輸出入の前後で一国の『価値』総量は変化しない」ことになる。

　さらに付言すべきは、リカードが「『価値量不変命題』を、<u>あたかも自明のように</u>示している」という説明は、下線部分が不正確だということである。「<u>あたかも自明のように</u>示している」のではなく、全く自明のこととして示しているのである。リカードは、第1章「価値論」においてこう述べる。「商品に実現される労働量がその交換価値を規定するのだとすれば、労働量の増加は必ずその労働が加えられた商品の価値を上昇させるに違いないし、同様に、その減少は必ずその価値を減少させるに違いない。＜ If the quantity of labour realized in commodities, regulate their exchangeable value, every increase of the quantity of labour must augment the value of that commodity on which it is exercised, as every diminution must lower it. ＞」(p.13)（20頁）。貿易取引される輸出入商品には、その生産過程においては労働が投下され実現されているが、その流通過程である貿易取引そのものにおいては商品に労働が投下され実現されることはない。それゆえに、商品の価値は上昇することもなく減少することもなく、

価値量不変命題が妥当することが自明となるのである。

　以上の検討に基づいて、第7章冒頭の一文を物々交換（barter）方式に基づく説明と解釈する必要のないこと、物々交換方式ではなく独立の経済主体に担われた商品売買方式に基づく説明であることが明白になったはずである。

　この冒頭の一文においては、リカードが、「商品数量＜ the mass of commodities ＞」、「享楽の総量＜ the sum of enjoyments ＞」という形で、使用価値体および使用価値の数量についても、商品の価値量と対比的に議論していることが注目されても良いであろう。それは、商品としての労働生産物の現物形態と価値形態との区別と関連を巡る論点として、リカードの貿易論が「労働」と「価値・価格」の二重の視点で構成されている事実に繋がるものだからである。いずれにしろ、「スミスやリカードゥは、財の生産費用を『財1単位の生産に要する直接・間接の投入労働量（労働投入係数という）』で考えた」（佐藤秀夫）とする主張は、リカードの議論を労働量次元に局限されたものと見る誤解として、物々交換としてみる誤解と同様に、払拭されねばならないのである。

　外国貿易を物々交換とみなす前提の下で、比較生産費説について、次のような中村解釈が開陳される。「いま、イギリスはクロス生産に適するため、その一定量の生産に一年間100人を要するが、ワイン一定量の生産には一年間120人も必要とすると仮定する。一方、ポルトガルは、ワインの生産に適するため、同量の生産にわずか80人しか必要としないが、クロスについては90人を要するとしよう。いずれの部門においてもポルトガルの生産性が高い — 同量の生産に少ない労働しか必要としない — ので、一見すれば、両生産物ともポルトガルからイギリスに輸出されそうにおもえるが、そうはならないであろう。というのは、ポルトガルにとっては、資本と労働をワイン生産に集中し、これと交換にイギリスからクロスを輸入するほうが有利であるからである。なぜならば、自由な資本移動が妨げられているため、両国の労働を比較することはできないので、各国はそれぞれの国内の価値＝必要労働量にしたがって、両国の相対価値を評価するほかはないからである」（『体系』272頁）。

「すなわち、イギリス国内でクロスとワインを交換するとすれば、クロス一定量によってワイン一定量の 5/6 倍のものしか入手できない（国内では、勿論、労働価値論が妥当するから）。しかし、クロスの一定量をポルトガルに輸出すると、そこではそれは 90 人の労働の産物として評価されるから、ワイン一定量の 9/8 倍もの量を取得することができる。そうであれば、イギリスはワイン産業に投下されていた資本＝労働をクロス産業に移転する方が、はるかに有利である。同様のことがポルトガルについても言える。ワインをイギリスに輸出してクロスを輸入すれば、国内ではワイン一定量によってクロス一定量の 8/9 倍としか交換できないが、イギリスではその 6/5 倍も手に入れることができるからだ。したがって、イギリスについては、ワイン一定量の 9/8 倍＞クロス一定量＞ワイン一定量の 5/6 倍、ポルトガルについては、クロス一定量の 6/5 倍＞ワイン一定量＞クロス一定量の 8/9 倍、の範囲内で輸出入が行われる限り、双方とも利益を得る」（『評伝』108 頁）。

　「このように、比較優位が貿易の流れと特化すべき産業を規定するのであるが、このため、自由貿易は、諸生産物を国内において生産するよりも低廉・豊富に取得することを可能にし、もって資本蓄積しうる収入部分を増大せしめるとともに、消費を潤沢ならしめるのに寄与するのである。同様の作用が穀物をはじめ諸種賃銀財を豊富・低廉ならしめて、労働の自然価格を低下せしめるならば、その場合にかぎって、外国貿易は、一般的利潤率を上昇せしめ、したがって、蓄積の元本を積極的に増加せしめるとともに、いよいよ強く蓄積を刺激し、推進せしめうるであろう」（『体系』272 〜 3 頁）。

　こうした解釈は、物々交換方式で貿易が行われていると仮定するならば、間然する所の無い見事なもののように見える。そのために、前述の如き「各国が比較的に（絶対的にではなくてもよい）生産性が高い産業に特化し、その生産物を互いに輸出する国際貿易により、どの国も貿易利益が得られる」という主張を流布させる効果を発揮してきたのである。

　しかしながら、リカード原典においては、「クロスは、輸入元の国で掛かる費用より多くの金に対して売れるのでなければポルトガルに輸入され得ず、またワインは、ポルトガルで掛かる費用より多くの金に対し

て売れるのでなければイギリスに輸入され得ない（p.137）（194頁）」と、一般的な形で、価格基準に基づく取引が明記され、価格上の絶対優位が商品輸出入の必要条件として強調されている。つまり、物々交換方式で貿易が行われるという仮定とは相反する見地である。

　さらに、特殊的には、リカード原典において、イギリスとポルトガルの生産条件の記述の締め括りとして、「100人のイギリス人の労働の生産物は、80人のポルトガル人、60人のロシア人、または120人のインド人の労働の生産物に対して与えられ得るであろう」（p.135）（192頁）という形で、等価関係が設定されていることが、重要である。この論点は、前述したところではあるが、中村解釈で掬い取られていない個所なので、繰り返し言及しておく。

　労働価値説の妥当しないイギリスとポルトガルとの間の貿易取引において「100人の労働生産物（イギリスクロス）」と「80人の労働生産物（ポルトガルワイン）」が等価であれば、この等価の価値水準に基づいて、各貿易商品の価格が特定される。その等価水準を（何ポンドと仮定しても良いわけだが）W量のイギリスクロス＝X量のポルトガルワイン＝40百ポンドと仮定する。一国内では労働価値説が妥当するので、X量のイギリスワインの価値は（40百×120/100＝）48百ポンド、W量のポルトガルクロスの価値は（40百×90/80＝）45百ポンドとなる。

　こう推論した時点で、中村解釈を顧みると、リカードの比較生産費説の理解として無理が含まれていることが判明する。中村解釈では、「イギリス国内でクロスとワインを交換するとすれば、クロス一定量によってワイン一定量の5/6倍のものしか入手できない（国内では、勿論、労働価値論が妥当するから）。しかし、クロスの一定量をポルトガルに輸出すると、そこではそれは90人の労働の産物として評価されるから、ワイン一定量の9/8倍もの量を取得することができる」と述べられていた。「ポルトガルは、同量の生産にわずか80人しか必要としない」のだから、「ワイン一定量の9/8倍もの量」は、90人の労働に匹敵することになる。これは、明らかに「100人のイギリス人の労働の生産物は、80人のポルトガル人の労働の生産物に対して与えられ得るであろう」というリカード原典の記述と齟齬をきたすことになる。物々交換方式を仮定した議論

の無理の表出である、と言えよう。

　国際経済学の分野からは、小宮隆太郎・天野明弘『国際経済学』（1972年刊、岩波書店）における「リカードーの比較生産費説」に関する説明を選択して、小宮解釈として扱うことにする[32]。
　リカードが、「イギリスとポルトガルがクロスとワインを交換する例によって説明している」ところを、「A国およびB国の2国が、食糧と衣料を交換する」例に替えられている。「A，B両国の生産技術」が、次のように表示され、その数値例に基づく説明が試みられる。
　この例示の代替に際して、リカード原典は無視され、リカード比較生産費説の核心部分が抜け落ちてしまう。

	食糧1単位をつくるのに 必要な労働者数	衣料1単位をつくるのに 必要な労働者数
A国	1人	2人
B国	4人	5人

　「いま、労働価値説が妥当するとすれば、食糧と衣料との相対価格（交換比率）はA国では2：1、B国では5：4のはずである。A国で食糧1単位を所有している人は、それをB国に輸出し、B国内で衣料と交換すれば、4/5=0.8単位の衣料を手に入れることができるであろう（輸送費は一切かからないものとする）。つぎに、その衣料をA国へ輸入し、A国内でふたたび食糧と交換すれば、0.8×2=1.6単位の食糧を手に入れることができる。またB国から衣料を輸出してA国から食糧を輸入しても、同様の利益が生じる」（17頁）。「この場合、貿易を行なう誘因をつくり出す基本的な要因は、両国内での2財の交換比率が相違していることである。つまり、食糧は衣料と比べるとA国内で相対的に安く、B国内で相対的に高いのである。逆に衣料は、食糧と比較すると、B国で相対的に安く、A国で相対的に高いといえる」（17頁）。「衣料1単位を生産するときに必要なコストを基準としたときに、食糧1単位の生産のコストはA国では0.5、B国では0.8である。このように貿易の対象となる二つの財を比較して、ある財の他の財と比べた相対的な生産費がB国よ

りも A 国で低いとき、B 国との比較において A 国は前者の財に『比較優位』(comparative advantage) をもつという。表では、A 国は B 国に対して食糧に比較優位をもち、他方、衣料については『比較劣位』(comparative disadvantage) にある。逆に、B 国は A 国に対して衣料に比較優位、食糧に比較劣位をもっているという」(18 頁)。

　以上のような小宮解釈においては、先述の通説的理解の特徴、すなわち、①労働量基準に基づく（＝価格視点を欠落させた）②一国単位の③物々交換方式として、リカード貿易論を理解するという特徴が浮き彫りになっている。ということは、リカード原典における外国貿易論と著しく背馳した解釈だということになる。リカード原典においては、外国貿易は＜１＞価格の絶対優位を輸出入の必要条件とし＜２＞個別資本主体の独立の取引として＜３＞牧歌的な物々交換ではなく苛烈な価格競争として展開されることが強調されているからである。上記①②③のような通説的理解の枠組は否定され、正反対の見地が提示されているのである。小宮隆太郎・天野明弘『国際経済学』においては、「比較優位理論」の「通説」として、J. Viner, *Studies in the Theory of International Trade.* 1937. が挙げられている（18 頁）。リカード原典に依らずに、ヴァイナーに倣って誤った解釈を受容したために、似而非リカード比較生産費説を説明する仕儀に なった事情が窺える。

　価格視点の欠落によって生じた疑問点の具体例を挙げてみよう。小宮解釈では比較優位のみが問題とされて、価格の絶対優位は度外視される。リカードの数値例が絶対優位と比較優位を含んだ工夫を重ねた構成になっていることは全く読み取られていない。ただ単に比較優位のみに着目した恣意的な数値例が表示されているだけである。リカード表示では、100 人の労働生産物（イギリスクロス）と 80 人の労働生産物（ポルトガルワイン）が等価関係に置かれていた。小宮表示で該当するものを求めると、「A 国の食糧 1 単位」と「B 国の衣料 1 単位」が等価関係に置かれるわけで、その価格水準を 10 万円と仮定すると、他の商品の価格は（「労働価値説が妥当するとすれば、食糧と衣料との相対価格・交換比率は A 国では 2 : 1、B 国では 5 : 4 のはずである」から）次表のようになる。

	食糧 1 単位	衣料 1 単位
A 国	10 万円	20 万円
B 国	8 万円	10 万円

　リカード表示に基づいて小宮表示を読めば、食糧も衣料もB国から輸出されて、A国には輸出商品が欠如した片貿易状態が出現することになる。小宮解釈に基づいて執筆された「リカードーの比較生産費説」の説明は、リカード原典から隔たること実に大きいものがある。「リカードの比較生産費説」とは別物に変じている。「リカードの比較生産費説」ではなくて、「小宮・天野の比較生産費説」と名称を変更しなければならない。「リカードの比較生産費説」の名称に値する表示は、絶対優位と比較優位を二つながら含んでいる。具体的に言えば、小官表示では国内の絶対優位がA国B国ともに食糧に置かれているのに対して、リガード表示では国内の絶対優位がイギリスではクロスに、ポルトガルではワインに存在するという形で交差している。その含意を汲めば、例えば次の如き表示にならなければならない。

	食糧 1 単位をつくるのに 必要な労働者数	衣料 1 単位をつくるのに 必要な労働者数
A 国	1 人	2 人
B 国	5 人	4 人

	食糧 1 単位の価格	衣料 1 単位の価格
A 国	10　万円	20 万円
B 国	12.5 万円	10 万円

　商品売買であるはずの外国貿易が物々交換として把握されることになると、経済活動としての貿易の在り方についても疑問が生まれざるを得ない。小宮解釈によって、貿易は次のように理解されている。「A国で食糧1単位を所有している人は、それをB国に輸出しB国内で衣料と交換すれば、4/5=0.8単位の衣料を手に入れることができるであろう。つぎに、その衣料をA国へ輸入し、A国内でふたたび食糧と交換すれば、

0.8×2=1.6 単位の食糧を手に入れることができる。またＢ国から衣料を輸出してＡ国から食糧を輸入しても、同様の利益が生じる」。

　Ａ国で食糧１単位を所有している人がそれをＢ国に持ち込んで衣料0.8単位と交換し、それをＡ国に持ち込んで1.6単位の食糧を手に入れるわけだが、商品経済の世界ではなくて物々交換の世界だとすると、食糧１単位が1.6単位に増加することに如何なる意味があるのだろうか。物々交換の世界で交換に差し出される財貨は、自家消費の必要を超えた余剰品のはずである。自家消費のための財貨であれば交換に差し出すことはない、と考えられるから。商品ならば売りに出して貨幣獲得の可能性があるから、多々ますます弁ずではある。しかし自家消費の必要を超えた余剰品は、増加しても何の意味もない、ただ場所塞ぎになるだけである。こうして、食糧であれ、衣料であれ、出発点に比べて終着点で、食糧ないし衣料が1.6倍に増加したとしても、販売されねば意味がない。商品として販売するとなると、当然に価格が問題になる。「価値実体としての労働」と「価値形態としての価格」との二重の視点から考察しなければならない所以である。

（2）ミルからヴァイナーへ
ミル親子の外国貿易論

　価格視点を欠落させたまま貿易を物々交換方式で理解して比較生産費説を紹介する、その種の論考が極めて早く、Ｊ・ミル（James Mill）の「植民地（Colony）」論文として登場する[33]。その冒頭部分を見ただけで、リカードへの根本的誤解が判然となる。「ある一国が他の国に輸出するのは、その国が他の国よりも安価に作ることができるからではない。というのは、一国はより安価に作ることができるものが何もなくても、引き続いて輸出することができるからである。一国が輸出するのは、輸出することによって何物かを国内で作るよりも安価に他国から入手できるからである。＜ A nation exports to another country, not because it can make cheaper than another country; for it may continue to export, though it can make nothing cheaper. It exports, because it can, by that means, get something cheaper from another country, than it can make it at home. ＞」。

リカードは、商品経済において「価値実体としての労働」は「価値形態としての価格」として表出することを心得ており、前述の通り、輸出元の国で掛かる費用より多くの金に対して売れるのでなければ輸出先に輸出され得ないと明言した。ミルは、この商品経済の特質を認識し得ずに、価格競争を視野から脱落させたままで、国際貿易を物々交換として把握した。その結果、ミル見解は、商品売買としての貿易が成立するか否かを不問に付した点で、商品経済の基本事実に反し、リカード見解の基本論点を逸脱したのである。

　「植民地」論文の後続部分は次の通りである。「しかし、そのような場合、その国は、どのようにして国内で作るより安価に輸入品を手に入れることができるのだろうか？　輸入品を国内で作る場合に必要な労働よりも、より少ない労働しか要しない何物かを、輸入品と交換することによってである。そのような輸出品をたとえどのような分量であろうと、交換において与えることが必要である。まさに輸出品が、それと交換に受け取る輸入品を国内で生産するよりも、より少ない労働で生産される限り、それを輸出することがその国の利益であろう。＜ But how can it, in that case, get it cheaper than it can make it at home? By exchanging for it something which costs it less labour than making it at home would cost it. No matter how much of that commodity it is necessary to give in exchange. So long as what it does give is produced by less labour, than the commodity which it gets for it could be produced by at home, it is the interest of the country to export. ＞」

　J・ミルは、自国と他国の間の価格競争を視野から脱落させたままで、自国の輸出品の輸出は価格の高低にかかわらず常時可能と考えている。商品売買として行われる国際貿易を物々交換として把握しているからである。その結果、比較されるのは、自国の商品（A）の生産費と外国の同種商品（B）の生産費ではなく、自国の商品（A）の生産必要労働量と「外国の商品（B）と交換に供される自国の他の商品（C）の生産必要労働量」であり、(C) の生産必要労働量が (A) の生産必要労働量より小さければ、その差の節約労働量が貿易利益となり、自国は (C) の生産に特化して (C) を輸出し、(A) の生産は放棄して (B) を輸入する、という論理が展開される。貿易利益の構成と特化商品の選択の形はリカードの場合と同様

であるが、商品売買としての貿易が成立するか否かを不問に付した点で、商品経済の基本事実に反しており、リカード見解の基本論点を逸脱しているのである。

　その意味で、このミル方式の比較生産費説解説は、手品であり、虚構である。手品であり虚構ではあるが、アーウィン（Douglas A. Irwin; *Against the Tide—An Intellectual History of Free Trade*, 1996.）は「比較生産費の例解を驚くべき明快さで述べた＜ set out the comparative cost example with tremendous clarity ＞」[34]と賞賛を惜しまない。田淵太一『貿易・貨幣・権力』（法政大学出版局、2006 年）においても「ここにみられるのは、リカードの論理に完全に忠実な祖述である」[35]と高く評価されている。という次第で、ミル方式の比較生産費説理解、(1) 物々交換方式を想定する、(2) 相手国商品との価格競争は関係ないと見なす、(3) 自国商品のうち労働量数値の小さいものを輸出財にして、大きいものは自国生産を放棄して相手国財貨の輸入に委ねる ── こういう理解方法は、現在の国際経済論の世界において生きているのである。

　J・S・ミルにおいても、商品売買は商品交換と名付けられて物々交換的に理解され、商品の販売の困難性は問題にされない。貿易を考える際に、相手国商品より安価でなければ販売できず輸出も不可能だということは念頭に浮かばない模様であ る。J・S・ミルの理解の仕方が窺える一文を彼の『経済学原理』（*Principles of Political Economy*,「第 18 章、国際価値について」(Chapter 18, Of International Values) から引用する。「すべて貿易というものは、実際においては物々交換であって、貨幣はもろもろの物品を互いに交換するための単なる道具に過ぎないものであるから、私たちは簡単にするために、国際貿易は、その形態において（その実際において常にそうであるように）一商品の他の商品に対する実際の現物交換である、と仮定することによって始めよう＜ Since all trade is in reality barter, money being a mere instrument for exchanging things against one another, we will, for simplicity, begin by supposing the international trade to be in form, what it always is in reality, an actual trucking of one commodity against another. ＞」[36]。貿易は物々交換だと言って、その際の商品販売の困難は問題にされることはない。貨幣については「単なる交換の道具

に過ぎない」と言うことで、貨幣の直接交換可能性という特質など一顧だにされない。商品は必死の努力にもかかわらず販売して貨幣を獲得できるとは限らない弱い立場にある。販売目的で生産される商品は、販売できなければ存在意義を失うことになる。対照的に貨幣はいつでもどんな商品でも購買できる強い力（＝直接交換可能性）を有している。その力を利して、商品を安く買い高く売って剰余価値を得て資本へと転化して行く。商品にとって貨幣は「単なる道具」ではなく「不可欠の目的」でさえある。そういう事実を無視するＪ・Ｓ・ミルの論理は、商品経済の特質に著しく背馳しているのである。

ヴァイナー対リカード

ヴァイナー（Jacob Viner , *Studies in the Theory of International Trade.* 1937)「Ⅷ章・貿易からの利益：比較生産費の教義」(Gains from Trade: Doctrine of Comparative Costs) における誤読を点検する[37]。ヴァイナーは、スミスやリカードが「労働」と「価値・価格」の二重の視点に基づいて議論している事実を読み取れず、労働量を基準にして誤読を重ねる。その結果、一方で、スミス見解に「18世紀基準＜ the eighteenth-century rule ＞」という蔑称を与え、他方で、リカードが「輸入はたとえ輸入商品が自国で海外よりも少ない費用で生産され得るとしても有利で有り得る。＜ that imports could be profitable even though the commodity imported could be produced at less cost at home than abroad ＞」(Viner, p.441) と述べているかの如く誤解して、その点がスミスの18世紀基準を凌駕する重要論点だと強弁している。

まず、ヴァイナーのスミス論。「18世紀の自由貿易論の揺籃期においては、自由貿易賛成の通常の経済論は、輸入国にとっての利益を、国内産の生産物と交換に、自国では全く生産できない財貨か、あるいは自国で生産できても海外で生産するよりも絶対的に多額の費用を要する財貨を輸入し得るところに置いていた。自由貿易の下では、全ての生産物は、輸送費用を捨象すると、その実質費用が最低の国々で生産される、と論じられるか含意されていた。アダム・スミスによって提示された自由貿易賛成論は、この点を超えて進展するものではなかった。<In the

beginnings of free-trade doctrine in the eighteenth century the usual economic arguments for free trade were based on the advantage to a country of importing, in exchange for native products, those commodities which either could not be produced at home at all or could be produced at home only at costs absolutely greater than those at which they could be produced abroad. Under free trade, it was argued or implied, all products, abstracting from transportation costs, would be produced in those countries where their real costs were lowest. The case for free trade as presented by Adam Smith did not advance beyond this point.>」(Viner, p.440)。

　次に、リカード論に移るが、ここでのリカードからの二つの引用部分のヴァイナー流の解釈が誤読に基づいていたことが、深刻な禍根となったのである。

　第一引用部分では、リカードが、四つの数字の例解を巡って、「この交換は、ポルトガルによって輸入される商品が、そこではイギリスにおけるよりも少ない労働を用いて生産され得るにも拘わらず、なお行われ得るであろう。< This exchange might even take place, notwithstanding that the commodity imported by Portugal could be produced there with less labour than in England. >」(Ricardo, p.135)（191 〜 192 頁）と述べたのを、ヴァイナーが、上記の如く誤読している。リカードが「少ない労働で生産され得る< could be produced with less labour >」とした部分を、ヴァイナーは「少ない費用で生産され得る< could be produced at less cost >」と解釈した。相違点は、リカードが「労働」としたところを、ヴァイナーは「費用」と解釈したところである。些細な相違点に見えるかも知れない。しかしながら、ヴァイナーは「労働」＝「費用」を以て国際間の財貨交換の基準と見なしているのに対して、リカードは「労働」を以て国際間の商品売買の基準としてはいない。リカードは「労働」が国ごとに異なった現れ方をする「価格」を以て国際貿易の基準としている。その意味で、相違点は根本的であり、ここに両者の鋭い分岐点が認められる。

　比較生産費説においては、労働次元で見ると或る商品（ポルトガルクロス）の生産に必要とされる労働より多くの労働を必要とする商品（イギリスクロス）が、価格次元においてはより安価に成り得るという所に

リカード説の要諦がある。商品経済現象の分析に労働と価格の二重の視点が欠かせない所以である。ヴァイナーは、この二重の視点を看取できなかった。そのため、リカードが「少ない労働で生産され得る <could be produced with less labour>」とした部分（「しかし生産費用は高価になり得る」ということは背後に隠されている部分）を、ヴァイナーは「少ない費用で生産され得る <could be produced at less cost>」と誤読した。この誤読が、決定的な分岐点となった。ポルトガルクロスの価格が安いにも拘らず高い価格のイギリスクロスを輸入することが可能であり、かつ利益に叶うかの如き誤解が生まれたのである。

　第二引用部分は、『マルサス評註』(Ricardo, *Notes on Malthus's "Principles of political economy"*) のなかのリカードの評註である [38]。この部分は、誤読を見破り難い、ヴァイナーにとって実に好都合な文章を見つけたものだと感嘆するほかないような文章である。そのために誤読の説明は多少とも複雑にならざるを得ない。この引用部分は、まず、英文4行にわたって、ヴァイナーによるマルサスの議論（ヨーロッパとアメリカの間の貿易に関する議論）の紹介（X）があり、次に英文4行のリカード『評註』からの引用（Y）が続く。

　(X)「マルサスが、合衆国の繁栄に貢献する要因として『ヨーロッパ人が多量の労働を費やして生産した商品と交換に少量の労働で獲得できる原生生産物』を売り得る能力を高く評価した。この見解に対して、リカードは、こう答えている。

＜ Malthus had credited as a factor contributing to the prosperity of the United States her ability to sell "raw produce, obtained with little labor, for European commodities which have cost much labor." To this, Ricardo replied: ＞」（Viner, p.441）。

　(Y)「アメリカにとっては、自国の商品と交換に獲得する商品が、ヨーロッパ人に労働を多く費やさせるか少なく費やさせるかは、全く取るに足りないことである。アメリカが関心を持つのは、これらの商品を自国で製造するよりも購買するほうがより少ない労働しか費やさせないということに尽きるのだ。

＜ It can be of no consequence to America, whether the commodities she obtains in return for her own, cost Europeans much, or little labor; all she is interested in, is that they shall cost her less labor by purchasing them than by manufacturing them herself. ＞」（Viner, p.441）。

このマルサスとリカードの対話には、一見すると、「輸出可能になるためには自国商品が相手国商品より安価であることが必要だ」という商品経済の基本事実に即した形で、マルサスがヨーロッパ商品とアメリカ商品の費用の比較を問題にし、リカードがその比較を無視してヨーロッパ商品とアメリカ商品の価格の比較は「全く取るに足りないことである」と言ったように見えるところがある。その点で、ヴァイナーを「輸入はたとえ輸入商品が自国で海外よりも少ない費用で生産され得るとしても有利で有り得る」という誤解へ導く作用を果たしたと考えられる。

しかしながら、前後の事情を冷静に勘案するならば、そういうヴァイナーの理解が必ずしも的を射たものでないことが分かる。第一に、当時のアメリカの輸出原生生産物と言えば、下表に示すように、棉花、次いで煙草であって、これらはヨーロッパ市場へ輸出拡大中であり、売れるか否かを問題にする必要はなかった。第二に、マルサスが議論しているのは、アメリカとヨーロッパの商品の（価格比較ではなくて）労働量比較である。労働価値説が妥当するのは国内に限られ国境を越えると妥当しないというのがリカード比較生産費説の序の口であってみれば、リカードが「全く取るに足りないこと」と言うのは当然のことであろう。第一の事情として挙げた、棉花や煙草の順調な輸出拡大という事実があれば、ヨーロッパの同種商品との競争は問題とするに足りなかったであろう。そういう事情を背景に、リカードは「アメリカが関心を持つのは、これらの商品を自国で製造するよりも購買するほうがより少ない労働しか費やさせないということに尽きるのだ」と、換言すれば、国内的には労働価値説が妥当するから、「自国で製造するより安価に購買できるということに尽きるのだ」と、比較生産費説の中心命題を述べることになったと考えられる。このように読み解いてくると、リカードの評注は、「輸出可能になるためには自国商品が相手国商品より（労働量表示でなく価格表示で）安価であることが必要だ」という基本事実を逸脱するものでないことが分かる。また、「自由貿易の下では、必然的にその実質

費用が最低のところで商品が生産される傾向が生まれる。< that under free trade all commodities would necessarily tend to be produced in the location where their real costs of production were lowest. >」（Viner, p.441）という所謂「一八世紀基準< the eighteenth- century rule >」を否定するものでも無い。むしろ、(最低価格商品輸出可能基準とも言うべき)「一八世紀基準」＝「絶対生産費説」を基礎として「比較生産費説」が成立するという二重構造になっていることが理解されるべきだろう。

Exports of U.S.,（Millions of Dollars） [39]

	1802-04	1860
Vegetable foods	13	27
Cotton	6	191
Tobacco	6	15
Animal products	3	20
Fish products	2	4
Forest products	4	13
Manufactures	2	37
Total of these items, omitting decimals	36	307

シュンペーター（Joseph A. Schumpeter, *History of Economic Analysis.*1954. 東畑精一訳『経済分析の歴史 1 〜 7』岩波書店、1955 〜 62 年）は、「国際価値論 The Theory of International Values」について、ほぼ全面的にヴァイナーに依拠して叙述を進めた。その結果、ヴァイナーの誤読部分が、誤読と看破されることなく、次のように正解として推奨されることになった。

「ヴァイナー教授の指摘したように（前掲書、440 頁）、アダム・スミスは、自由貿易の下ではあらゆるものはその生産費（運送費も考慮して）が最低の場所において生産されるであろうと述べるに留まりそれ以上には前進しなかった。さらに、ヴァイナー教授の指摘によると、スミス以前の若干の著作家は、自由貿易の下では、輸入によって商品が最も廉価に確保できる時には、いつでも輸入されるであろうという、より一般的命題を定式化した。この命題は、輸出品の生産に要する費用が、この

輸出に見合う輸入品を国内で生産するのに要する費用よりも、低廉な場合をも含むものであって、したがって比較生産費の原理を意味している。しかし私はまた、たとえ輸入商品が国内においては海外におけるよりもより低廉に生産される場合にさえ、なおその輸入が有利であり得る、と明確に述べたのは顕著な功績だと信ずる点においてヴァイナーに従うものである。この功績はトーレンズ（『論破された経済学者』1808 年）とリカードとに帰するものである。＜ As Professor Viner（op. cit. p.440）has pointed out, A. Smith never went beyond stating that under free trade everything would be produced in the place where costs（taking account of transportation costs）were lowest. He also has pointed out that some earlier writers had formulated the more general proposition that, under free trade, commodities would be imported whenever they can be obtained most cheaply in this way. This includes the case of exports that cost less than it would cost to produce the corresponding imports at home, and thus implies the theorem of Comparative Costs. I also follow Viner, however, in believing that there was distinctive merit in stating explicitly that imports can be profitable, even though the *commodities imported* can be produced at less cost at home than abroad. This merit belongs to Torrens（*The Economists Refuted*, 1808）and Ricardo. ＞」（p.607）（東畑精一訳『経済分析の歴史 4』岩波書店、1958 年、1275 〜 76 頁）。

　シュンペーターは、下線部分のようなヴァイナーの顕著な謬論をリカード解釈の正解として高く評価した。この解釈の影響力について、次のような説明を加えている。「この原理は、余り強力ではない議論による弱々しい抵抗を抑えて、イギリスでは勝利を収めたと言えよう。アメリカでは、イギリスほどには人気を博することできなかった。ヨーロッパ大陸では、人気はなお一層低いものであって、そこでは自由貿易論者の間においてさえ、誤解が広まっていた。＜ In spite of weak resistance that was in part supported by incompetent argument, the theorem may be said to have conquered in England. In the United States it did not catch on so well and still less did it do so on the continent of Europe, where it was widely misunderstood even among free traders. ＞」（p.607）（前掲訳書 1277 頁）。

　こうした形で、ヴァイナーの誤れる比較生産費説解釈が、定説として

声価を高めるとともに、リカード比較生産費説そのものは誤解に基づく
固定観念の海に沈没してゆくことになったのである[40]。

【註】
1) 本章は、2014年10月25日、経済理論学会第62回大会（於、阪南大学）
共通論題（ポリティカルエコノミーの対抗軸）関連分科会においてなさ
れた報告「リカード比較生産費説 ― 宇沢弘文と根岸隆の論」に加筆した
作品である。主要な加筆箇所は、「(1)マルクス価値論の目標」の全部、「(4)
現代日本における事例」のうち「中村氏と小宮氏の誤読」の部分である。
経済学教育における（マルクス経済学をも含んだ）古典学派学習の不可
欠性を示すことを願いつつ執筆した。
　筆者に学会報告を勧めるとともに、当日コメンテーターを務められた
田中史郎氏（宮城学院女子大学教授）に深く感謝申し上げる。拙論の草
稿を通読して基本的論旨への賛意をお寄せいただいた山崎廣明氏（東京
大学名誉教授）、柴垣和夫氏（東京大学名誉教授）、田中学氏（東京大学
名誉教授）、小沢健二氏（新潟大学名誉教授）、三浦昭彦氏（元・朝日新
聞社）、片桐幸雄氏（元・日本道路公団）の御厚意に励まされたことは決
して忘れられない。草稿段階の拙論に対して、種々の注意を与えてくだ
さった斎藤仁氏（元・農林省農業総合研究所）、戸原つね子氏（元・農林
中金総合研究所）、桜井毅氏（武蔵大学名誉教授）、佐々木隆雄氏（法政
大学名誉教授）、伊藤誠氏（東京大学名誉教授）、稲富信博氏（九州大学
教授）、関根順一氏（九州産業大学教授）に対しても、厚く御礼申し上げる。
　筆者は、「比較生産費と国際価値 ― リカード説の本質理解」（九州大学
経済学会『経済学研究』第74巻第1号、2007年9月、1〜56頁）において、
本章と同じように、リカード比較生産費説について、二重の視点に基づ
く解読法を示したことがある。しかしながら、同稿では、『資本論』第1
巻第20章「労賃の国民的相違」におけるマルクスの所謂国際価値論とリ
カード比較生産費説との関係の考察を主目標としたために、二重の視点
に基づく解読法の検討に徹底を欠いた憾みがある。本章において再検討
を試みる所以である。
2) David Ricardo, *On the Principles of Political Economy and Taxation.*, (*The
Works and Correspondence of David Ricardo*, edited by Pierro Sraffa with the
collaboration of M. H. Dobb, Cambridge University Press, 1951-55. Volume I)。
引用部分の末尾に（p.123）の形式で引用個所を示す。日本語訳は、岩波
文庫、羽鳥卓也・吉澤芳樹訳『経済学および課税の原理』上巻（岩波書店、
1987年）を（175頁）の形式で示す。訳文は、必ずしも同書に依らない。
3) 真実一男『リカード経済学入門』新評論、1975年、93頁。
4) 鳴瀬成洋「国際経済における均衡 ― リカードウの問題提起とその解答」

九州大学大学院「経済論究」第 51 号、1981 年。森田桐郎編著『国際貿易の古典理論 — リカードウ経済学・貿易理論研究入門』同文舘、1988 年、再録、279 頁。

5) 例えば Cloth が「服地」「布地」「織物」「毛織物」「リネン」など様々に訳し分けられるように、リカード比較生産費説の例解に用いられた二国二財、England, Portugal, Cloth, Wine については、論者により種々の訳語が採用されている。本書では、便宜的に「イギリス」「ポルトガル」「クロス」「ワイン」の四語を充てることで統一を図り、引用文についても異なる訳語が使用されている場合、この四語に差し替えることにする。

6)「価値（value）（Wert）」と「価格（price）（Preis）」の関係については、マルクスの場合は、「価格」は「価値の貨幣表現」であると理解する。したがって、「（1）マルクス価値論の目標」において見られるように、経済原論的には「価値」と「価格」は位相ないし次元が異なることは言うまでもない。その他の場面にあっては、「価値」と「価格」は同様のもの（価値＝価格）、特別の量的差異はなく代替可能な用語として扱われる。

7) 根岸隆「リカードとマルサス」日本経済新聞、2001 年 9 月 21 日『やさしい経済学』。

8) 野口旭「比較生産費説」（経済学史学会編『経済思想史辞典』丸善、2000 年）311 頁。

9) William Shakespeare, *Othello, The Moor of Venice*「オセロー」（シェークスピア著、坪内逍遥訳『ザ・シェークスピア』全原文＋全訳文、全一冊、第三書館）765 頁。

10)『資本論』第 1 巻の原典としては（特記しない限り）、Karl Marx, *Das Kapital, Kritik der Politischen Ökonomie* Erster Band,（*Karl Marx-Friedrich Engels Werke*, Band 23.1986）を用いる。引用に際しては、引用部分の末尾に（S.123）の形式で引用個所を示す。日本語訳は、岡崎次郎訳、国民文庫版第 1 分冊の頁を（195 頁）の形式で示す。訳文は、必ずしも同書に依らない。

11) 向坂逸郎編『資本論読本』河出書房新社、1963 年、15 頁。向坂逸郎編『資本論読本』では、『資本論』全 3 巻の要約（23 〜 219 頁）が中軸を成すが、それに先行して「はじめに」向坂逸郎（1 〜 8 頁）、「＜対談＞資本論をめぐって」大内兵衛・向坂逸郎（9 〜 22 頁）が配置されている。引用 11) 12) は、この先行部分からである。要約部分の後には「解説」が、次の形で続いている。Ｉ「マルクス主義について」＜「マルクス経済学の発展」福田豊（222 〜 233 頁）、「修正派論争について」成清泰道（233 〜 244 頁）、「マルクス価値論をめぐる批判と反批判」佐藤保（244 〜 252 頁）、「新修正主義について」篠藤光行・福田豊（252 〜 270 頁）＞、Ⅱ「マルクスについて」＜「マルクスの逸話」勝原登（272 〜 278 頁）、「マルクスにおける人間的なもの」田中勝之（279 〜 286 頁）、「マルクスの言葉」向坂逸郎（287 〜 300 頁）＞、Ⅲ「『資本論』の意味するもの」向坂逸郎（301 〜 332 頁）、「簡単な『資本論』辞典」古賀良一・坂本秀行・蓮尾担（333

〜 362 頁）。『資本論』を巡る大概の論点が網羅された貴重な解説書と言える。要約部分で、第 1 章第 3 節「価値形態または交換価値」が省略されていることは、向坂先生の『資本論』観を示すものとして象徴的である。

12）同前書、2 頁、16 頁。

13）木下悦二「世界経済論」（奥村茂次・村岡俊三・編『マルクス経済学と世界経済』有斐閣、1983 年、所収）、345 頁。

14）池田弘一「経営戦略と私の歩み」（九州大学経済学部同窓会報第 55 号、2013 年、2 頁）。

15）Karl Marx, *Das Kapital, Kritik der politischen Oekonomie*. Erster Band (Hamburg, 1867). S.VII-VIII.（江夏美千穂訳『初版・資本論』幻燈社書店、1983 年、9 〜 10 頁）。

16）Karl Marx, *Das Kapital, Kritik der politischen Oekonomie*. Erster Band. Zweite verbesserte Auflage.（Hamburg, 1872）. S.813.

17）Ibid. S.813.

18）本章における「第 1 章第 1 節の価値論」「第 1 章第 3 節の価値論」については、拙著『ポリチカルエコノミー』57 〜 64 頁、74 〜 80 頁の記述に添削を加えて転載した部分がある。

19）日高普『経済原論』（有斐閣、1983 年）17 〜 18 頁。同書は、続けて「第 1 章第 1 節の価値論」の方法に関して、こう述べている。「だからこの冒頭の叙述から価値の実体を説くことをやめ、冒頭の商品をあくまで資本主義的商品であるとしながらもその生産過程から抽象 されたものとし、それ以後に至ってはじめて価値の実体を説きうるものとしたことは、宇野弘蔵『経済原論』の大きな功績であろう」。

20）碧海純一「マルクスの労働価値説における説得定義と本質論」（岡田与好・広中俊雄・樋口陽一編『社会科学と諸思想の展開』創文社、1977 年、所収）17 頁、19 頁。

21）山下正男『論理学史』岩波書店、1983 年、221 〜 2 頁。

22）『資本論』のなかの価値（価値そのもの、価値自体）概念について的確な説明を見いだせないままに、筆者は長年にわたって深い霧の森で無様に暗中模索を繰り返していた。そういう状況下の筆者に対して、「使用価値」の対概念として「価値」を説明する第 3 章「貨幣または商品流通」第 3 節「貨幣」a 項「貨幣蓄蔵」のなかの一節を示して、一条の光の如く森からの脱出路を指し示して呉れたのが次の文章であった。「価値という概念は、一般に価値の実体と明確に区別されないで用いられていることが多いように思われるが、価値と価値の実体とが異なる内容のものであることはいうまでもなかろう。商品の価値とは、『素材的な富のすべての要素にたいするその商品の引力』（『資本論』Vol. I, S.147）, つまり他の任意の商品の一定量にたいするその商品の交換可能性ないし購買力のことであるといってよい。これにたいして、価値の実体とは、この『引力』の根拠を説明するための概念で、労働価値説では、人間の自然との社会的物質代謝関係の一環としてその商品を生産する社会的必要労働が、そ

78

の商品の『引力』の基準を規定する基本的要因をなしているとみるわけである。」(山口重克「商業資本論と競争論、2」東京大学「経済学論集」42巻3号、1976年、所収、14頁)。この山口氏の説明に接するまで、筆者は十数年間、霧のなかを彷徨っていたことになる。

　今、振り返ると、自分の不甲斐なさに赤面するばかりで、気の滅入る思いにならざるを得ないのだが、宇野弘蔵『経済原論』上巻(岩波書店、1950年)第1篇「流通論」第1章「商品」1「商品の二要因 — 価値と使用価値」の冒頭部分を引用して、不十分であるとの評価を記したことがある。

　「商品は、まず第一に種々の人々の手に種々なる物としてあり乍ら質的に一様な、単に量的に異るにすぎないという性質をもっている。吾々はこれを例えば何萬圓の商品というような表現をもってするが、元来、商品は、単なる財貨と異って物をその物的性質に関係なく一様な質を有するものとする。商品の価値は、先ずかかるものとして現れるのである」(24頁)。

　この引用について、「いわば消極的説明しか与えられておらず、価値そのものの説明としては隔靴掻痒の感を免れないものに留まっている」と批評した(拙著『ポリチカルエコノミー』九州大学出版会、2004年、61頁)。

　上の宇野見解について「消極的説明に留まっている」とする評価は、誤りではないと考える。しかしながら、宇野弘蔵『経済原論』(岩波全書、1964年)第1篇「流通論」第1章「商品」において、次のように積極的説明と言えるものへと改善されていることに着目できなかったことは大いに反省を迫られるべきところである。

　「商品は、種々異ったものとして、それぞれ特定の使用目的に役立つ使用価値としてありながら、すべて一様に金何円という価格を有しているということからも明らかなように、その物的性質と関係なく、質的に一様で単に量的に異るにすぎないという一面を有している。商品の価値とは、使用価値の異質性に対して、かかる同質性をいうのである。それは商品が、その所有者にとって、その幾何かによって他の任意の商品の一定量と交換せられるべきものであることを示すものにほかならない。またかかるものとして価値を有しているわけである」(21頁)。

　全書版『経済原論』において、下線部分は「交換可能性＝交換力」「引力」を意味しているのであり、商品の価値に関する積極的説明と言えるものへと改善されている訳である。

23) Karl Marx, *Theorien uber den Mehrwert,* (*Karl Marx- Friedrich Engels Werke,* Band 26-2, 1976) S.169. 岡崎次郎・時永淑訳『剰余価値学説史』第4分冊(大月書店、1970年)302頁。

24) Ibid. S.161. 前掲訳書287～8頁。

25)『国富論』の原典として Adam Smith, *An Inquiry into The Nature and Causes of The Wealth of Nations*(edited by Edwin Cannan,)(Modern Library Edition, 1937)を用いる。引用に際しては、引用部分の末尾に(p.341)

の形式で引用個所を示す。日本語訳は、岩波文庫、水田洋監修訳、杉山忠平訳、『国富論』（二）（岩波書店、2000 年）を（157 頁）の形式で示す。訳文は必ずしも同書に依らない。

26）佐藤秀夫『国際経済 — 理論と現実』（ミネルヴァ書房、2007 年）11 〜12 頁。

27）「価値生産性」を、次のような意味で用いている。「労働力の再生産に要する 1 日の生活資料が 6 時間の労働で生産され、その代価を 3 志（シリング）とすれば、綿糸の生産を資本家的に行う場合、その生産に 24 時間を要した綿花、機械等の生産手段には 12 志を支払い、その生産に 30時間を要した 6kg の綿糸は 15 志をもって販売されれば、いずれも商品としては、その生産に要した労働時間を基準にして売買されることになる。」「3 志は、この生産過程を基礎にして展開される商品交換関係の媒介をなすものにすぎない」（宇野弘蔵『経済原論』岩波書店、1964 年、53 〜 54頁）。以上のような過程における 6 時間（生活資料生産のための直接労働だけでなく、その生産に使用される生産手段の生産に要する間接労働も含まれる）の労働生産物の代価 3 志について、労働 1 時間あたりの価値生産性＝額は 0.5 志となる。賃銀額を意味するわけではない。と言うのは、リカードが示す通り「商品の価値はその生産に必要な労働量に依存するのであって、その労働に対して支払われる報酬の大小には依存しない」（p.11）からである。「1 日の生活資料」＝「6 時間の労働生産物」＝「3志」の価値構成を見ると、「C（不変資本部分）＋ V（可変資本部分）＋M（剰余価値部分）」から成るので、「V（可変資本部分）＝（賃銀相当部分）」で 3 志を得るには 6 時間以上の労働時間を必要とする。従って、当然のこととして労働 1 時間当たり賃銀額は 0.5 志を下回ることになる。「6 時間の労働生産物」＝「3 志」の水準の規定に関しては、一方では、生活資料の質的充実と量的拡大が上昇要因として、他方では、生活資料に関わる生産力の向上が下降要因として作用する。

28）「宇沢氏と根岸氏の錯誤」部分は、拙稿「リカード比較生産費説 — 宇沢氏と根岸氏の錯誤」（進歩と改革研究会、『進歩と改革』2014 年 6 月号、46 〜 65 頁）を圧縮して転載している。

29）宇沢弘文氏が、1968 年にシカゴ大学から東京大学へ転勤した後に、日本で刊行した書物は、『自動車の社会的費用』（岩波新書、1974 年）から『経済学は人びとを幸福にできるか』（東洋経済新報社、2013 年）まで、単著だけでも 36 冊を数える。そのなかでここでは、『経済学の考え方』（岩波新書、1989 年）として刊行され、後に『宇沢弘文著作集、第Ⅸ巻、経済学の系譜』（岩波書店、1994 年）に「第一部、経済学の考え方」として収録された論考に着目する。他の著作に、リカード比較生産費説の正解例が存在するかもしれないが、その有無の確認には、筆者の調査は及んでいない。

30）根岸隆氏は、東京大学で経済学史の講義をも担当していた。その結果、『経済学の歴史』（1983 年、第 2 版 1997 年）や『経済学史入門』（1997 年、

改訂版 2001 年）などリカードを論じた著述も多く、貿易理論を論じた英文著作（Takashi Negishi, *Development of International Trade Theory*, 2001）も存在する。そのなかには、「どの財の生産においても労働生産性は英国のほうがポルトガルより低い」点を巡って、興味深い論点を提示する論考が含まれている。「経済の発展とは、資本の蓄積と労働人口の増大である。しかし、土地は限られているから、その結果として、資本および労働の限界生産性は低下していく。つまり平均生産性より限界生産性が低くなる。その結果、地代が増加するのである」「英国は経済発展の結果、労働の限界生産性はポルトガルより低くなるが、労働の平均生産性は高い。人口の大部分は労働者であるから、したがって、1 人当りの国民所得も高くなる」（『経済学史入門・改訂版』46 〜 47 頁）。本章では、比較生産費説の解釈の核心部分に関わることと平明さを重視して、検討対象を選択した。前述の論点は第二章で検討する。

　野口旭『経済対立は誰が起こすのか — 国際経済学の正しい使い方』（ちくま新書、1998 年）は、根岸見解を次のように強く推奨している。「比較生産費説なるものが、人学の教室の中で百年以上も連綿と語り継がれてきた、極めて信頼すべき真理であることだけは確かである。世界的な経済理論家・経済学史家である根岸隆青山学院大学教授（東京大学名誉教授）の言葉によれば、貿易利益に関するリカードの考え方の正しさは、『学派の相違をこえてあらゆる経済学者が承認せざるを得ないもの』なのである（「比較生産費説は不滅」『日本経済新聞』1984 年 5 月 12 日〜 19 日朝刊『やさしい経済学』）。しかし、わたしが思うに、これほど明確に正しい理論であって、これほど社会の中で理解されていない考えも珍しい」（127 〜 128 頁）。なお、掲載年は 1982 年が正しい。この野口見解は、固定観念に囚われた謬論である。

31）中村廣治『リカァドゥ体系』（ミネルヴァ書房、1975 年）は、経済学説史の分野で極めて堅実な研究と定評のある、緻密な思索を簡潔な文体に織り込んだ著者 44 歳の名著である。『リカードゥ評伝』（昭和堂、2009 年）は、「デイヴィッド・リカードゥ（1772-1823）の生涯を辿り、彼の学説の全容を明らかにし、さまざまな活動の全貌を紹介する」著者 78 歳の文字通りの大著である。以下に指摘する瑕瑾の存在は、些かも両書の名著であり大著である所以を傷つけるものではない。それは、マルクスの議論の弱点を指摘することが、『資本論』の「人類の世界遺産」たる事実を何ら揺るがすことにならないのと同様である。

32）筆者の経済学部学生と大学院生の時代、貿易論の担当者は小宮隆太郎先生だった。真面目で有能な聴講生がその講義内容を筆写したガリ版刷の講義ノートがある。それを見ると、「リカードーの比較生産費説」の説明は、小宮隆太郎・天野明弘『国際経済学』（1972 年刊、岩波書店）の17 頁以下の説明と同じで、物々交換方式が採用されている。そういう事情で、以下の比較生産 費説の説明を、小宮解釈として扱う。

33）James Mill, *Colony, The Supplement to the Encyclopedia Britannica*, 1818, pp.26-27. 田淵太一『貿易・貨幣・権力』（法政大学出版局、2006年）87 ～ 91 頁に、この「植民地」論文の紹介と翻訳があり、「ここにみられるのは、リカードの論理に完全に忠実な祖述である」（91頁）と高い評価が与えられている。

34）Douglas A. Irwin, *Against the Tide—An Intellectual History of Free Trade*, 1996. p.91.

35）田淵、前掲書、91頁。

36）John Stuart Mill, *The Principles of Political Economy*, the first edition 1848, the seventh 1871. p.583

37）Jacob Viner, *Studies in the Theory of International Trade*. 1937. pp.439-441

38）David Ricardo, *Notes on Malthus's "Principles of political economy"*.（*The Works and Correspondence of David Ricard*, Cambridge University Press, 1951-55. Volume II.) p.383.

39）Clive Day, *History of Commerce*,（Fourth Edition, 1938）p.530

40）手堅いリカード経済学解説書として版を重ねた真実・前掲書では、文献案内において「リカードの比較生産費論については」Viner; ch.9-10 が「標準的であろう」（98 ～ 99頁）と推奨されている。小宮・天野・前掲書における推奨とともに、ヴァイナーの声望の高さを知る材料である。

（初稿．2014年12月）

第二章

比較生産費と国際価値
——サムエルソン会長講演

序節. 問題の所在と課題限定 [1]

(1) サムエルソンへの疑問

1968 年 9 月 2 日〜 7 日、モントリオールにおいて国際経済学協会の第 3 回世界大会が開催された。サムエルソンが「経済学者の道」と題する会長講演を行った（Paul A. Samuelson. Presidential Address : The Way of an Economist.） [2]。

ここでの筆者の課題は、サムエルソンの会長講演に含まれるリカード論の検討である。そのリカード論に三点にわたる疑問を抱く。第一は、「リカードの比較優位の原理」は、「あらゆる商品に関して絶対的に生産性が高い場合でも、逆に絶対的に生産性が低い場合でも、貿易によりどの国も相互に貿易利益が得られることを論証している＜ The Ricardian theory of comparative advantage; the demonstration that trade is mutually profitable even when one country is absolutely more - or less- productive in terms of every commodity. ＞」と解釈することの是非。この点を巡っては、サムエルソン『経済学』における詳しい説明をも検討対象に加える。第二は、比較生産費説の例解において、クロスについてもワインについても、ポルトガルがイギリスより高い労働生産性を有する形になっていることを、サムエルソンが「奇妙な経済地理」（odd economic geography）と表現したことの適否 [3]。第三は、比較優位説を巡るトレンズ（Robert Torrens）とリカードの比較論議において、サムエルソンがトレンズを比較優位説考案の先駆者と認定していることの当否。

最終的課題は、サムエルソン会長講演を巡る三点の疑問を解明することであるが、この会長講演に多面的に言及を重ねている「根岸隆氏のリカード論」の検討から出発することが便宜である。

(2) 根岸隆氏のリカード論

ディヴィッド・リカード『経済学および課税の原理』（David Ricardo, *On the Principles of Political Economy and Taxation*.） [4] 第 7 章 (1821 年第 3 版、1819 年第 2 版。1817 年第 1 版では第 6 章）「外国貿易論」（On Foreign

Trade) において、次のように価格上の絶対優位が輸出入の必要条件であることが明言されている。「クロスは、輸入元の国で掛かる費用より多くの金に対して売れるのでなければポルトガルに輸入され得ず、またワインは、ポルトガルで掛かる費用より多くの金に対して売れるのでなければイギリスに輸入され得ない＜ Thus, cloth cannot be imported into Portugal, unless it sell there for more gold than it cost in the country from which it was imported; and wine cannot be imported into England, unless it will sell for more there than it cost in Portugal. ＞」(p.137)（194 頁）。

　実に不思議としか言い様がないことだが、リカードのこの明言にもかかわらず、生産費が絶対的には高くても比較的に安ければ輸出ができるという主張が通説的理解として広く流布している。

　日本経済新聞の「やさしい経済学」欄に掲載された根岸隆「比較生産費説は不滅」(1982 年 5 月 12 日〜 19 日、5 回連載)と「学説史に学ぶ」(2001年 9 月 6 日〜 21 日、11 回連載)から、通説的理解の例を拾ってみる。そこには、「現代の経済学を代表するノーベル賞経済学者のサムエルソン」までもこの通説的解釈に与みしている、と記されている [5]。

　「比較生産費説は不滅」における例。「リカードの理論は二国二財貿易についての有名な数値例によって与えられている。すなわち、イギリスはクロス 1 単位を作るのに 100 人の労働、ワイン 1 単位を作るのに 120人の労働を要するのに、ポルトガルはそれぞれ 90 人、80 人ですむものとする。いまイギリスはクロスを生産輸出し、ワインを輸入しており、その交換比率は一対一であるとすると、ワインを自国で生産するよりは、120 人のかわりに 100 人ですむから有利である。同様にポルトガルもクロスを自国で作るよりワインと交換して入手するのが有利であり、両国に貿易利益が発生している」(5 月 17 日)。「この理論は、周知のごとく、各国が相対的に生産費の安い財に特化してそれを輸出し、かわりに相対的に生産費の高い財を外国から輸入するという貿易により利益を得るというものである。すなわち、<u>絶対的に、つまりあらゆる財について生産性が低い国でも、比較的に生産性の高い財を輸出できるし、またあらゆ</u>

る財について生産性が高い国でも、比較的に生産性の低い財は輸入した
ほうが有利であるわけである」（5月12日）。

　「学説史に学ぶ」における例。「ある意味で現代の経済学を代表するノー
ベル賞経済学者のサムエルソンは次のように言っている。お互いに異論
が多くてなかなか同意しない経済学者であるが、そのほとんどすべてが
一致して承認する経済学の定理は、リカードの国際貿易に関する比較生
産費の原理、比較優位の原理である、と。各国が比較的に（絶対的にで
はなくてもよい）生産性が高い産業に特化し、その生産物を互いに輸出
する国際貿易により、どの国も貿易利益が得られる。基礎的な原理とし
ては自由貿易が正しい」（9月21日）。

　筆者が下線を付した部分に明らかなように、「絶対的に生産性が低い」
場合でも「比較的に（絶対的にではなくてもよい）生産性が高い」産業が
あれば、その生産物を輸出する国際貿易により「貿易利益が得られる」
と主張されているわけである。この根岸氏の通説的理解（誤解！）は、
上記のリカードの見解に反するわけだが、リカードを待つまでもなく、
そもそもイギリスの商品の生産費がポルトガルの同種商品の生産費より
絶対的に高ければポルトガルへ輸入される道理はないのが商品経済の世
界の冷厳な基本事実である。経済学を学ぶまでもなく自明というべき商
品経済の基本原理である。
　イギリスのクロスの生産費が絶対的には高く、ポルトガルでのクロス
の生産費はイギリスより安いのであれば、イギリスはクロスを輸出でき
ないし、ポルトガルは国内で販売できないからイギリスのクロスを輸入
するはずがないのが商品経済の現実である。ポルトガル産がイギリス産
より安いときに、ポルトガルにイギリス産を持ち込んでも購入者は誰も
いないだろう。イギリスからのクロス輸出もポルトガルへのクロス輸入
も不可能なのである。

　そうであるにも拘らず、根岸氏が、それが可能であるかの如く述べる
のは、次のような錯覚に陥ってしまったからだと考えるしかない。まず、

ポルトガルとイギリスをそれぞれ単一の経済主体だと想定して一国単位の経済行動を設定する、すると、ポルトガルがワイン生産を選択することは、同時にクロス生産を放棄することを意味する、その結果、イギリスクロスは無競争状態で（クロス生産を放棄することがなければ低生産費での生産が可能だった）ポルトガルへ輸出できることになる。

　だが、その想定と設定は、現実には有り得ない机上の空論である。現実には、ポルトガル、イギリスそれぞれにワイン生産にもクロス生産にも多くの個別の製造業者が従事しており、それぞれに個別の貿易商人を介して激しい価格競争を演じているのである。この事実についても、リカードはこう明言している。「商業上の各取引は独立の取引である＜Every transaction in commerce is an independent transaction.＞」(p. 138)（195頁）。商品の生産と販売が個別資本に担われて、各々が（クロスはクロス同士、ワインはワイン同士で競争して）独立の個別商品として販売されることが示されている。商品経済取引においては、個々の商品が貨幣に対して販売され次いでその貨幣で別の商品が購買されることになる。クロスとワインが直接に物々交換されるわけではない。

　クロスもワインも自国商品の生産費が他国同種商品の生産費より絶対的に高ければ、貨幣に対して販売できず（＝輸出商品が存在せずに）いわゆる片貿易状態になって、他国商品の輸入に対して既存の手持ち貨幣による支払を余儀なくされる事態が生じ得るのである。そのことについても、リカードが、イギリスワインの生産性向上による価格低廉化、ポルトガルワインのイギリスへの輸出不可能の事例を挙げて明言している通りである。「イギリスがワイン生産の一方法を発見し、そこでそれを輸入するよりはむしろそれを生産する方がその利益になるものと仮定すれば、イギリスは当然その資本の一部分を外国貿易から国内産業へ転換するであろう。イギリスは、輸出のためにクロスを生産することを止めて、自国でワインを生産するであろう。これらの商品の貨幣価格は、それに応じて左右されるであろう。すなわち、イギリスではクロスは引き続いて以前の価格にあるのにワインは下落し、ポルトガルではいずれの商品の価格にも変更は起こらないであろう。クロス

は、その価格がポルトガルではイギリスよりも引き続いてより高いか
ら、しばらくの間はイギリスから引き続いて輸出されるであろう。し
かし、それと引き換えにワインではなく貨幣が与えられるであろう＜
Now suppose England to discover a process for making wine, so that it should
become her interest rather to grow it than import it; she would naturally divert a
portion of her capital from the foreign trade to the home trade; she would cease
to manufacture cloth for exportation, and would grow wine for herself. The
money price of these commodities would be regulated accordingly; wine would
fall here while cloth continued at its former price, and in Portugal no alteration
would take place in the price of either commodity. Cloth would continue for
some time to be exported from this country, because its price would continue to
be higher in Portugal than here; but money instead of wine would be given in
exchange for it, ＞」（p. 137）（194 ～ 5 頁）。

　根岸氏の比較生産費説の解釈の核心を成す主張、改めて繰り返せば、
「絶対的に、つまりあらゆる財について生産性が低い国でも、比較的に
生産性の高い財を輸出できる」という見解、「各国が比較的に（絶対的
にではなくてもよい）生産性が高い産業に特化し、その生産物を互いに
輸出する国際貿易により、どの国も貿易利益が得られる」という見解は、
以上に見たようにリカード貿易論の原典に照らして誤りであることは
疑問の余地が無いと言えよう。
　これも繰り返しになるが、生産費が絶対的には高くても比較的に安け
れば輸出ができるという根岸氏の主張は、リカードを待つまでもなく、
同種同質商品の販売競争においては価格の廉価であることが勝利要因に
なるという商品経済の基本原理に反しているのである。
　価格上の絶対優位が輸出入の必要条件であるというのが、リカード貿
易論の原典命題であり、商品経済の基本原理でもあることを考慮すれば、
貿易市場に勝ち残り得るのは、各種商品のなかで最低価格商品であると
結論される。最低価格商品が生き残り他の商品は敗退を余儀なくされる
「底辺への競争（the race to the bottom）」の存在を勘案すると、「各国が
比較的に（絶対的にではなくてもよい）生産性が高い産業に特化し、その

生産物を互いに輸出する国際貿易により、どの国も貿易利益が得られる」という根岸氏の見解は支持し得ないものであり、「基礎的な原理としては自由貿易が正しい」という根岸氏の主張にも深刻な疑問符を打たざるを得ないことになる。

(3) 二重の視点に立つ理解

　以上に点検したように、「絶対的に、つまりあらゆる財について生産性が低い国でも、比較的に生産性の高い財を輸出できる」という見解は、リカード貿易論の原典に反するのみならず、商品経済の基本原理にも反しているが、それにも拘らずリカード比較生産費説の解釈として通説的地位を占めてきている。

　そういう事情について、筆者は、本書第　章「比較生産費と国際価値——リカード対ヴァイナー」[6]において検討を試みている。そこでの筆者のリカード貿易論読解の鍵となるのは、マルクスがスミスやリカードの価値論を評価した次の指摘である。「不完全ながらも、価値と価値量を分析して、これらの形態のうちに隠されている内容を」つまり「価値となって現れる労働を」「発見した」（『資本論』第1巻第1章第4節「商品の物神的性格とその秘密」）[7]。

　このマルクスの評価通り、スミスもリカードもその貿易論において、「労働」と「価値・価格」との二重の視点に基づく考察を展開している。リカード貿易論について言えば、労働量表示に加えて、上に引用した通り、外国貿易は、＜1＞価格の絶対優位を輸出入の必要条件とし＜2＞個別資本主体の独立の取引として＜3＞苛烈な商品売買競争として実行されることが強調されている。

　それに対して、通説的解釈においては、この古典学派に特有の二重の視点が摂取され得なかったために、イギリスとポルトガルの間のクロスとワインの貿易を巡る「四つの数字」によるリカード比較生産費説の例解は、労働量表記のみで行われているかの如くに誤解されてしまった。かくて、国際経済論や経済学説史の通説的理解では、①労働量基準に基づく（＝価格視点を欠落させた）②一国単位の③物々交換方式として解釈されるのが常態となったのである。

（4）根岸氏とサムエルソン

　前章および本章上記部分において紹介した、根岸隆氏によるリカード比較生産費説に関わるサムエルソン引用は、根岸氏が肯定的含意を以て引用したものである。根岸氏が自説の補強材料としてサムエルソン見解を引用したわけであり、したがって、サムエルソン見解が誤謬であれば同時に根岸見解も過ちである（逆に、根岸見解が誤謬であれば同時にサムエルソン見解も過ちである）という性格の引用であった。だが、根岸氏によるリカード比較生産費説に関わるサムエルソン引用は、両者ともに誤ったものに限られているわけではない。サムエルソンのリカード貿易論について、一部不十分な点を含みつつも、リカード原典に即してサムエルソン批判を試みた根岸見解も存在しているのである。根岸氏の議論の弱点を指摘するのみでは、公平を欠くと言わねばなるまい。根岸見解の積極的側面に言及を試みる所以である。

　根岸隆『経済学史24の謎』第4章「リカードウの変な経済地理」第1項「サムエルソンのいわゆるリカードウ・モデル」におけるサムエルソン批判は、次のような形で展開されている[8]。

　「19世紀初頭の英国の経済学者リカードが国際分業を説明する有名な数値例の話である。クロスとワインをそれぞれ1単位だけ生産するのに必要な労働がイギリスでは100人と120人、ポルトガルではそれが90人と80人だとすると、クロスは相対的に安価なイギリスで、ワインもまた相対的に安価なポルトガルで生産され、両国のあいだでクロスとワインの国際貿易がおこるのである。」「この比較生産費の原理はいまでも国際経済学の基礎理論として承認されているのである。現代経済学の代表選手であるサムエルソンも、これはいずれの学派を問わずすべての経済学者が理解し、かつ賛成してきた不滅の議論であるとたたえる。10人の経済学者がいれば11の異なる意見がでるとまでいわれるのに、誠に珍しい話であるというわけである。しかし、まず誉めておいて、サムエルソンはすぐさま批判をはじめる。リカードが説明に使用した4つの魔数字（マジック・ナンバー）は、当時の経済地理の常識から見て、まことにおかしなものであるというのである。『貴方が酔っ払いか、おシャ

レかで違うが、２分の１ないし９分の１だけイギリス人よりポルトガル人のほうが所得が高い』。つまり、所得をワイン単位で量れば120と80の差を80で割って２分の１、クロス単位で量れば100と90の差を90で割って９分の１である。いずれにしろ、当時のイギリスは産業革命の真っ最中で、世界をリードしていた先進国であったことを想起すれば、非現実的な数値例だという主張である。」「しかし、変なのはリカードの経済地理ではなく、実はサムエルソンをはじめとする現代経済学者のリカード解釈がおかしいのである」（根岸、前掲書、29～30頁）。

　上の引用に続けて、「サムエルソンをはじめとする現代経済学者のリカード解釈がおかしい」理由が述べられるのであるが、その部分については、後述の本論部分に譲る。ともあれ、根岸氏のサムエルソン論には、研究者が摂取すべき原典に即した独自の考察が合まれており、改めて採り上げて論及する価値が存在すると言える。「やさしい経済学」におけるサムエルソン引用に際しては、引用の典拠は示されていないが、「リカードの変な経済地理」においては、Samuelson, P. A. The Way of an Economist. が参考文献として明示されている。本章においては、根岸氏によって引用されているサムエルソンのこの文献（以下では、「会長講演」<Presidential Address> と名づけて引用する）におけるリカード論を俎上に載せてみる。

　(a) リカード比較生産費説という前章と同一の主題を巡って、「労働」と「価値・価格」との二重の視点に着目した前章と同一の方法によって、ただ検討素材のみは「サムエルソン会長講演」に変更する、本章には、確かにそういう部分も含まれており、その部分については、前章との関係は同工異曲ということになるだろう。だが、本章には、それ以外に、(b) すぐ上に見た根岸氏によって批判が試みられたサムエルソンの誤謬部分の検討、(c) サムエルソンが、トレンズ（Robert Torrens）を採りあげて「比較優位説の発案者としてリカードと同等ないしそれ以上の優先権を有すると言ってもよい」と誤解した部分の検討も含まれている。

　この (a) (b) (c) という三つの検討作業を通じて、リカード貿易論を巡るサムエルソンの三重の誤解の構造が鮮明に提示されるはずである。

一節. サムエルソン会長講演

(1) 会長講演のリカード論

サムエルソン「経済学者の道」(Samuelson, P. A. The Way of an Economist.) は、1968年にカナダ・モントリオールで開催された第3回国際経済学協会における会長講演 (Presidential Address) として作成されたものである。この会長講演は、経済学のみならず歴史上の全学問に関わる壮大かつ多様な話題を取り上げ、機知と諧謔を交えた屈曲に富んだ口調・文体で展開されている。そのために、リカード貿易論への言及も、立ち入って細かく論理を分析するというよりは、一筆書きの域を出ないものに終わっていると言えよう。だが、それだけにサムエルソンのリカード理解（正確には、「誤解！」）の特質も鮮明に表出されることにもなっている。そういうものとして、リカードへの二つの言及部分に注目する。

(2) リカードへの第一言及

第一の言及は、国際経済学の歩みをこの分野の偉人に即して回顧するなかで、ヒューム (David Hume)、スミス (Adam Smith) に次いで三人目に次のような形でリカード (David Ricardo) が挙げられる。「私たちは、リカードをスミスの後を継ぐ者と考えています。だが実際には、デイヴィッド・リカードが、比較優位の理論の核心部分を成す四つの魔法の数字を偶然見つけるまでに40年以上の空白期間があったのです。私は、リカードの数字と言いましたが、トレンズ大佐 (Colonel Torrens) が、比較費用の発案者としてリカードと同等ないしそれ以上の優先権を有すると言ってもよいかも知れません。思想の歴史においては、より有名な名前がより無名な名前を追放することが稀ではないのです< We think of Ricardo as following Smith. But actually there was a gap of more than forty years before David Ricardo chanced upon his four magic numbers that constitute the core of the doctrine of the comparative advantage theory. I say Ricardo's numbers, but it may well be that Colonel Torrens has equal or even better claims to priority on comparative cost than Ricardo. As so often happens in the history of thought, the greater name drives out the lesser one. ＞」(p. 4)。

　後述のようにトレンズの優先権主張は、トレンズ自身に依って生前のリカード宛てに行われていた。それに対してリカードは「私が取り扱っている問題の範囲のなかに入ってくるものが特になかった」との理由で否認している。この如くサムエルソンのトレンズ重視の主張は根拠を欠くことを強調しておきたい。

　さらに、「リカードの比較優位については、もっと後のほうで語るでありましょう」としながら、「ただここでは、面白い事実を一つ申し上げておきましょう」と言って、こう続けている。「すべての産業において他の国よりももっと生産性の高い国を比較対照させたいと願うとき、リカードはポルトガルとイギリスの名前を用い、二財に関してはワインとクロスの古典的な例示を選ぶのです。その後、ミルはリンネルとクロス、イギリスとドイツに変えています。(中略) 私は、食料と衣料、ヨーロッパとアメリカを導入して不朽の名声をかちえたのです。(中略) イギリスの産業革命の最盛期に執筆したときに、リカードはどの国が最も生産的であると書いたと思いますか。明らかにポルトガルがすべての点においてイギリスより優れているとしてリカードが選ばなかったならば、私はこの問題を提起しなかったでありましょう。貴方が酔っ払いか、おシャレかで違うのですが、2分の1ないし9分の1だけイギリス人よりポルトガル人のほうがコーリン・クラーク単位でみた一人当り国民総生産が大きいとしました。彼はなぜこの奇妙な経済地理を使ったのでしょうか。相手側に優位性を与えることが、高い身分に伴う徳義上の義務なのでしょうか＜ I shall say more later about Ricardian comparative advantage. Let me only note here an amusing fact: when Ricardo wishes to contrast a country that is more productive in every industry than another, he uses for his example the names of Portugal and England and chooses for his two goods the classic case of wine and cloth. Mill later switched to linen and cloth, England and Germany. …… I earned undying fame by introducing food and clothing, Europe and America. …… Writing in the heyday of England's industrial revolution, which country do you think Ricardo made out to be the most productive? Obviously I should not have raised the question if Ricardo had not selected Portugal as the superior of England in every respect, having a real per capita G. N. P in Colin Clark units that is somewhere between one-ninth and one-half greater depending upon whether you are a drunkard or a dandy. Why this odd economic geography? Was it noblesse oblige, to give the other fellow the advantage? ＞」（pp. 4-5）。

　『経済学史 24 の謎』第 4 章「リカードの変な経済地理」において根岸氏が紹介したサムエルソン見解は、この部分に由来するものである。

　以上のように、第一の言及部分に、比較生産費説を巡るトレンズとリカードとの優先度の問題およびリカードの経済地理の問題という二つの論点が含まれているのである。

(3) リカードへの第二言及

　第二の言及は、講演の終わりに近く全体の締めくくりに向かう転換点で、かつてハーバード大学学友会（the Society of Fellows at Harvard）で数学者スタニスロー・ウラム（Stanislaw Ulam）から投げかけられた問を巡ってなされており、次のような形でリカード比較優位説が採り上げられる。「やさしい経済学」において根岸氏が紹介したサムエルソン見解は、この部分に由来するものである。「彼は、あらゆる知の領域をくつろいで逍遥しつつ、興趣あふれる会話を楽しむ人でした。彼は、次のような問いを発しては、私をからかうのを習慣としていました。『真理であると同時にそれなりの重要性もある、そういう命題を一つ、全社会科学のなかから挙げてみて呉れないか』。いつものことでしたが、私はこの試験になかなか合格できませんでした。しかし、約 30 年が経過したいま、いわば階段の上にいるので、適切な答えが私の念頭に浮かんできています。その答えが、リカードの比較優位の原理です。その原理は、あらゆる商品に関して絶対的に生産性が高い場合でも、逆に絶対的に生産 性が低い場合でも、貿易によりどの国も相互に貿易利益が得られることを論証しています。それが論理的に真実であることは、数学者にとって改めて議論するまでもありません。それなりに重要であることは、自分ではこの原理を把握できなかったり、説明を受けたあ

とでも確かだと思えなかったりする、そういう学識に富む重要人物が何千人も存在することによって示されています< And he was a delightful conversationalist, wandering lazily over all domains of knowledge. He used to tease me by saying, 'Name me one proposition in all of social sciences which is both true and non-trivial.' This was a test that I always failed. But now, some thirty years later, on the staircase so to speak, an appropriate answer occurs to me: The Ricardian theory of comparative advantage; the demonstration that trade is mutually profitable even when one country is absolutely more - or less-productive in terms of every commodity. That it is logically true need not be argued before a mathematician; that it is not trivial is attested by the thousands of important and intelligent men who have never been able to grasp the doctrine for themselves or to believe it after it was explained to them. >」(p. 9)。

　この第二の言及部分の主題が「リカードの比較優位の原理 (the Ricardian theory of comparative advantage)」であること、その原理の内容が「あらゆる商品に関して絶対的に生産性が高い場合でも、逆に絶対的に生産性が低い場合でも、貿易によりどの国も相互に貿易利益が得られること」として理解されていることは、改めて言うまでもなく明瞭である。

(4)　三項目のリカード論議

　サムエルソン会長講演には、三項目にわたるリカード論議が含まれている。第一言及部分では、比較優位説を巡るトレンズ (Robert Torrens) とリカードの比較論議、根岸氏によって批判が試みられた「変な経済地理」論議の二項目が展開されている。第二言及部分では、社会科学の全命題のなかで輝く星としてリカード比較生産費説が称揚されている。この三項目のなかで最重要の地位を占めるのは、言うまでもなく比較生産費説であり、他の二項目は、挿話的存在だと言えよう。この会長講演では、比較生産費説の説明は一筆書き的なものに終わっているが、サムエルソン『経済学』では、複数の例証を重ねて詳しく多面的な説明が施されている。しかしながら、詳しく多面的になるほどに、リカード『原理』原典から乖離を余儀なくされることにもなる。それゆえに、サムエ

ルソンの議論に立ち入る前に、第一章との重複を厭わずに、リカード『原理』原典に即して、比較生産費説の正当の理解法を提示して置くことが便宜だと考えられる。

二節．リカード比較生産費説

（1）リカード価値論の応用

　一定量のクロスの生産において、「イギリスで労働者 100 人」「ポルトガルで 90 人」という労働量表示であっても、価値量表示においては「イギリスでのクロスの生産費はポルトガルより安い」水準になり得る事情を説明するところに、リカード比較生産費説の要諦がある。そのこととの関連で、リカードが比較生産費説の「四つの数字による例解」に先立って、「労働」と「価値」の関係を問題としていることが注目されねばならない。

　まず、商品価値の決定における一国内と国際間の相違が次のように強調される。「一国内の諸商品の相対価値を規定するのと同じ法則が、二国間あるいはそれ以上の国々の間で交換される諸商品の相対価値を規定するわけではない＜ The same rule which regulates the relative value of commodities in one country, does not regulate the relative value of the commodities exchanged between two or more countries. ＞」(p. 133)（190 頁）。

　次に、「法則（rule）」の内容が説明される。「ポルトガルがイギリスのクロスと引き換えに与えるはずのワインの分量は、仮に両商品が共にイギリスで、あるいは共にポルトガルで製造される場合にそうであるようには、各々の生産に投じられるそれぞれの労働量によって決定されるものではない＜ The quantity of wine which she shall give in exchange for the cloth of England, is not determined by the respective quantities of labour devoted to the production of each, as it would be, if both commodities were manufactured in England, or both in Portugal. ＞」(pp. 134-135)（191 頁）。

　国際貿易における商品価値の決定について否定形で述べられた法則を、肯定形に直せば「クロスと引き換えに与えるはずのワインの分量は」

「各々の生産に投じられるそれぞれの労働量によって決定される」とい
う形で、一国内の商品価値の決定に適用される法則になる。それは、リ
カード『原理』第1章第1節の表題「一商品の価値、すなわち、この商
品と交換される他の何らかの商品の分量は、その生産に必要な労働の相
対量に依存するのであって、その労働に対して支払われる報酬の大小
には依存しない＜ Section I. The value of a commodity, or the quantity of any
other commodity for which it will exchange, depends on the relative quantity
of labour which is necessary for its production, and not on the greater or less
compensation which is paid for that labour. ＞」(p. 11)（17 頁）として明記され、
以後のリカード経済理論の中枢に位置することになるものである。すな
わち、経済用語として「価値」は「交換力・交換可能性」を意味してお
り、一国内で A 商品と交換に与えられる B 商品の分量は、各々の生産
に向けられる労働のそれぞれの分量によって決定される、という形でい
わゆる労働価値説（商品価値の決定要因を労働・労働量に求める学説）が
妥当することになる。

　翻って、「二国間あるいはそれ以上の国々の間で交換される諸商品の
相対価値」つまり国際価値について、労働価値説が適用されないのは何
故か。リカードは、こう言う。「この点での単一国と多数国との間の差
異は、資本がより有利な用途を求めて一国から他国へ移動することの
困難と、資本が常に同国内で一つの地方から他の地方へ移動するその
活発さとを考察することによって、容易に説明される＜ The difference
in this respect, between a single country and many, is easily accounted for,
by considering the difficulty with which capital moves from one country to
another, to seek a more profitable employment, and the activity with which it
invariably passes from one province to another in the same country. ＞」(pp.
135-136)（192 頁）。自分の生まれ育った国を離れ親類や知人もなく言語
や習慣も異なる他国の政府の下に移住するのは大変に不安なことであ
る。資本が高い利潤率を求めて国境を越えるには大きな困難が存在する。
それに伴い労働力の移動も制限されるので、労働力と労働とに国ごとに
相違が残り、一国内のような標準化平均化作用が働かない。その結果、
労働による価値の形成にも国ごとの相違が生じるの で、「イギリスで労

働者100人」「ポルトガルで90人」という労働量表示を以て、直ちに「イギリスのクロスの生産費が絶対的には高く」「ポルトガルでのクロスの生産費はイギリスより安い」とは言えないのである。「イギリスで労働者100人」「ポルトガルで90人」という労働量表示であっても、価値量表示においては「イギリスでのクロスの生産費はポルトガルより安い」水準になる場合が存在し得るのである。

(2) リカード貿易論の例解

　「イギリスで労働者100人」「ポルトガルで90人」という労働量表示であっても、価値量表示においては「イギリスでのクロスの生産費はポルトガルより安い」水準になるのは、どのような場合か。その例証のためにリカードが用意したのが、サムエルソンのいわゆる「四つの魔法の数字」である。該当部分を［A］［B］［C］として引用し、若干の解説を付して、比較生産費説の理解法を示すことにする。

　［A］「イギリスは<u>クロス</u>を生産するのに1年間100人の労働を必要とし、またもし<u>ワイン</u>を醸造しようと試みるなら同一期間に120人の労働を必要とするかも知れない、そういった事情のもとにあるとしよう。それゆえに、イギリスは、ワインを輸入し、それをクロスの輸出によって購買するのがその利益であることを知るであろう＜ England may be so circumstanced, that to produce <u>the cloth</u> may require the labour of 100 men for one year; and if she attempted to make <u>the wine</u>, it might require the labour of 120 men for the same time. England would therefore find it her interest to import wine, and to purchase it by the exportation of cloth. ＞」(p. 135) (191頁)。

　［B］「ポルトガルで<u>ワイン</u>を醸造するには、1年間80人の労働を必要とするに過ぎず、また同国で<u>クロス</u>を生産するには、同一期間に90人の労働を必要とするかも知れない。それ故に、その国にとってはクロスと引き換えにワインを輸出するのが有利であろう。この交換は、ポルトガルによって輸入される商品が、そこではイギリスにおけるよりも少ない労働を用いて生産され得るにも拘わらず、なお行われ得るであろう。ポルトガルは、クロスを90人の労働を用いて生産できるにも拘わらず、それを生産するのに100人の労働を必要とする国からそれを輸入するで

あろう。なぜならば、その国にとっては、その資本の一部分を葡萄樹の栽培からクロスの生産に転換することによって生産し得るよりも、より多量のクロスをイギリスから引き換えに取得するであろうワインの醸造にその資本を使用する方が、むしろ有利だからである＜ To produce the wine in Portugal, might require only the labour of 80 men for one year, and to produce the cloth in the same country, might require the labour of 90 men for the same time. It would therefore be advantageous for her to export wine in exchange for cloth. This exchange might even take place, notwithstanding that the commodity imported by Portugal could be produced there with less labour than in England. Though she could make the cloth with the labour of 90 men, she would import it from a country where it required the labour of 100 men to produce it, because it could be advantageous to her rather to employ her capital in the production of wine, for which she would obtain more cloth from England, than she could produce by diverting a portion of her capital from the cultivation of vines to the manufacture of cloth. ＞」（p. 135）（191 ～ 192 頁）。

［C］「このようにして、イギリスは、100 人の労働の生産物を、80 人の労働の生産物に対して、与えるであろう。このような交換は同国内の個人間では起こりえないであろう。100 人のイギリス人の労働が、80 人のイギリス人のそれに対して与えられることはあり得ない。しかし100 人のイギリス人の労働の生産物は、80 人のポルトガル人、60 人のロシア人、または 120 人のインド人の労働の生産物に対して与えられ得るであろう＜ Thus England would give the produce of the labour of 100 men, for the produce of the labour of 80. Such an exchange could not take place between the individuals of the same country. The labour of 100 Englishmen cannot be given for that of 80 Englishmen, but the produce of the labour of 100 Englishmen may be given for the production of the labour of 80 Portuguese, 60 Russians, or 120 East Indians. ＞」（pp. 135-136）（192 頁）。

　［A］と［B］との二つの文章の読解において注意を要するのは、下線を付した部分に＜ the cloth ＞＜ the wine ＞と、定冠詞が付されていることである。行沢健三氏は、具体的状況を特定する定冠詞の役割に着目し

て、「現実に同じ価格で取引されているクロスの一定量とワインの一定量をとりあげている」と考えて、そういう単位の設定方法をリカードの「原型理解」と命名した [9]。それに対して、漠然と「1単位のクロス」「1単位のワイン」という形の単位設定の方法を「変形理解」として退けたのである。このリカード原型理解に基づくと、国際貿易市場で売買価格が同一になる一定量（例えばW量）のクロスと別の量（例えばX量）のワインが特定されて、その生産に必要な労働量が［A］と［B］との二つの文章の記されているということになる。

　行沢氏に遅れること28年、2002年に至って海外においても「原型理解」が登場することになった。ラフィン「デヴィッド・リカードによる比較優位説の発見」（Roy J. Ruffin, David Ricardo's Discovery of Comparative Advantage.）がそれである [10]。ラフィンは、リカードの例解をこう読んでいる。「Xを、W単位のクロスと取引される＜ワインの量＞だと仮定しよう。もしイギリスが、X単位のワインを作るために1年間120人を必要とし、W単位のクロスを生産するのに1年間100人を必要とするならば、それゆえに、イギリスは、ワインを輸入し、それをクロスの輸出によって購買するのがその利益であることを知るであろう＜ Let X be "the quantity of wine" that is traded for W units of cloth. If England requires 120 men for one year to make X units of wine and 100 men to make W units of cloth, "England would therefore find it her interest to import wine, and to purchase it by the exportation of cloth." ＞」（p. 741）。

　以上のような見地から、［C］の一文を読めば、労働価値説の妥当しないイギリスとポルトガルとの貿易取引において「100人の労働生産物（イギリスクロス）を80人の労働生産物（ポルトガルワイン）に対して与える」ということは、両者が等価であることを意味することになる。［A］と［B］の二つの文章において与えられた労働量の関係が、［C］の一文において価値関係として表現されるわけである。この等価の価値水準を（何ポンドと仮定しても良いわけだが）仮に40百ポンドと仮定する。W量のイギリスクロス＝X量のポルトガルワイン＝40百ポンドである。一国内では労働価値説が妥当するので、X量のイギリスワインの

価値は（40百×120/100=）48百ポンド、W量のポルトガルクロスの価値は（40百×90/80=）45百ポンドとなる。こうして下表のように価格上の絶対優位を基礎にして労働量の相対優位が位置づけられる。イギリスは（120-100=）20人の労働を、ポルトガルは（90-80=）10人の労働を節約可能という形で貿易利益が得られるが、それはあくまで自国輸出商品の価格の絶対優位に基づいてのことである。と同時に、貿易の無い場合に比べてそれだけの人数が就業の場を追われて失業するという形で貿易損失が生じている。

	W量のクロス	X量のワイン
イギリス	100人	120人
ポルトガル	90人	80人

	W量のクロス	X量のワイン
イギリス	£40百	£48百
ポルトガル	£45百	£40百

　国際市場においては各種商品のなかで絶対優位を有する最低価値商品のみが輸出可能となって勝ち残り、その種商品への特化傾向が生まれる。これら各国の輸出可能商品の価格によってこの種商品の国際価値水準が形成されることになる。そのため労働量の相対比較で劣位にある商品は、他国同種商品に対して単位労働量あたりの労働生産性において絶対優位にある場合でも（ここではイギリスクロスに対する関係においてポルトガルクロスが該当する）、商品価値においては高価を余儀なくされることがある。上表に即して言えば、各国の生活水準を反映して決まる単位時間当たり労働生産物の価値水準について、「100人の年間労働生産物（イギリスクロス）＝ 80人の年間労働生産物（ポルトガルワイン）＝ 40百ポンド」という関係が形成されることから、イギリスの年間1人当り価値生産性が40ポンド、ポルトガルのそれが50ポンドで、ポルトガルが5/4倍の高さにある。これによって、9/10という労働生産性の絶対優位が解消される。90人の年間労働生産物（ポルトガルクロス）＝ 45百ポンドとなって、100人の年間労働生産物（イギリスクロス）＝ 40百ポンドを、価格において上廻る結果になり、国際市場において勝ち残れない結果になる。

先に示したようにサムエルソンは、イギリスとポルトガルの比較において、リカードが、「ポルトガルがイギリスより優れている」と設定したことを「奇妙な経済地理」と呼んでいる。筆者は、労働価値説が妥当しない国際間において如何なる価値関係が形成されるかを例解するために適当に二国を選んだに過ぎないと考える。ポルトガルを特別に優位国として特定する意図があるとは考えない。その点は、技術革新によるワインの生産改善でイギリスがクロスのみならずワインまで輸出国になる場合を想定するところから理解できるはずである。

三節．比較優位説の比較検討

(1)『経済学』の貿易理論

　「会長講演」における一筆書きの比較優位説に関して言えば、サムエルソン『経済学』[11] 第 34 章「国際貿易と比較優位の理論」(P. A. Samuelson, *Economics*. Chapter34. International Trade and the Theory of Comparative Advantage) において、相当詳しく丁寧な補充説明が施されている。「経済学をたいして学ばなくても、人々は、一方がある財の生産において一層能率的であり他方が他の財の生産において一層能率的であるような二国間において貿易が相互に有利であることを理解できる。しかし、たとえ二国間の一方が他方よりたまたまあらゆる産業において絶対的に一層能率的であるような場合でさえ、貿易が二国間相互にとって、同じく有利であることを知るためには、重要なリカードの比較優位の原理を待つよりほかない< Without much study of economics, people see that trade is mutually beneficial between two countries where one is more efficient in producing one good and the other is more efficient in producing the other good. But it takes the important Ricardian principle of *comparative* advantage to see that trade is no less mutually beneficial between two countries even when one of the countries happens to be *absolutely* more efficient in every industry than is the other. >」（一部省略を含む）(p. 680)（1135-36 頁）。

　「或る国は他方の国よりどの財貨の生産においても絶対的に能率的で

あるとしよう。このことは、他方の国はどの財貨の生産においても絶対的劣位を持つということを意味する。しかし、二国内において異なる財貨を生産する相対的能率に相違がある限り、われわれが常に確実に言えることは、貧しいほうの国でさえその相対的に最も能率的な商品の生産においては比較優位を持つという点である。この同じ貧乏国は、その非能率性が平均以上であるような他の商品においては比較劣位を持つことになる。同様にして、富裕で能率的な国は、それが比較優位を持つ生産分野に特化し、それが比較劣位を持つ商品はこれを輸入するようにすべきであるということがわかろう＜ One country may be *absolutely* more efficient in the production of *every* good than is the other country; and this means the other country has an *absolute* disadvantage in the production of every good. But so long as there are differences in the *relative* efficiencies of producing the different goods in the two countries, we can always be sure that even the poor country has a *comparative* advantage in the production of those commodities in which it is *relatively* most efficient; this same poor country will have a *comparative disadvantage* in those other commodities in which its inefficiency is more than average. Similarly, the rich, efficient country will find that it should specialize in those fields of production where it has a comparative advantage, planning to import those commodities in which it has a comparative disadvantage. ＞」（p. 669）（1117 頁）。

　「相対的能率において差異が存在する限り、どの国も一部の財貨については比較優位を持ち、一部の財貨については比較劣位を持つということにならざるを得ない。そうなれば、どの国に関しても比較優位を持つ財貨に特化してそれを他国が比較優位を持つ財貨と交換することによって、大きな利益を得られることになる＜ As long as there is a difference in *relative* efficiency, every country must enjoy both a comparative advantage and a comparative disadvantage in some goods. There will then be powerful benefits derived from *specializing* in those goods in which there is a comparative advantage, *trading* them for goods in which the other nation has a comparative advantage. ＞」（p. 680）（1136 頁）。

「リカードの比較優位の原理」(the Ricardian principle of comparative advantage）は、サムエルソンによって、どのようなものとして理解されていたか。

　核心を成すのは、サムエルソンが「会長講演」で「あらゆる商品に関して絶対的に生産性が高い場合でも、逆に絶対的に生産性が低い場合でも、貿易によりどの国も相互に貿易利益が得られる＜ trade is mutually profitable even when one country is absolutely more - or less- productive in terms of every commodity. ＞」と言っている部分であり、『経済学』で「どの国に関しても比較優位を持つ財貨に特化してそれを他国が比較優位 を持つ財貨と交換することによって、大きな利益を得られることになる＜ There will then be powerful benefits derived from specializing in those goods in which there is a comparative advantage, trading them for goods in which the other nation has a comparative advantage. ＞」と述べている部分である。

　この二つの比較優位論を融合して、次の文章を作成することができる。「あらゆる商品に関して絶対的に生産性が低い場合でも、比較優位を持つ財貨に特化してそれを他国が比較優位を持つ財貨と交換することによって、大きな貿易利益が得られる＜ Even when one country is absolutely less productive in terms of every commodity, powerful benefits will be derived from specializing in those goods in which there is a comparative advantage, trading them for goods in which the other nation has a comparative advantage. ＞」。

　サムエルソンは、「リカードの比較優位の原理」を、どの国も必ず一部の財貨については比較優位を持ち、その比較優位を持つ財貨に特化してそれを他国が比較優位を持つ財貨と交換することによって、貿易利益を得られることを明らかにした命題と誤解しているのである。この点に、サムエルソンのリカード把握の最大の弱点を見出すことができる。価格上の絶対優位が輸出入のための必要条件であるという商品経済の基本原理は完全に度外視されているわけである。商品経済の世界では、価格上の絶対優位が輸出入の必要条件であるというのが、リカード貿易論の原典命題であり、商品経済の基本原理でもある。この前提に立つ限り同種

同質商品の販売競争においては価格の廉価であることが勝利要因になるわけで、相手側商品の価格よりも高価な商品を輸出することは不可能である。「あらゆる商品に関して絶対的に生産性が低い」国というのは、一般的な場合には、国際貿易市場に価格の高価な商品しか供給し得ないのであるから、輸出可能な商品が何も無い、いわゆる片貿易状態に呻吟するしか術を知らないことになるはずである。サムエルソン命題の成立のためには、「価格上の絶対優位が輸出入の必要条件である」という現実の前提を無視する必要がある。その結果、「どの財貨の生産においても絶対的劣位を持つ」国は、何も輸出できない事実は、見落されて仕舞う。「リカードの比較優位の原理」が、価格上の絶対優位を基礎に成立する二重構造になっていることを、サムエルソンは理解できなかったのである。

(2) 比較優位論の第一例証

　「リカードの比較優位の原理」を、どの国でも比較優位を持つ財貨に特化してそれを他国が比較優位を持つ財貨と交換することによって貿易利益を得られることを明らかにした命題として把握したサムエルソンは、その例証として、第一に「弁護士かタイピストか」問題、第二に「食料と衣料、ヨーロッパとアメリカを巡る四つの数値」を提示している。

　「弁護士かタイピストか」問題とは、次のような例証である。「比較優位の逆説を例証するために古くから使われている例は、ある町で一番有能な女性弁護士が同時にその町一番のタイピストでもある場合である。この場合、彼女は弁護士としての仕事に特化し、タイプの仕事は秘書に任せるのではないだろうか。彼女は、上手であるとは言っても比較優位を持たぬタイプの仕事をするために、もともと彼女の大事な時間を彼女の比較優位が非常に大きい法律分野の仕事から割くというのは、賢明でないことを知るはずである。あるいは秘書の立場からこの問題を考えてみても良い。彼女は弁護士よりも両方の仕事において劣る。しかし、弁護士と比べて彼女の相対的劣位はタイプの仕事において最も小さい。相対的にいって、秘書はタイプに比較優位を持っているのだ。この点は、国についても同様である＜ A traditional example used to illustrate this paradox of comparative advantage is the case of the best lawyer in town who is also the best typist in town. Will she not specialize in law and leave typing to a secretary? How can she afford to give up precious time from the legal field, where her comparative advantage is very great, to perform typing activities in which she is efficient but in which she lacks *comparative* advantage? Or look at it from the secretary's point of view. She is less efficient than the lawyer in both activities; but her comparative disadvantage compared with the lawyer's is least in typing. Relatively speaking, the secretary has a comparative advantage in typing. So with countries. ＞」(p. 669) (1117 頁)。

　一般的には、「アインシュタインと弟子」の「創造的作業と補助的作業」の分業関係という形で用いられる例示を、サムエルソンは法律事務所内部での弁護士とタイピストの分業関係に変容して使用している。法律業務と秘書業務にともに絶対優位をもち法律業務に比較優位を持つ女性弁護士と、法律業務と秘書業務ではともに絶対劣位にありながら秘書業務に比較優位を持つタイピストを想定して、「彼女は弁護士としての仕事に特化し、タイプの仕事は秘書に任せる」分業関係が処理業務の増加の鍵だと言い、「この点は国についても同様である＜ So with countries. ＞」と結論する。

(3) 第一例証の批判的検討
　法律事務所内の弁護士と秘書の関係を、複数主体の国際貿易関係に変換できるためには、商品経済社会が複数主体によって構成されている現実の前提を無視する必要がある。弁護士を A 国に、秘書を B 国に、法律業務をクロス生産に、秘書業務をワイン生産に読み替えてみる。A 国は、クロス生産、ワイン生産ともに絶対優位にあり、クロス生産が比較優位に、ワイン生産が比較劣位にある。B 国は、クロス生産、ワイン生産ともに絶対劣位にあり、クロス生産が比較劣位に、ワイン生産が比較優位にある。法律事務所内では単一主体だから、弁護士が法律業務に専念すれば、秘書業務は空席になるから絶対劣位にある秘書嬢がタイプの仕事を担当できる。舞台が商品経済社会に拡大すると、複数主体が存在

するから、A国もB国もそれぞれにクロス生産とワイン生産の担当者を見出すことができる。いずれの生産でもA国が絶対優位を占めているならば、「価格上の絶対優位が輸出入の必要条件」であるから、A国ではクロスもワインも輸出可能だが、B国ではクロスもワインも輸出不可能とならざるを得ない。したがって、法律事務所内の弁護士と秘書という単一主体の分業関係を「この点は国についても同様である＜ So with countries. ＞」と、複数主体の国際貿易関係に変換するためには、クロス生産もワイン生産も単一経済主体が担当していて、「絶対生産費で優位を持つとともに比較生産費でも優位にあるクロスの生産に専念して、絶対生産費で優位を持つとしても比較生産費で劣位にあるワインの生産を放棄する」という選択が行われる、と想定しなければならない。だが、商品経済社会における生産者を単一主体と見なすのは、現実には存在し得ない机上の空論であり、脳内の妄想にすぎない。

　現実には、ポルトガル、イギリスそれぞれにワイン生産にもクロス生産にも多くの個別の製造業者が従事しており、それぞれに個別の貿易商人を介して激しい価格競争を演じているのである。この事実についても、前述の通り、リカードはこう言明している。「商業上の各取引は独立の取引である＜ Every transaction in commerce is an independent transaction. ＞」（p. 138）（195 頁）。商品の生産と販売が個別資本に担われて、各々が（クロスはクロス同士、ワインはワイン同士で競争して）独立の個別商品として販売されることが示されている。

(4) 比較優位論の第二例証

　「食料と衣料、ヨーロッパとアメリカを巡る四つの数値」を巡る例証は、次のような形でリカードの四つの数字を模したものとされている。

　[D]「常識に基づいて人々はおそらく同意すると思うが、ヨーロッパの労働が一方の財貨において生産性に優り、アメリカの労働が他方の財貨において生産性に優る、第一の単純な事例の場合には、アメリカとヨーロッパの間の貿易が相互に有利であるという可能性は強い。この場合には、アメリカで食料1単位を生産するのにヨーロッパでそれを生産するよりも少ない労働日を要し、ヨーロッパで衣料1単位を生産するの

にアメリカでそれを生産するよりも少ない労働日を要する。このような場合なら、一般の市民でも、リカードや専門の経済学者を待つまでもなく、アメリカはおそらく食料生産に特化して、ヨーロッパの衣料輸出と交換にいくらかの食料を輸出することを理解できるに違いない＜ Using common sense, people will probably agree that trade between America and Europe is likely to be mutually profitable in a first simple case where European labor has greater productivity in one good, and American labor has greater productivity in the other. In this case, to produce a unit of food in America requires a smaller number of labor days than is needed in Europe to produce it, while to produce a unit of clothing takes a smaller number of labor days in Europe than in America. The man in the street needs no Ricardo or trained economist to tell him that in such a case, America will probably specialize in food production, exporting some food for Europe's clothing exports. ＞」(pp. 670-671)（1119 頁）。

　[E]「しかしリカードはそれより遥かに高度のことを明らかにした。彼は、もっと難しい第二の場合、すなわちアメリカの労働（または資源一般）がヨーロッパのそれよりも食料と衣料の両方でより生産的であるとしても、貿易は依然として相互に有利であるだろうことを明らかにしたのである。第 34-1 表は、この第二の一般的な場合について比較優位の原理を例解したものである。アメリカでは、食料 1 単位に 1 時間の労働を要し、衣料 1 単位に 2 時間の労働を要する。ヨーロッパでは、食料に 3 時間の労働を必要とし、衣料に 4 時間の労働を必要とする。これら四つの重要な数値から適当に二つの比率を計算することにより、リカードは、アメリカが食料に特化して、ヨーロッパが特化している衣料輸出と交換に食料を輸出すれば、アメリカとヨーロッパが両方とも利益を得ることを確実に証明し得るのである＜ But Ricardo showed much more than this. He showed that even in a more difficult second case — where American labor（or resources generally）is more productive than Europe's *in both* food *and* clothing — trade is still likely to be mutually advantageous. Table 34-1 portrays, for this second and general case, the principle of comparative advantage. In America a unit of food costs 1 hour of labor and a unit of clothing costs 2 hours of labor. In Europe the cost is 3 hours of labor for food and 4 hours of labor for clothing. By forming the proper two ratios of these four crucial numbers, Ricardo can prove conclusively that America and Europe will *both* benefit if America specializes in food and exports it for the clothing that Europe specializes in. ＞」(p. 671)（1119~20 頁）。

Table 34-1. AMERICAN AND EUROPEAN LABOR REQUIREMENT FOR PRODUCTION		
PRODUCT	IN AMERICA	IN EUROPE
1 unit food	1 labor hr.	3 labor hr.
1 unit clothing	2 labor hr.	4 labor hr.

　[F]「競争をする商人たちは、物が安い所で購入し高い所で販売する。アメリカでは相対的に衣料が高いので、儲け熱心な商人たちは、間もなくヨーロッパから衣料をアメリカに船積みして送り出し、食料が相対的に高いヨーロッパ市場へアメリカから食料を送り出すだろう。アメリカの衣料産業は輸入品の激しい価格競争に攻め立てられて、第 34-1 表の数値が変わらなければ、すべての労働者を競争者である食料産業に譲るということになって仕舞うだろう。ヨーロッパでは、反対のことが起こるだろう、すなわち、労働者は食料産業を離れて、ヨーロッパが比較優位を占める衣料産業に移るだろう＜ Competitive merchants buy where things are cheap and will sell where they are dear. With clothing relatively more expensive in America, eager merchants will soon ship clothing from Europe to America. And they ship food from America to the European markets, where food has been relatively dear. Our clothing industry will feel the keen price competition of imports, and if the figures in Table 34-1 do not change, it may lose all its workers to its rival U. S. food industry. The opposite will happen in Europe: workers will leave the food industry for the clothing industry, in which Europe has a comparative advantage. ＞」(p. 672)（1122 頁）。

　[G]「これでアメリカは全体として利益を受けている。商人は自分で

安く生産できないならば他の企業から電力を購入するだろう。それと同じようにアメリカは国内生産に頼るよりも物々交換に頼った方が衣料が安くなるという事実を利用したのである。同じことはヨーロッパについても言えるわけで、衣料生産に特化することを通して、物々交換に依って、国内生産に依るよりも安く食料を入手出来るのである＜America as a whole has benefited. Like any merchant who will buy electric power from another firm if he cannot produce it as cheaply himself, America has taken advantage of the fact that clothing does cost us less by barter than by production at home. The same goes for Europe's benefit from specializing in clothing and getting her food more cheaply by barter than by domestic production. ＞」(p. 672)（1122 頁）。

　　[H]「利益の例示。アメリカの労働の各 1 単位で得られるのは、依然としてここで生産できる食料 1 単位である。しかし、今や、アメリカの食料 1 単位は 1/2 単位以上の衣料と交換できる。どの程度多くの衣料と交換できるか？　ヨーロッパの費用で決定される 3/4 単位を超えないことは確実である。貿易以後の共通比率は 1/2 と 3/4 の間のどこかに決まるだろう。アメリカの労働は、それが 1/2 を超える度合に応じて衣料において得をする。同様にヨーロッパの労働は、それが 3/4 を割る度合に応じて、衣料を食料と交換することによって得をする＜*Example of benefit*: Each unit of American labor still gets the 1 unit of food it produces here. But now 1 American food unit trades for *more* than 1/2 unit of clothing. How much more? Certainly not more than the 3/4 ratio set by Europe's costs. The common ratio after trade will be *somewhere* between 1/2 and 3/4. American labor gains in clothing by any degree that it exceeds 1/2. Similarly, European labor gains in bartering clothing for food by any degree that the ratio falls short of 3/4. ＞」(p.672)（1122 頁）。

(5) 第二例証の批判的検討

　先に [A][B][C] として示したリカードの比較生産費説に対応する形でサムエルソンの比較優位の原理の説明を見ると、[D][E][F][G][H] のようになる。[D] では、アメリカとヨーロッパが、各々絶対優

位の財貨を生産し得る場合が提示されている。「一八世紀基準」とか「アダム・スミスの絶対優位説」と呼ばれている状況である。それに対して、[E] には、両商品ともにアメリカが絶対優位を持ちヨーロッパが絶対劣位にある場合が示されている。サムエルソンは、「アメリカの労働（または資源一般）がヨーロッパのそれよりも食料と衣料の両方でより生産的であるとしても貿易は依然として相互に有利であるだろうことを明らかにした」例示だと特徴づけているので、これこそがリカードの比較優位説を説明する例示だと言いたいのだと考えられる。[F] と [G] では、貿易によって相互に利益が得られる仕組が説明される。まず [F] で、商人たちがアメリカに衣料を運びヨーロッパに食料を運ぶことで、アメリカは食料に、ヨーロッパは衣料に特化することになるとして、[G] で、アメリカでは「国内生産に頼るよりも物々交換に頼った方が衣料が安くなるということ＜ that clothing does cost us less by barter than by production at home. ＞」が、ヨーロッパでは交易＝物々交換＜ barter ＞によって食料が安くなることが主張される。[H] は、その利益の数字による例示である。

　このように、リカード原典の比較生産費説とサムエルソンの比較優位原理の説明を比較対照してみると、いやでも思い知らされるのは、サムエルソンの思考の浅さであり、論理の粗さである。リカードは、[A] [B] において同一価格になる数量のクロスとワインの生産に必要な労働量を提示して、[C] でイギリスの 100 人労働の生産物とポルトガルの 80 人労働の生産物が等価関係に置かれることを示唆した。サムエルソンの場合、「労働」と「価値・価格」の関係はほとんど意識されていない。ただ単純に俗流労働価値説流儀で「労働」と「価値・価格」が同一視されるだけである。リカード比較生産費説にあっては、「イギリスで労働者100 人」「ポルトガルで 90 人」という労働量表示でも価値量表示においては「イギリスでのクロスの生産費はポルトガルより安い」水準になり得る事情を説明し得たのであるが、サムエルソン比較優位原理では、「アメリカの 1 時間の労働」は「ヨーロッパの 3 時間の労働」の 1/3 の価格をもたらすと言うに留まる。国境による労働移動の阻害によって、価値生産における標準化平均化作用が機能しないことから、国内と国際で価

値生産性の差異が生じることなど、念頭に浮かばない模様である。

　「労働」と「価値・価格」の関係に意識が及ばないために［E］と［F］
の間で明白な論理矛盾を惹起することになっている。［E］においては、
衣料も食料もアメリカが絶対優位を持つ、つまりアメリカが低価格だと
されている。そうであれば、［F］で、商人たちがヨーロッパからアメ
リカに衣料を運び込むことは不可能のはずである。サムエルソンが述べ
る通り、「競争をする商人たちは、物が安い所で購入し高い所で販売する」
のだから、衣料が高いヨーロッパで買い込み安いアメリカに持ち込む商
人は存在の余地が無いはずである。

　［E］と［F］の間で明白な論理矛盾を回避するために、［G］［H］に
サムエルソンが密輸入したのが、「交易＜ barter ＞」＝「物々交換」で
ある。商品として販売するのでなく、物々交換するのである。アメリカ
では食料1単位で1/2単位の衣料としか交換できない。しかしヨーロッ
パに持ち込めば3/4単位の衣料が得られる。3/4単位の衣料を再びアメ
リカに持ち込めば、3/2単位の食料と交換できる。かくて1単位の食料
が1.5単位の食料に増加したわけである。

　しかしながら、舞台が商品経済の世界でなく物々交換の世界に変じて
いるとすると、食料1単位が1.5単位に増加することに如何なる意味が
あるのだろうか。物々交換の世界で交換に差し出される財貨は、自家消
費の必要を超えた余剰品のはずである。自家消費のための財貨であれば
交換に差し出すことはない、と考えられるから。商品ならば売りに出し
て貨幣獲得の可能性があるから、多々ますます弁ずではある。しかし自
家消費の必要を超えた余剰品は、増加しても何の意味もない、ただ倉庫
に積み上げられて処分に困るだけである。こうして、食料であれ、衣料
であれ、出発点に比べて終着点で、食料ないし衣料が1.5倍に増加した
としても、販売されねば意味がない。商品として販売するとなると、当
然に価格が問題になる。「価値実体としての労働」と「価値形態として
の価格」との二重の視点から考察しなければならない所以である。

四節．奇妙な経済地理の解明

（1）根岸隆氏の批判の試み

　サムエルソン会長講演に含まれる三項目のリカード論議のうち、根岸隆氏によって批判が試みられた「変な経済地理」論議に移る。この問題については、根岸氏の議論（根岸隆『経済学史 24 の謎』29 ～ 35 頁）[12] を忠実に紹介するだけで、基本的な仕事は終わるはずである。ただ、根岸氏の議論に若干の明らかな疑問を感ずるので、それは補正される必要がある。（本章序節 (2) に示した通り、リカードは、イギリスワインの技術改善による価格低廉化の結果、ポルトガルがクロスもワインも輸出不可能になる事例を挙げているのであって、「ポルトガルがすべての点において優れている」と固定的に考えているわけではない。その意味では「奇妙な経済地理」問題は、問題そのものが存在しないとも言える。ここでは一つの思考実験として紹介する）。

　サムエルソンの問題提起は、次の通り。「イギリスの産業革命の最盛期に執筆したときに、リカードはどの国が最も生産的であると書いたと思いますか。明らかにポルトガルがすべての点においてイギリスより優れているとしてリカードが選ばなかったならば、私はこの問題を提起しなかったでありましょう。貴方が酔っ払いか、おシャレかで違うのですが、2分の1ないし9分の1だけイギリス人よりポルトガル人のほうがコーリン・クラーク単位でみた一人当り国民総生産が大きいとしました。彼はなぜこの奇妙な経済地理を使ったのでしょうか」。

　根岸氏は言う。「変なのはリカードの経済地理ではなく、実はサムエルソンをはじめとする現代経済学者のリカード解釈がおかしいのである。」「そのような通説的理解では、リカードの比較生産費理論においては生産要素は労働だけであり、資本も土地も存在しないと仮定されている。」「リカードはその主著『経済学および課税の原理』の序文において、経済学の目的を労働者、資本家、地主の三階級の間の生産物の分配の法則の解明にあると主張しているのである。したがって、同書の第7章で展開された彼の比較生産費説においても、労働だけでなく資本と土地も

存在する経済が考慮されているはずである」（根岸、前掲書、30頁）。

　という次第で、「労働・資本・土地が存在する本来のリカード・モデル」に基づく根岸説が展開される。「4−1図において、資本によって雇用される労働者数を横軸に、産出される生産物の量を縦

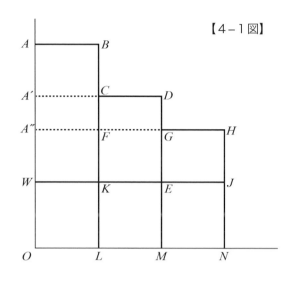

【4−1図】

軸にはかる。労働者数が OL であれば、豊かな土地だけが使用され、1人当たりの生産量は OA、したがって総生産量は OABL の面積で表現される。いま、労働者数が2倍になって OM となると、半分の労働者はより貧しい土地で働かなくてはならず、その1人当たりの生産量は OA′にしかならない。生産量の増加分は LCDM の面積であらわされ、労働者数が2倍になっても、総生産量は2倍にはならない。」「この生産物（たとえば小麦）に換算された生存費賃銀の水準を OW としよう。労働者を OM だけ雇用するためには、面積 OWEM だけの資本が賃銀を前払いするために必要である。生産物が販売され、前貸しした資本が回収された後には、豊かな土地を使用した資本 OWKL には WABK だけの余剰が、貧しい土地を使用した資本 LKEM には KCDE だけの余剰が残る。地代がなく、これらの余剰がそれぞれの資本の利潤になるとすると、貧しい土地を使用した資本家には不公平である。」「そこで、地代を払っても豊かな土地を借りようとする資本家間の競争がおこる。豊かな土地の地主は少しでも高い地代を支払う資本家に貸そうとする。結局、豊かな土地を使用する資本家が面積 A′ABC だけの地代を支払えば、資本家間の不公平はなくなり、利潤の総額は面積 WA′DE だけとなる。耕作（利用）

の限界地と呼ばれる貧しい土地には地代は発生しない。豊かな土地の地代は、限界地との労働生産性の差額、すなわち OA–LC ＝ A′A によって説明される」（根岸、前掲書、32 ～ 33 頁）。

　資本蓄積が進行して、新たな段階が開始される。「4 − 1 図において、資本蓄積が増大して、生存費賃銀で雇用できる労働人口が OM から ON に 50％だけ増加したとする。増加した労働 MN のために耕作の限界が拡大され、さらに貧しい土地が生産に動員されるが、そこでは新しく追加された労働の生産性、すなわち労働の限界生産性は OA″ に低下している。この限界地には地代は発生しないが、以前の限界地であった貧しい土地にも、新しい限界地との労働生産性の差額 A″A′ に基づく地代が FCDG だけ発生する。また、一番豊かな土地の地代も新しい限界地との労働生産性の差額 A″A に基づき A′ABC から A″ABF に増加する。」「今や地代の総額は、A′ABC から A″ABF ＋ FCDG に増大する。賃銀総額も OWEM から OWJN に増加するが、1 人当たりの賃銀 OW には変わりがない。一方、利潤の総額は、WA′DE から WA″HJ に変化する。これは必ずしも減少とは言えない。しかし、資本の総額が OWEM から OWJN に50％だけ増加しているのに対して、利潤の増加は OA″ が OA′ より小さいから、もし利潤が増加している場合でも、それは 50％以下の増加である。したがって、資本の限界生産性である利潤率は必ず低下する」（根岸、前掲書、33 ～ 34 頁）。

　こうして、イギリスの労働生産性の低位の謎が解かれる。「経済の発展とは、資本の蓄積の増大と労働人口の増加である。しかし、土地は限られているから、その結果として、上述のように、資本および労働の限界生産力は低下していく。つまり、平均生産性よりも限界生産性が低くなるのである。リカードの四つの魔数字は、労働の平均生産性ではなく、限界生産性を示すものと考えられなければならない。すなわち、資本蓄積の進んだイギリスにおいては、遅れているポルトガルよりも、いずれの財の生産においても労働の限界生産性が低いのである。」「産業革命期のイギリスは経済発展の結果、労働の限界生産性はポルトガルよりも低くなるが、労働の平均生産性は高い。人口の大部分は労働者であるから、したがって、1 人当たりの国民所得も高くなる。それは、労働の平均生

産性と限界生産性の差により発生する地代の額が大きいからである。国民所得には賃銀所得だけでなく、利潤所得も地代所得も算入されるのである」（根岸、前掲書、34 頁）[13]。

（2）根岸隆氏の誤解の補正

　根岸氏の議論には、補正を要する弱点が少なくとも三点認められる。第一点は、資本概念に関わる。資本として人的要素に対する賃銀部分だけが挙げられているのは不十分であり、物的要素としての生産手段に充当する部分も考慮されねばならない。第二点は、その資本の利潤に関わる。耕作の限界が優等地から劣等地へと拡張されるのに伴い、物量表示の労働生産性が低下するのは確かである。しかし、耕作の限界の拡張に先行して、その前提として食料需要の増加に基づく食料価格の上昇が生じていなければならない。食料価格の騰貴に伴う農業資本の利潤確保を待って資本投下の増大が見られることになる。そういう事情を勘案すれば、価値表示に基づく労働生産性と資本利潤率は低下するとは限らないことになる。第三に、疑問だと考えられるのは、上の引用のなかの「資本が賃銀を前払いする」（『経済学史 24 の謎』32 頁）という一文である。少し詳しく見ると、こういう議論である。「リカードは、経済の自然均衡（長期的均衡）において成立する賃銀の自然率、すなわち労働の自然価格は、労働者たちが生存しかつその数が増減なく永続できるのに必要な水準であるとする。いわゆる生存費賃銀である。当時の労働者は労働以外に売るものがない状態であったから、財を生産させるために労働者を雇用する場合、賃銀は必ず前払いしなければならない。従って、賃銀を支払ってから生産物が産出され販売されるまでの間、賃銀を前貸しするのが当時の資本の主要な役割であった」（根岸、前掲書、31 頁）。

　労働力は生きている労働者の体内に存在し、労働力の使用・支出・消費つまり労働は、労働者の意思を介して行われるほか無いものである。したがって労働力の代価としての賃銀が前払いされるときには、労働力の使用・支出・消費つまり労働が十全の形で実行される保証が無い状態になる。賃銀が後払いされるからこそ、労働者は懸命に働くという事情を無視できない。それゆえ、日給はその日の労働の終了後に、週

給はその週末に、月給はその月の後半に支払われるのが、商品経済社会の基本原理である。マルクスは「労働者は自分の労働を提供したあとで支払を受ける＜ der Arbeiter gezahlt wird, nachdem er seine Arbeit geliefert hat. ＞（the labourer is paid after he has given his labour.）」と明言している[14]。エンゲルスは次のように報告している。「労働者は賃銀を大抵土曜日の夕方になってやっと貰う。金曜日の支払も行われ始めてはいるが、この非常に良い制度はまだなかなか一般化していない。そこでやっと土曜日の夕方の4時、5時ないし7時になって、彼らは市場にやってくるが、既にそこからは午前中に中産階級が一番良い品を選び出してしまっている。（中略）労働者が買うジャガイモは大抵粗悪で、野菜はしなびており、チーズは古くて質が悪く、ベーコンからは悪臭がただよう＜ Dazu bekommt er seinen Lohn meist erst Samstag abends ausgezahlt. — man hat angefangen, shon Freitag zu zahlen, aber diese sehr gute Einrichtung ist noch lange nicht allgemein. — und so kommt er Samstag abends um vier, fünf oder sieben Uhr erst auf den Markt, von dem während des Vormittags shon die Mittelklasse sich das Beste ausgesucht hat …… Die Kartoffeln, die der Arbeiter kauft, sind meist schlecht, die Gemüse verwelkt, der Köse alt und von geringer Qualität, der Speck ranzig, ＞（The English worker is not paid until Saturday evening. In some factories wages are paid on Fridays, but this desirable reform is far from general. Most workers can only get to market on Saturdays at four, five or even 7 o'clock in the evening, and by that time the best food has been purchased in the morning by the middle classes …… The potatoes purchased by the workers are generally bad, the vegetables shriveled, the cheese stale and poor quality, the bacon rancid.）」[15]。

　同時代人レオン・リーバイ（Leone Levi, 1821-1883）は、次のように記録している。「労働者は通常1週間に6日労働する。工場では毎日6時から6時まで、その他の職場では8時から8時まで、労働が行われる。その間に、食事時間が1時間30分含まれており、土曜日は、時間が短い。しかし、多くの職場でより長期の労働時間が支配的であるし、日曜労働さえ或る程度の広がりを見せている＜ The workmen usually labour six days in the week, and each day the hours of labour are from six to six in factories, and from eight to eight in other occupations, with one hour and a half for meals and shorter hours on Saturday. But in many occupations longer hours prevail, whilst in some even Sunday work is to a certain extent carried on. ＞」 [16]。

　「賃銀は通常週ごとに支給されるが、金曜日が支給日の場合も若干は見受けられる。スコットランドの鉱夫は２週間ごとに支払を受ける。支給日の中間に日々の生活資金を日銭として与えられることもある。現物支給制度は法律によって廃止されていて、現金支給が通例である。しかし、法の眼を盗んで、現物支給店舗が間接的に維持されている事例も存在する＜ The wages are usually paid weekly, and in some cases Friday is the pay- day; yet miners in Scotland are paid fortnightly, the workers being allowed in the mean time subsistence-money from day to day. The truck system being abolished by law, wages are usually paid in money; but there are cases where truck shops are still indirectly supported in violation of the law. ＞」 [17]。

　こうして、根岸見解における「賃銀前払」論には、強く疑問が残るのであり、訂正を必要とすると考えられる。

五節．トレンズの比較優位論

（1）トレンズとヴァイナー

　サムエルソン会長講演における第三のリカード論議は、トレンズ（Robert Torrens）とリカードの比較を主題としている。「トレンズ大佐が、比較費用の発案者としてリカードと同等ないしそれ以上の優先権を有すると言うべきだろう＜ it may well be that Colonel Torrens has equal or even better claims to priority on comparative cost than Ricardo. ＞」という言葉に見られるように、トレンズの議論とリカードの議論の比較論で、トレンズを優位と見る見地が示されている。サムエルソンの「デイヴィッド・リカードが、比較優位の理論の核心部分を成す四つの魔法の数字を偶然見つけた＜ David Ricardo chanced upon his four magic numbers that constitute the core of the doctrine of the comparative advantage theory. ＞」と

いう表現にも、リカードに対する軽視の姿勢が読み取れる。比較生産費説を、緻密な思考を重ねた苦心の構成物というよりは、偶然の思いつきの産物という感じで眺めている。対極的に、ロバート・トレンズを比較優位説の発案者として重視しているとしながら、その根拠となるトレンズの見解については、何も言及がなされていない。そこで、国際貿易に関する標準的研究書とされるヴァイナー『国際貿易理論研究』(Jacob Viner, *Studies in the Theory of International Trade.* 1937) [18] におけるトレンズ見解に手がかりを求めてみる。「この国際貿易に関する学会の論題の分野で、私は特別に幸運な人物でした。と言うのも、ヴァイナーとハーバラーの両人が私の先生だったからです< Particularly in the field of the subject of this Congress on international trade have I been a lucky man. Both Viner and Haberler were my teachers. >」(p. 10) という事情を勘案するならば、サムエルソンのトレンズ論がヴァイナーの著作に依拠した可能性は十分に高いのである。

　ヴァイナーは、トレンズとリカードの先陣争いの論争史をたどるなかで、トレンズの 1815 年刊行の『外国穀物貿易論』(Torrens, *An Essay on the External Corn Trade*, 1815.) から、次の一節を引用する [19]。「もしイギリスにおいて製造業で高度の技術進歩が達成されて、一定量の資本である量のクロスを生産し得ることになり、それに対してポーランドの耕作者が、同量の資本でイギリスがその耕作地域から生産できるより多い量の穀物を提供するならば、たとえイギリスの土地がポーランドの土地と同等の、いやより優れた肥沃度を有していたとしても、イギリスの土地の一部は見捨てられて、イギリスの穀物の供給の一部は、ポーランドから輸入されることになるだろう。と言うのも、自国で耕作に用いられる資本は、海外で耕作に用いられる資本を超える超過利潤をもたらすかも知れないが、ここでの想定を前提すれば、製造業に投下される資本は、より一層大きな超過利潤を獲得するであろう。そして、この一層大きな超過利潤がわが産業の方向を決定することになるだろうからである< If England should have acquired such a degree of skill in manufactures, that, with any given portion of her capital, she could prepare a quantity of cloth, for which the Polish cultivator would give a greater quantity of corn, than she could, with the same portion of capital, raise from her own soil, then, tracts of her territory, though they should be equal, nay, even though they should be superior, to the lands in Poland, will be neglected; and a part of her supply of corn will be imported from that country. For, though the capital employed in cultivating at home, might bring an excess of profit over the capital employed in cultivating abroad, yet, under the supposition, the capital which should be employed in manufacturing, would obtain a still greater excess of profit; and this greater excess of profit would determine the direction of our industry. ＞」 (Torrens. pp. 264-65)（Viner. p. 442)。

　イギリスのクロスの生産性が顕著に上昇した結果、ポーランドクロスの生産費がイギリスのそれに比較して高価であってかつその劣位の程度がポーランド穀物の場合より大きくなる。その結果、ポーランド穀物がイギリス穀物より高価であってもその劣位の程度がポーランドクロスの場合より縮小するので、比較優位を有することになり、「たとえイギリスの土地がポーランドの土地と同等の、いやより優れた肥沃度を有していたとしても、イギリスの土地の一部は見捨てられて、イギリスの穀物の供給の一部は、ポーランドから輸入されることになるだろう」という部分が、トレンズからの引用の核心をなしている。たとえ自国がある財貨の生産に絶対生産費の優位を持つとしてもその財貨を海外から輸入する方が有利で有り得るという比較優位説の通説的解釈に適合しているからである [20]。

　ヴァイナーは、この引用部分について次のような判定を下している。「トレンズは、この教義のかなり満足すべき定式を公表したという点では、明らかにリカードに先行していた。しかしながら、リカードは、この教義を初めて正当に強調した点において、それを初めて適切な場所に位置づけた点において、そして経済学者からの一般的承認を獲得した点において、名誉を受ける資格があることは疑いのないところである。さらにまた、この教義が決してトレンズの見解の不可欠の部分ではなかったというホランダーの主張も是認されるように思われる＜ Torrens clearly preceded Ricardo in publishing a fairly satisfactory formulation of the doctrine. It is unquestionable, however, that Ricardo is entitled to the credit for first giving due emphasis to the doctrine, for first placing it in an appropriate setting, and for obtaining general acceptance of it by economists. Hollander, moreover, appears to be justified in his contention that the doctrine was never an integral part of Torrens's thinking. ＞」(pp. 442-43)。

　このように、ヴァイナーは、比較優位説の内容上はリカードに、しかし時期的にはトレンズに、優先権を認める、いわば痛み分けの軍配の上げ方をしている。しかし、筆者は、後述のように冷静に分析すれば、トレンズとリカードの議論の間には厳然たる質の違いがあることが明らかになる、と考える。そのことを看破できずに、表面的類似性に眼を奪われて、トレンズをリカードの先行者と認識するところに、ヴァイナーの理論分析の弱さが認められるし、そのヴァイナーに依拠した（と推測される）サムエルソンの誤りも指摘される、と考える。

(2) トレンズの理論的弱点

　トレンズとリカードの議論の間に存在する質の違いは、理論次元の分析と歴史次元の分析に二大別される。トレンズの比較優位説の理論的弱点の検討を試みる。

　①トレンズの議論は、ポーランドからの穀物輸出とイギリスからのクロス輸出の想定に基づいて構成されているのだから、ポーランドのクロスの生産費がイギリスのそれに比較して高価であるだけでなく、その劣位の比率が穀物に比較して大きい場合を前提している、と考えられる。このとき、ポーランドは穀物もクロスもともにイギリスより生産費が高いのだから、状況はリカード原典から紹介した「イギリスワインの生産性向上による価格低廉化、ポルトガルワインのイギリスへの輸出不可能の事例」のポルトガルのそれと一致する。ポルトガルがクロスもワインも輸出できずに貨幣による支払を余儀なくされたのと同様に、ポーランドも穀物もクロスも輸出できないことになる。先出引用文のトレンズ見解を比較優位説と見做すときには、トレンズ見解そのものが整合性を欠き不成立に終わらざるを得ないのである。

②通説的解釈は、「たとえ自国がある財貨の生産に絶対生産費の優位を持つとしてもその財貨を海外から輸入する方が有利で有り得る」という形で、比較生産費説ないし比較優位説を理解している。一般的に言って、「自国がある財貨の生産に絶対生産費の優位を持つ」ときには同種財貨の他国からの輸入が不可能であることは、繰り返し指摘した通り、リカード原典に照らしても、商品経済の基本原理に照らしても、明らかである。トレンズ見解に即して言えば、イギリスが穀物の生産に絶対生産費の優位を持つときにはポーランドからの穀物輸入が不可能であることは、①において見た通りである。

そうであるにも拘らず、ヴァイナーやサムエルソンが、それが可能であるかの如く述べるのは、先に根岸見解批判として提示した次のような錯覚に陥ってしまったからだと考えられる。まず、ポーランドとイギリスをそれぞれ単一の経済主体だと想定して一国単位の経済行動を設定する、すると、イギリスがクロス生産を選択することは、同時に穀物生産を放棄することを意味する、その結果、ポーランド穀物は無競争状態で（穀物生産を放棄することがなければ低生産費での生産が可能だった）イギリスへ輸出できることになる。

だが、その想定と設定は、現実には有り得ない机上の空論である。現実には、ポーランド、イギリスそれぞれに穀物生産にもクロス生産にも多くの個別の耕作者、製造業者が従事しており、それぞれに個別の貿易商人を介して激しい価格競争を演じているのである。この事実についても、リカードはこう言明している。「商業上の各取引は独立の取引である＜ Every transaction in commerce is an independent transaction ＞」（p. 138）（195頁）。商品の生産と販売が個別資本に担われて、各々が（クロスはクロス同士、穀物は穀物同士で競争して）独立の個別商品として販売されることが示されている。商品経済取引においては、個々の商品が貨幣に対して販売され次いでその貨幣で別の商品が購買されることになる。クロスと穀物が直接に物々交換されるわけではない。

③リカード比較生産費説は、労働と価値（あるいは価格）の関係を問題としている点において、トレンズ見解より遥かに高度な議論である。投下労働が商品価値を規定することを論じていて、ただ国境を越えると

資本・労働力の移動が困難であるために平均化標準化がなされずに、労働の価値としての表現が国ごとに異なることを論じている、というのが本質的理解である。先出のリカードの文章のように、イギリスの100人の労働の生産物とポルトガルの80人の労働の生産物が同一価格になり得る、という現象が生じる所以である。別の言い方をすれば、労働生産性と価値生産性の対応関係が国境を越えることによって異なるということであり、「労働次元で見ると或る商品（ポルトガルクロス）の生産に必要とされる労働より多くの労働を必要とする商品（イギリスクロス）が価格次元においてはより安価になり得るという所にリカード説の要諦がある」と言えることになる。

　比較優位・比較劣位の論理はどのように機能するかという問題、あるいは、何故「比較生産費」という言葉を使用するかという問題について一言する。上の関係の繰り返しになるが、国際市場を支配している各国の最低価格商品の＜100人労働のW量・イギリスクロス＝80人労働のX量・ポルトガルワイン＝£40百＞という価値関係が基礎となって、それとの比較において、120人・労働量のイギリスワイン＝£48百、90人・労働量のポルトガルクロス＝£45百、という価格水準が規定される。つまり、価格上の絶対優位を基礎にして労働量の相対優位が位置づけられる、という二重構造に成っている。そういう同一国内の中核商品との比較によって他種商品の価値が、したがって国際競争力が規定されることになる。比較優位・比較劣位の論理はそういう形で機能する。

　トレンズ見解に比較して遥かに高度なリカード見解について、その優先度を競うこと自体が無理なのではないだろうか、それが筆者の率直な感想である。

(3) トレンズの穀物貿易論

　トレンズの議論の歴史次元における分析に移る。先出引用文のトレンズ見解には、確かに比較優位説に類似の叙述が含まれている。しかし、トレンズ原典に即して、先出引用文の前後に眼を走らせると、同一時点の貿易関係の構造的特質を理論的に分析するというよりは、産業革命期イギリスにおける貿易関係の構造の変化の論理を叙述するという色彩が

濃いことに気づく。

　ヴァイナーによって引用された pp.264-65 は、『外国穀物貿易論』第3篇「外国穀物貿易の原理の諸国の実際の事態への適用」第2章「穀物の自由な外国貿易が生み出す影響について」第1節「食料の供給に関して」（Part the Third. The Application of the Principles of the External Corn Trade, to the Actual Circumstances of these Countries. Chap. II. On the Effects which a free external Trade in Corn would produce. I. upon the Supply of Subsistence）に属している。つまり、外国貿易の自由化が生活必需品としての食料供給に如何なる影響を及ぼすかという問題が主題である。

　この主題を掲げて、第3篇第2章第1節は、こう書き出される。「自由な貿易が許された 場合には、穀物と交換に外国に有利に送り出せる物品を持っている国は、近隣諸国の耕作地よりも遥かに劣等な土地を耕作することが無いというのは、十二分に明らかである。国富と人口の増加に伴って、一国の肥沃な地域を越えて耕作が拡大するとき、そして劣等な質の土地で穀物を育てる経費が外国から穀物を運び込む経費を上廻るとき、法律の恣意的干渉が事物の自然の動向を妨げることが無いならば、生活必需品としての食料は輸入されるだろう＜ It is abundantly evident, that where free intercourse is permitted, no country possessing any articles, which can profitably be sent abroad in exchange for corn, will cultivate lands very much inferior to those under cultivation in adjacent countries. When, in the progress of wealth and population, tillage has been extended over all the fertile districts of a country, and when the expense of raising grain from soils of inferior quality, would exceed the cost of bringing it from abroad, then, unless some arbitrary legislative interference should disturb the natural course of events, subsistence will be imported. ＞」（p. 263）。

　この第2章冒頭部分の議論は、実に明解である。「近隣諸国の耕作地よりも遥かに劣等な土地を耕作する」こと、「劣等な質の土地で穀物を育てる経費が外国から穀物を運び込む経費を上廻る」ことは、自国生産穀物が他国生産穀物より高価であることを意味する。したがって「生活必需品としての食料は輸入されるだろう」というのは、当然の帰結である。

　このような事物の自然の動向を明らかにするために、「前出のヴァイナーによる引用部分」に直接に先行する次の一節が用意される。「このことを例証するために、こう想像してみよう。イギリスには未耕作地域があって、そこではポーランドの肥沃な平地と同様に少量の労働と資本の使用によって穀物を栽培できる。こうした事情の下で、他の条件が等しいならば、わが国の未耕作地域の耕作者は、その生産物をポーランドの耕作者と同様の廉価で販売することができる。そして、次のような結論に至るのが自然なように思われる。すなわち、もし産業が最も有利な方向に向かうことを許されるならば、資本は自国で穀物を栽培するのに用いられることになり、同額の仕入価格に高い輸送費を加えてポーランドから穀物を持ち込むことなどしないであろう。だがこの結論は、一見明白で自然であるように見えるけれど、より綿密に吟味すれば、全くの誤りであることがわかるだろう＜ To illustrate this, let us suppose, that there are, in England, unreclaimed districts, from which corn might be raised at as small an expense of labour and capital, as from the fertile plains of Poland. This being the case, and all other things the same, the person who should cultivate our unreclaimed districts, could afford to sell his produce at as cheap a rate as the cultivator of Poland; and it seems natural to conclude, that if industry were left to take its most profitable direction, capital would be employed in raising corn at home, rather than bringing it in from Poland at an equal prime cost, and at much greater expense of carriage. But this conclusion, however obvious and natural it may, at first sight, appear, might, on closer examination, be found entirely erroneous. ＞」（pp. 263-64）。

　この一節におけるトレンズの議論は、合理的に展開する部分と一転矛盾した結論部分に分かれる。「わが国の未耕作地域の耕作者は、その生産物をポーランドの耕作者と同様の廉価で販売することができる」という部分と、「同額の仕入価格に高い輸送費を加えてポーランドから穀物を持ち込むことなどしないであろう」という部分とを重ねて考えると、「資本は自国で穀物を栽培するのに用いられる」という結論に至るのは、「一見明白で自然であるように見える」だけでなく、実際に「明白で自然である」。にもかかわらず、トレンズは、「この結論は、より綿密に吟

味すれば、全くの誤りであることがわかるだろう」と言って、「前出のヴァイナーによる引用部分」に繋げるのである。

　「前出のヴァイナーによる引用部分」に再度立返ってみる。ポーランドは穀物もクロスもともにイギリスより生産費が高いという事情、クロスの生産費においてイギリスのそれに対する劣位の程度が穀物の生産費における場合より大きいという事情が前提されていた。前述部分で筆者は、ポーランドの穀物がイギリスのそれより高価であるとき、ポーランドからの穀物輸出とイギリスからのクロス輸出を想定するトレンズ見解そのものの不成立を主張した。それに対して、トレンズは、ポーランドの「クロスの生産費においてイギリスのそれに対する劣位の程度が穀物の生産費における場合より大きいという事情」、イギリスから見ると、イギリスの「クロスの生産費においてポーランドのそれに対する優位の程度が穀物の生産費における場合より大きいという事情」に着目して、「自国で耕作に用いられる資本は、海外で耕作に用いられる資本 を超える超過利潤をもたらすかも知れないが、ここでの想定を前提すれば、製造業に投下される資本は、より一層大きな超過利潤を獲得するであろう。そして、この一層大きな超過利潤が わが産業の方向を決定することになるだろう」と言う。

　このトレンズの主張は説得力を有するだろうか。一つの鍵は、「こうした事情の下で、他の条件が等しいならば＜ This being the case, and all other things the same ＞」という前提に秘められている。「他の条件が等しい」というとき、需要量一定が前提されるならば、穀物生産からの資本流出、クロス生産への資本流入は、穀物供給の減少による価格上昇、クロス供給の増加による価格下落を招来するだろう。国境内での活発な資本・労働力の移動は平均化標準化作用を発揮して、やがて利潤率の均等化をもたらすというのが論理的帰結である。

　そのように考えると、「製造業に投下される資本は、より一層大きな超過利潤を獲得するであろう。そして、この一層大きな超過利潤がわが産業の方向を決定することになるだろう」というトレンズの主張が妥当するためには、少なくとも、需要の継続的増大という「他の条件」の変化が必要とされるはずである。

　その種の「他の条件」の変化を探って、「前出のヴァイナーによる引用部分」に続く一節に眼を転ずるとき、漸くにして多少とも納得の得られる見解に遭遇することになる。「こうして次のようなことがわかる。貿易が自由化され、政府が直接にも間接にも産業の運行に干渉しないとき、農業国は、自国内部に国民に食料を供給する手段を所有しているにもかかわらず、二つの明確な事情に促されて、穀物供給の一部を輸入するように誘導されることになる。二つの事情とは、第一級優等地の欠乏と製造工業の優位性である。イギリスの現状では、これらの事情が結合している。われわれの国富が増加した結果、動物性食料があらゆる階級の必需品の一部となり、土地の大きな部分が牧場化された。また急速に人口が増加した結果、穀物への需要が巨大化したうえに増大を続けることになった。そうした事柄が重なり合って、近隣諸国で耕作に使用されている土地と同等の質の土地が不足する事態が引き起こされるようになった。他方で、われわれの精密な分業の進展と労働縮減を目指した機械化の見事な完成とが相まって、製造工業の生産力は驚異的水準にまで高まってきた。その結果、外国からの高級品需要に応える供給に充当された一定分量の資本は、見返りに、国内の最優等地を耕作して得られるよりも多い分量の穀物を獲得できることになる。こういう事態においては、平和回復によって除去された輸入への妨害要因が高率関税によって代替されることさえなければ、われわれの食料供給の一部を海外農業国に依存することになるのは、明白である＜ Thus we see, that when trade is left free, and governments interfere neither directly nor indirectly, with the course of industry, an agricultural country, though possessing within herself, the means of feeding her population, may be induced to import a part of her supply of corn, by two distinct circumstances: — namely, a deficiency in lands of first-rate quality; or, advantages in manufacturing industry. In the present situation of England, both these circumstances unite. Our increased wealth, by rendering animal food a part of the subsistence of all classes, and, consequently, causing a great proportion of the soil to be kept under pasture; and our rapidly advancing population, by creating a great and increasing demand for corn, have contributed to occasion some scarcity of land equal in quality to that under cultivation in the neighbouring countries; while our accurate divisions of employment, and the wonderful perfection of our machinery for abridging labour, have increased, to such an astonishing extent, the productive powers of our manufacturing industry, that a given portion of our capital, when directed to supplying the foreign demand for wrought goods, can obtain, in return, a larger quantity of corn, than it could raise by cultivating wastes of the greatest fertility. In this state of things, therefore, if the obstruction to importation, which the peace has removed, are not replaced by high duties upon foreign grain, it is obvious, that we shall become dependent upon foreign growing countries, for a part of our supply of food. ＞」（pp. 265-66）。

　この一節においては、変化した「他の条件」として、「第一級優等地の欠乏と製造工業の優位性」が挙げられる。「第一級優等地の欠乏」によって劣等地の耕作を余儀なくされて、イギリスの穀物価格は高価になる。「製造工業の優位性」によってイギリスの製造品の価格低下が進行する。世界の工場として工業製品の輸出を伸ばし、農産物は輸入に依存する ─ そういう貿易構造の変容が無理なく説明されている。
　ここに至って、『外国穀物貿易論』第3篇第2章第1節におけるトレンズの叙述が、産業革命期イギリスの貿易構造の変容を描くことを目的としていることが判明する。その過程で、「穀物への需要が巨大化したうえに増大を続けること」によって「第一級優等地の欠乏」という事情が生じたにもかかわらず、トレンズはその事情を失念して、「前出のヴァイナーによる引用部分」に、「たとえイギリスの土地がポーランドの土地と同等の、いやより優れた肥沃度を有していたとしても」「イギリスの穀物の供給の一部は、ポーランドから輸入されることになるだろう」と、整合性の欠如した不器用な叙述を挿入したのである。こうして、穀物もクロスもイギリスが絶対優位を持ちながらも穀物はポーランドから輸入するという不合理な文言が紛れ込んでしまったのである。ヴァイナーはこの不合理な文言を頼りに、比較生産費説考案の先駆者としてトレンズを称揚することになったのであり、サムエルソンはそのヴァイナーの誤解に基づいて、トレンズに比較優位説先駆者の栄冠を捧げたの

である。

(4) Tの主張、Rの微苦笑

　サムエルソン会長講演におけるトレンズとリカードの比較論は、前述のように「前出のヴァイナーによる引用部分」に基づくと考えられる。この点については、トレンズ自身の先駆性の主張が、リカード没後に刊行された『穀物貿易論』第3版（Robert Torrens, *An Essay on the External Corn Trade.* the third edition. 1826）序文に残されている。そして、この主張は、リカード生前において直接にリカード宛書簡において行われていた。既述のように、トレンズの比較優位説は、リカードのそれとの表面的類似性にも拘わらず、「労働」と「価値・価格」の関係について問題意識が完全に欠如していること、商品の輸出入可能の条件として価格上の絶対優位が必要である点を無視していることに現れているように、リカードの比較生産費説とは似て非なるものであった。そういう理論的水準の低い議論であるがゆえに、リカードは、正に鎧袖一擲、軽く一蹴した。その様子は、1817年8月23日のリカードからトラワへの書簡に伺い知ることができる。しかし、それではトレンズに対して余りにもつれない仕打ちと反省したのか、『経済学および課税の原理』第2版の刊行に際して、二箇所ほどトレンズの業績に言及することになった。筆を加えるリカードの表情には、微苦笑が浮かんでいたに相違ない。無論のこと、比較生産費説に関連した事柄への言及は存在しない。1818年11月23日のリカードからミルへの書簡のうちにその事実を認めることができる。

　トレンズの先駆性主張の一文。

　「著者として世の誰よりも先んじていたと信じるところですが、穀物貿易論の前の版で、次の二つのことを明らかにしました。第一、どういう原因で生じたにしろ、一般物価の持続的高水準が、安価な外国財貨の輸入を助長することで国内産業を抑制するということはあり得ないのです。第二、外国での生産費が国内での生産費より高い商品であっても、それにもかかわらず輸入されることが有り得ます。輸入財貨を生産する外国資本家の比較劣位の程度が、交換に輸出される財貨を生産する国内

資本家の比較優位の程度より小さければ、そうなります＜ In the earlier edition of the Essay on the Corn Trade, it was shewn, the Author believes for the first time, that a permanently high scale of general prices, from whatever cause arising, cannot depress domestic industry by encouraging the importation of cheaper foreign articles; and that commodities, the cost of producing which is greater in foreign countries than at home, may, nevertheless, be imported, provided the comparative disadvantage of the foreign capitalist in producing the imported article, be less than the comparative advantage of the domestic capitalist in producing the article exported in exchange. ＞」[21]。

　この種類のトレンズの主張を巡るリカードの反応。

　①1817年8月23日のリカードからトラワへの書簡 (Letter from Ricardo to Trower, 23 August 1817)。「トレンズには拙著の初刷りの一冊を贈呈しましたが、——彼は、私が確立しようと努めた諸原理の若干は彼が発見したものであるとしてある程度の功績を要求し、拙著に彼の名前が挙がっていなかったので失望したと書いてきました。私は彼の功績を無視するつもりはありませんでした、ただ彼の名前を挙げなかったのは、彼の教義には格別に新しいと思われるものが一つもなく、そして私が取り扱っている問題の範囲のなかに入ってくるものが特になかったという理由によります＜ I presented Torrens with one of the first copies of my book: — he was disappointed that I had not mentioned his name in it, and wrote to me to that effect, claiming some merit as the original discoverer of some of the principles which I endeavoured to establish. I had no design of neglecting his merits, and omitted to mention him because none of his doctrines appeared to me strikingly new and did not particularly come within the scope of the subject I was treating. ＞」[22]。

　②1818年11月23日のリカードからミルへの書簡 (Letter from Ricardo to Mill, 23 November 1818)。「私は、トレンズの名前を二度挙げて賛意を表しておきました。しかし、彼の著作に目を通したところ、正しくないところが少なからず見受けられます。この分では彼に一般的賛辞を呈することは不可能です。それゆえ、彼を推奨したのは、ただ特殊な原理を巧みに説明しているところ、また特殊な場合について正し

い意見を主張しているところに限ります＜ I have mentioned Torrens twice with approbation, but on looking over his book I find so much that is wrong in it that I cannot bestow general praise on him, I commend him only for an able illustration of a particular principle, or for having maintained in a particular case a correct opinion. ＞」[23]。

　トレンズの名前が挙げられたのは、第 5 章「賃銀について（On Wages)」と第 19 章「貿易経路上の突然の変化について（On Sudden Changes in the Channels of Trade)」のそれぞれに付けられた註記においてである。

　第 5 章においては、「労働の自然価格は、食物 と必需品で評価しても、絶対的に固定的不変的 なものと理解してはならない。それは同じ国でも時代が異なれば変化し、また国が異なれば大いに異なる＜ It is not to be understood that the natural price of labour, estimated even in food and necessaries, is absolutely fixed and constant. It varies at different times in the same country, and very materially differs in different countries. ＞」という本文部分に註記して、トレンズの次の文章が引用され、リカードの短い賛辞が添えられている。「或る国では無しでは済まされない小屋と衣服が、別の国では決して必要ではないこともあろう。北インドの労働者は、その自然賃銀として、ロシアの労働者を凍死から守るのに不充分であるような被服の支給を受けているにすぎないが、それでも元気一杯に働き続けることができるだろう。同一地帯に位置する国々であっても、異なった生活習慣は、しばしば労働の自然価格に、自然の原因が生み出すものと同じくらいの、かなりの変化を引き起こすだろう。R・トレンズ『穀物貿易論』68 頁。この問題全体が、トレンズ陸軍少佐によって最も手際よく説明されている＜ "The shelter and the clothing which are indispensable in one country may be no way necessary in another; and a labourer in Hindostan may continue to work with perfect vigour, though receiving, as his natural wages, only such a supply of covering as would be insufficient to preserve a labourer in Russia from perishing. Even in countries situated in the same climate, different habits of living will often occasion variations in the natural price of labour, as considerable as those which are produced by natural causes." — p.68. *An Essay on the External Corn Trade,* by R. Torrens, Esq. The whole of this subject is most ably illustrated by Major Torrens. ＞」（pp. 96-97）（139 ～ 140 頁）[24]。

　第 19 章においては、「穀物輸入は、農業者の資本のうち土地に永遠に沈殿される部分について価値低下ないし価値消滅を引き起こす＜ the importation of corn, — it will deteriorate or annihilate that part of the capital of the farmer which is forever sunk in land ＞）」という本文部分に次の註記が付されている。「穀物輸入の制限が拙策であることを論ずる刊行物のうち、最も立派なものの一つに、トレンズ陸軍少佐の『穀物貿易論』を含めることができる。彼の議論は反駁されていないし、また反駁し得ないものだと私には思われる＜ Among the most able of the publications, on the impolicy of restricting the Importation of Corn, may be classed Major Torrens' *Essay on the External Corn Trade.* His arguments appear to me to be unanswered, and to be unanswerable. ＞」（p. 271）（下・83 頁）[25]。

（5）トレンズの議論の背景

　イギリスの穀物価格と「同額の仕入価格に高い輸送費を加えてポーランドから穀物を持ち込むこと」（Torrens, 1815, p.264）が有り得るという議論を何故トレンズが行ったのか、当時のイギリスの事情を見ておきたい。「前出のヴァイナーによる引用部分」だけに依拠した議論の弱点を知ることができる。

　或る英国経済史書は、1800-15 年を「ナポレオン統治下のフランスとの戦争＜ 1800-15: War with Napoleonic France ＞」という形で一括りにして、19 世紀初頭のイギリス農業を特徴づけている。そこでは、農業を規定する要因として、次の事項が挙げられる。「①継続的人口増加が継続的食料需要を産みだした。②完全に遮断されたわけではないが、戦争によって輸入が妨害された。③①と②が合わさって物価が上昇した。平均小麦価格は 1 クォーター当り 40 シリングから 80 シリングへと倍増した。④改善された生産方法と交通手段（運河、沿岸船舶、道路）の助力も与って、状況は農業者に有利に働いた＜① Population continuing to rise created continuing demand for food. ② Imports interrupted by war — though not completely cut off. ③ ① and ② caused rise in prices — average price wheat doubled 40/- to 80/-qtr. ④ Improved methods and transport（canals, coastal shipping, roads）helped farmers to take advantage of circumstances. ＞」[26]。

　或る英国農業史書は、1780-1813 年を対象時期として一括し、「1780-1813 年は農業発展が例外的に活発な時期であった＜ The period from 1780 to 1813 was one of the exceptional activity in agricultural progress. ＞」と特徴づけている。農業発展の内容はどういう具合であったか。「国土全体にわたって新しい交通通信手段が登場して農業者が市場に接近し易くなった。新しく広大な面積が開拓された。開放耕地や共同牧場が解体され囲い込まれて、一段と利益の挙がる耕作に向けられた。施設の建設と土地や技術の改良に多額の資金が費やされた＜ All over the country new facilities of transport and communication began to bring markets to the gates of farmers; new tracts of land were reclaimed; open arable farms and pasture commons were broken up, enclosed, and brought into more profitable cultivation; vast sums of money were spent buildings and improvement. ＞」。

　そういう農業発展の効果はどういう具合であったか。「農業生産は増加したにもかかわらず、農産物価格は上昇に上昇を重ねたし、それに伴って地代も増加した。リカードは、穀物は地代が支払われるから高価になるのではなくて、穀物が高価だから地代が支払われるのである、と言っている。国家が地主である場合や地主が意図的に団結した場合のような特定の状況では、地代が穀物価格を引き上げることがあるかも知れない。しかし一般的にはリカード見解が正しいということは、対仏戦争中に実証された。1780-1813 年に価格上昇に伴って地代が増加して、イギリスの大部分の地域でほぼ倍増するに至った。改良された耕作方法によって収穫は増加したが、生産物は安くはならなかったし、価格は下がらなかったし、地代も低下しなかった。逆に、価格は維持されたのみならず上昇を続けたのであった＜ In spite of increased production, prices rose higher and higher, and carried rents with them. "Corn," says Ricardo, "is not high because a rent is paid; but a rent is paid because corn is high." In certain circumstances — if the State is landlord, or if landowners could combine for the purpose — rents might raise prices. But the general truth of Ricardo's view was illustrated during the French War. From 1780 to 1813, rents rose with the rise in prices, until over a great part of Great Britain they were probably doubled. Even the larger yield from the land under improved methods of cultivation did not cheapen produce, reduce prices, and so cause lower rents. On the contrary, prices were not only maintained, but continued to rise. ＞」 [27]。

　トレンズの議論の背景として、何よりも重視 されるべきことは、人口膨張に支えられた食料需要の増加が、技術改善と耕地拡大による食料供給増加を上回った結果、食料価格は表示の通 り、豊作凶作の作況に応じて激しい上下を織り込みつつ、傾向としては顕著な上昇路線をたどったことである。

Annual Average Prices of British Wheat per imperial quarter [28]

Years		1780	1781	1782	1783	1784
Prices (s.d.)		36-9	46-0	49-3	54-3	50-4

1785	1786	1787	1788	1789	1790	1791
43-1	40-0	42-5	46-4	52-9	54-9	48-7

1792	1793	1794	1795	1796	1797	1798
43-0	49-3	52-3	75-2	78-7	53-9	51-10

1799	1800	1801	1802	1803	1804	1805
69-0	113-10	119-6	69-10	58-10	62-3	89-9

1806	1807	1808	1809	1810	1811	1812
79-1	75-4	81-4	97-4	106-5	95-3	126-6

1813	1814	1815
109-9	74-4	65-7

　以上のようなイギリスの穀物価格動向を念頭に置くことによって、トレンズが、イギリスの 穀物価格と「同額の仕入価格に高い輸送費を加

えてポーランドから穀物を持ち込むこと」が有り得ると主張したのは、事実誤認であることが判明する。真実は、イギリス穀物の供給不足とそれによる高価格ゆえに穀物輸入が行われていたのである。これによって、リカードに優る評価をトレンズに与えたサムエルソンの誤りについても決定的証拠を提示できたことになる。

【註】

1) 本章は、2015 年 6 月 20 日、経済理論学会西南部会（於・九州大学）における報告「比較生産費と国際価値 — サムエルソン会長講演」に加筆した作品である。主な加筆箇所は「五節、トレンズの比較優位説」である。報告作成にあたって、Torrens 関連文献の閲覧が、稲富信博氏（九州大学）のお力添えで可能になった。深く感謝申し上げます。

2) Paul A. Samuelson, Presidential Address : The Way of an Economist. (*International Economic Relations : Proceedings of the Third Congress of the International Economic Association.* Edited by P. A. Samuelson. 1969) pp.1-11. Samuelson の日本語表記について。根岸隆「やさしい経済学」『経済学史 24 の謎』では「サミュエルソン」となっている。都留重人訳『サムエルソン経済学』という例もある。本章における引用では、節約の原理に基づいて初出時以外は「サムエルソン」の表記を用いる。筆者は、書名も論文名も見出しも十文字に揃えることを習いとしている。「サムエルソン会長講演」とすると十文字になって好都合だという事情もある。

3) 例えば Cloth が「服地」「布地」「織物」「毛織物」「リネン」など様々に訳し分けられるように、リカード比較生産費説の例解に用いられた二国二財、England, Portugal, Cloth, Wine については、論者により種々の訳語が採用されている。本章では、便宜的に「イギリス」「ポルトガル」「クロス」「ワイン」の四語を充てることで統一を図り、引用文についても異なる訳語が使用されている場合、この四語に差し替えることにする。また、Ricardo の日本語表記についても「リカード」を選択した。

4) David Ricardo, *On the Principles of Political Economy and Taxation.* (*The Works and Correspondence of David Ricardo*, edited by Pierro Sraffa with the collaboration of M. H. Dobb. Cambridge University Press. 1951-55.Volume I)。引用部分の末尾に（p.123）の形式で引用個所を示す。日本語訳は、岩波文庫、羽鳥卓也・吉澤芳樹訳『経済学および課税の原理』上巻（岩波書店、1987 年）を（175 頁）の形式で、下巻については（下・83 頁）の形式で示す。訳文は、必ずしも同書に依らない。

5) 根岸隆「比較生産費説は不滅」日本経済新聞、1982 年 5 月 12 日〜 19 日、5 回連載。根岸隆「学説史に学ぶ」日本経済新聞、2001 年 9 月 6 日〜 21

日、11 回連載。

6) 初出は、福留久大「比較生産費と国際価値 ── リカード対ヴァイナー」（九州大学経済学会『経済学研究』第 81 巻第 4 号、2015 年 12 月、1 〜 46 頁）である。

7) Karl Marx, *Das Kapital, Kritik der Politischen Ökonomie.* Erster Band.（*Karl Marx -Friedrich Engels Werke*, Band 23. 1986）S.94-95.『資本論』岡崎次郎訳、国民文庫版第 1 分冊 147 頁。「価値となって現れる労働」を巡って問題となる「価値（Value）」と「価格（price）」の関係について、経済原論的には、位相ないし次元を異にすることに注意を払わなければならない。しかし、『経済学および課税の原理』貿易論の限りではリカードは両者を代替可能な用語として扱っていると考えられる。本章においても、両者の差異にこだわらないこととする。

8) 根岸隆『経済学史 24 の謎』有斐閣、2004 年、29 〜 35 頁。

9) 行沢健三「リカードゥ『比較生産費説』の原型理解と変形理解」中央大学『商学論纂』15 巻 6 号、1974 年、41 頁。

10) Roy J. Ruffin, David Ricardo's Discovery of Comparative Advantage. *History of Political Economy* 34: 4, 2002, pp.727-748.
　　　ラフィンの原文では、「X 単位のワイン」「Y 単位のクロス」となっているが、前後の文章と平仄をあわせるために、後者を「W 単位のクロス」と変更した。リカードの四つの数字に関しては卓抜の理解を示したラフィンだが、労働量表記にのみ着目したために、次のような弱点を免れ得なかったことも指摘しておきたい。「労働は国境を越えては移動できないとすれば、絶対的優位や絶対的劣位は問題にならないという結論が生まれる＜ It immediately follows that absolute advantage or disadvantage does not matter if labor cannot move across borders. ＞」（p.742）。価格は国際比較が可能であり、それ故に価格上の絶対的優位が輸出入の決定要因になることが見失われてはならないのである。

11) P. A. Samuelson, *Economics*.（McGraw-Hill. the ninth edition. 1973.）サムエルソン著、都留重人訳『経済学』下、岩波書店、1974 年。引用部分の末尾に（p.669）（1117 頁）の形式で原書訳書の引用箇所を示す。訳文は必ずしも訳書に依らない。引用における強調のためのイタリック体はサムエルソンに依る。

12) 根岸隆『経済学史 24 の謎』有斐閣、2004 年、29 〜 35 頁。

13)「資本の蓄積の増大」の結果として「労働の限界生産力は低下していく」と考えて、限界生産性を基準として「リカードの四つの数字」を解読する根岸見解は興味深い論点を提示していると思われる。しかしながら、この論理を突き詰めてゆくと、イギリスクロスのポルトガルクロスに対する比 100：90 に比較して、イギリスワインのポルトガルワインに対する比 120：80 の格差がより大きいので、イギリスワイン生産において「労働の限界生産力は低下していく」程度がイギリスクロス生産の場合より大である、したがって「資本の蓄積の増大」の程度もイギリスクロス生

産の場合より大である、という結論が導かれるのではないか。その結論は、イギリス国内でワインが劣位生産物に位置づけられている基本的前提に反するのではないか。こういう疑問が生じることになる。これはこれで、別種の「奇妙な経済地理」というべき現象になるのではないだろうか。なお考究を要する問題として根岸氏の解明が求められる。

14）Karl Marx, Das Kapital. Erster Band.（*Karl Marx- Friedrich Engels Werke, Band* 23. 1986）S.563. Karl Marx. *Capital* Vol.I（*Karl Marx-Fredrick Engels Collected Works*, Volume 35. 1996）p.540.『資本論』岡崎次郎訳、国民文庫版第3分冊239頁。

15）Friedrich Engels, *Die Lage der arbeitenden Klasse in England*. 1845.（*Karl Marx -Friedrich Engels Werke*, Band 2. 1970）S.299. *The condition of the working class in England*, translated by W. O. Henderson and W. H. Chaloner. 1958. p.80. エンゲルス『イギリスにおける労働者階級の状態』一條和生・杉山忠平訳、岩波文庫・上、140頁。

16）Leone Levi, *Wages and Earnings of the Working Classes.*1867. p.9.

17）Leone Levi, op. cit., pp.9-10.

18）Jacob Viner, *Studies in the Theory of International Trade.*1937. p.442.

19）Torrens, *An Essay on the External Corn Trade*. 1815, pp.264-65.

20）ヴァイナーのリカード貿易論読解における誤謬とそれに基づいて通説的解釈が流布するに至った次第について、そのなかでもとりわけ、ヴァイナーが「労働（labour）」を「費用（cost）」に直接的に代置したために、リカードが、労働の価値としての表現が国ごとに 異なることを強調して、一定量のクロス生産に要する労働量がイギリスで100人の労働、ポルトガルで90人の労働であっても、イギリスクロスが廉価に成り得る事情を解明していることを看取できなかった事情について、第一章「比較生産費と国際価値 ── リカード対ヴァイナー」47 ～ 50頁で明らかにしている。

21）Robert Torrens, *An Essay on the External Corn Trade*. the third edition. 1826. p.vii.

22）David Ricardo, *Letters 1816-1818.*（*The Works and Correspondence of David Ricardo*, edited by Pierro Sraffa with the collaboration of M. H. Dobb. Cambridge University Press. 1951-55. Volume VII）p.180.

23）David Ricardo, *Letters,* op. cit., p.333.

24）David Ricardo, *Principles*, op. cit., pp.96-97.

25）David Ricardo, *Principles,* op.cit., p.271.

26）E. J. Radley, *Notes on British Economic History from 1700 to the present day.* 1967. p.15.

27）Lord Ernle, *English Farming Past and Present*, third edition. 1922. p.210.

28）Lord Ernle, op. cit., p.489.

（初稿．2015年8月5日）

第三章

比較生産費と国際価値
——リカード対アーウィン

序節. 問題の所在と課題限定

(1) 古典学派対反古典学派

リカードは、『経済学および課税の原理』(David Ricardo, *On the Principles of Political Economy and Taxation.*) 第7章 (1821年第3版、1819年第2版。1817年第1版では第6章)「外国貿易論」(On Foreign Trade) において、次のように価格上の絶対優位が輸出入の必要条件であることを明言している。「クロスは、輸入元の国で掛かる費用より多くの金に対して売れるのでなければポルトガルに輸入され得ず、またワインは、ポルトガルで掛かる費用より多くの金に対して売れるのでなければイギリスに輸入され得ない< Thus, cloth cannot be imported into Portugal, unless it sell there for more gold than it cost in the country from which it was imported; and wine cannot be imported into England, unless it will sell for more there than it cost in Portugal. >」(p.137) (194頁) [1]。

ある商品について自国産が他国産より低価格の場合、そもそも他国産商品の輸入そのものが成り立ち得ない。逆方向から言えば、ある商品について自国産が他国産より高価格の場合、自国産商品の輸出が可能な道理はありようがない。そういう商品経済の基本的事実は、経済学を学ぶまでもなく自明の理である。したがって、上記のリカードの言明は、極めて自然な商品経済の基本原理を表明したにすぎないわけである。

そういうリカード貿易論原典における明言、それを裏付ける商品経済の基本原理にもかかわらず、多くの著名な経済学者が、価格上の絶対劣位にも拘わらず比較優位性に基づいて輸出可能で貿易利益が得られるという見解を述べて、それをリカード比較生産費説の核心だと主張する。例えば、ポール・A・サムエルソン (Paul A. Samuelson)、彼は、1968年9月2日〜7日、モントリオールで開催された国際経済学協会第3回世界大会において、「経済学者の道」と題する会長講演 (Presidential Address : The Way of an Economist.) を行った。そのなかで、「リカードの比較優位の原理」について、「その原理は、あらゆる商品に関して絶対的に生産性が高い場合でも、逆に絶対的に生産性が低い場合

でも、貿易によりどの国も相互に貿易利益が得られることを論証している＜ The Ricardian theory of comparative advantage; the demonstration that trade is mutually profitable even when one country is absolutely more - or less - productive in terms of every commodity. ＞」[2] と述べている。「絶対的に生産性が低い場合」には、その商品の価格は相手国の同種商品の価格より高くなるわけだが、それでも相手国に輸出されて貿易利益をもたらすというのが、サムエルソンの「リカードの比較優位の原理」理解の核心を成していることになる。

　価格上の絶対劣位にも拘わらず比較優位性に基づいて輸出可能で貿易利益が得られるという見解は、サムエルソンに限られるわけではない。現代米国の貿易論専門家ダグラス・A・アーウィン（Douglas A. Irwin）は、その著『自由貿易理論史』（*Against the Tide : An Intellectual History of Free Trade.* 1996）第6章「古典学派経済学の自由貿易論」（Free Trade in Classical Economics）において、絶対劣位にあったとしても貿易利益が得られることを明らかにしたのが比較生産費の理論だと主張している。「換言すれば、一国が他国よりも少ない資本と労働の支出で穀物を生産できるにもかかわらず、その国が穀物を輸入するのは何故か。あるいは逆に、もし一国が全ての財貨の生産において劣っていたとしても、それでも貿易から利益を得られるのは何故か。比較生産費の理論が、このような場合でも、特化と貿易によって双方が利益を受けることを明らかにしたのである＜ In other words, why should a country import corn when it could produce that corn with less expense of capital and labor at home than the foreign country could?（Or, conversely, how could a country gain from trade if that country was inferior in the production of all goods?）The theory of comparative costs demonstrated that there would still be mutual gains from specialization and trade even under those circumstances. ＞」[3]。

　自国産が他国産より高価格の場合でも輸出可能だとするサムエルソンやアーウィンの見解は、リカード貿易論原典における明言、それを裏付ける商品経済の基本原理に反することは明白である。理論的にも事実上も極めて不自然であり不合理である。

このように不自然であり不合理な見解が何故に堂々と主張されるのか、不思議であり不可解だと言う外ない。この不思議、この不可解を解く鍵は、マルクス『資本論』冒頭章「商品」の見地を活かすことに求められる。冒頭章「商品」に含まれる二つの論点が問題解決の鍵となる。一つの論点は、資本主義経済の構成要素は販売目的の財貨つまり商品であり、貨幣獲得を目指して販売されなければならないという事実、財貨と財貨が物々交換されるわけでは決してないという事実に関わる。二つ目は、商品経済の分析には「価値実体としての労働」と「価値形態としての価格」の二重の視点が必要だという事実に関わる。

　冒頭章「商品」に関連する二つの論点のうち、後者から俎上に載せてみる。（前者については、後にミルおよびアーウィンの議論に関連して検討する）。マルクスは、『資本論』第1巻第1篇「商品と貨幣」第1章「商品」第1節「商品の二要因、使用価値と価値（価値実体・価値量）」で「価値の実体をなしている労働」を究明し、第3節「価値形態または交換価値」で「貨幣形態の生成」を示して「価格」を「価値の貨幣表現」として説明する。そのうえで、第4節「商品の物神的性格とその秘密」において、スミスやリカードについて、「不完全ながらも、価値と価値量を分析して、これらの形態のうちに隠されている内容を< wenn auch unvollkommen Wert und Wertgröße analysiert und den in diesen Formen versteckten Inhalt >」つまり「価値となって現れる労働を< die Arbeit, wie sie sich im Wert darstellt >」「発見した< hat entdeckt >」と評価している[4]。

　スミスは、マルクスの評価通り、『国富論』で貿易を論じた第2篇第5章で「労働 labour」と「価値 value」を、第4篇第2章で「勤労 industry」と「価値 value」を対概念とした二重の視点で貿易利益を検討している。

　「労働」と「価値・価格」との二重の視点に基づく考察は、リカード貿易論においても堅持されている。イギリスとポルトガルの間のクロスとワインの貿易を巡る「四つの数字」によるリカード比較生産費説の例解は、以下の通り、ひとまず労働量表記のみで行われている。すなわち、或る特定量（例えば W 量）のクロスの生産に年間「イギリスでは100人」「ポルトガルでは90人」の労働を必要とする。別の特定量（例えば X 量）

のワインの生産に年間「イギリスでは 120 人」「ポルトガルでは 80 人」の労働を必要とする、という具合である。

この労働量表記を直ちに価値量表記であるかの如くに誤読してしまったところにサムエルソンの誤りの淵源がある。クロス生産においてもワイン生産においてもポルトガルが絶対的に生産性が高い場合でも、逆方向から言えばイギリスが絶対的に生産性が低い場合でも、貿易により両国とも相互に貿易利益が得られることを論証している、と誤解したわけである。

しかしながら、リカードは、「価値・価格」視点に基づく比較を忘れてはいなかった。以下のように「価値となって現れる労働」と「価値」の関係が国境を越えるごとに異なることを明記しているのである。「このようにして、イギリスは、100 人の労働の生産物を、80 人の労働の生産物に対して、与えるであろう。このような交換は同国内の個人間では起こりえないであろう。100 人のイギリス人の労働が、80 人のイギリス人のそれに対して与えられることはあり得ない。しかし 100 人のイギリス人の労働の生産物は、80 人のポルトガル人、60 人のロシア人、または 120 人のインド人の労働の生産物に対して与えられ得るであろう＜ Thus England would give the produce of the labour of 100 men, for the produce of the labour of 80. Such an exchange could not take place between the individuals of the same country. The labour of 100 Englishmen cannot be given for that of 80 Englishmen, but the produce of the labour of 100 Englishmen may be given for the produce of the labour of 80 Portuguese, 60 Russians, or 120 East Indians. ＞」（p.135）（192 頁）。

すなわち、労働価値説の妥当しない国際間の貿易取引においては、「100 人の労働生産物（イギリスクロス）を 80 人の労働生産物（ポルトガルワイン）に対して与えるであろう」として、「100 人の労働生産物（イギリスクロス）」と「80 人の労働生産物（ポルトガルワイン）」とが等価であることを示しているわけである。この等価の価格水準を仮に 40 百ポンドと想定する。W 量のイギリスクロス＝ X 量のポルトガルワイン＝ 40 百ポンドである。一国内では労働価値説が妥当するので、X 量のイギリスワイ

ンの価値は（40百×120/100=）48百ポンド、W量のポルトガルクロスの
価値は（40百×90/80=）45百ポンドとなる。こうして次表のように「100
人労働によるイギリスクロス」が「90人労働によるポルトガルクロス」
より、価格上の絶対優位を占めることが判明することになる。

	W量のクロス	X量のワイン
イギリス	100人	120人
ポルトガル	90人	80人

	W量のクロス	X量のワイン
イギリス	£40百	£48百
ポルトガル	£45百	£40百

　だが、サムエルソン見解に見られるように通説的には、価格視点を欠
いて労働量のみを基準にした解釈が定着してきた。労働量基準の相対優
位を根拠に、生産費が（絶対的には高くても）比較的に安ければ輸出可
能で各国が貿易利益を得るという誤解が広まった。そういう誤解を決定
づける上で、大きい影響力を発揮したのが、ジェイコブ・ヴァイナー
(Jacob Viner)『国際貿易理論研究』(*Studies in the Theory of International
Trade,* 1937) における誤読だった。サムエルソンの場合は、ハーバード
大学の学生時代に直接にヴァイナーから国際貿易論を教授されていたか
ら、その感化力には特別のものがあった、と考えられる。
　その決定的個所を指摘しておきたい。ヴァイナーは、リカードの次の
文章を引用する。「ポルトガルは、クロスを90人の労働を用いて生産で
きるにも拘わらず、それを生産するのに100人の労働を必要とする国か
らそれを輸入するであろう。なぜならば、その国にとっては、その資本
の一部分を葡萄樹の栽培からクロスの生産に転換することによって生産
し得るよりも、より多量のクロスをイギリスから引き換えに取得する
であろうワインの醸造にその資本を使用する方が、むしろ有利だから
である＜ Though she [i.e., Portugal] could make the cloth with the labor of
90 men, she would import it from a country where it required the labor of 100
men to produce it, because it could be advantageous to her rather to employ her
capital in the production of wine, for which she would obtain more cloth from

England, than she could produce by diverting a portion of her capital from the cultivation of vines to the manufacture of cloth. ＞」（Viner, p.440），（Ricardo, p.135）。

　ヴァイナーは、上記の引用文中で「ポルトガルは、服地を 90 人の労働を用いて生産できるに も拘わらず、それを生産するのに 100 人の労働を必要とする国からそれを輸入するであろう」という部分に着目して、それを「輸入はたとえ輸入商品が自国で海外よりも少ない費用で生産できるとしても有利で有り得るという明瞭な記述＜ explicit statement that imports could be profitable even though the commodity imported could be produced at less cost at home than abroad ＞」と解釈した。しかし、この解釈は、誤っている。どこが誤りか、上記引用文に先行する文章と対比することで、ヴァイナーの誤りが判明する。「この交換は、ポルトガルによって輸入される商品が、そこではイギリスにおけるよりも少ない労働を用いて生産され得るにも拘わらず、なお行われ得るであろう ＜ This exchange might even take place, notwithstanding that the commodity imported by Portugal could be produced there with less labour than in England. ＞」（Ricardo, p.135）。

　リカードが「少ない労働を用いて生産され得る（could be produced with less labour）」とした部分を、ヴァイナーは「少ない費用で生産できる（could be produced at less cost）」と誤読している。相違点は、リカードが「労働」としたところを、ヴァイナーは「費用」と解釈しているところである。些細な相違点に見えるかも知れない。しかしながら、ヴァイナーは「費用」を以て国際間の財貨交換の基準と見なしているのに対して、リカードは「労働」を以て国際間の商品売買の基準としてはいない。「価値となって現れる労働」の在り方が国境を越えることで国ごとに異なるからである。「価値となって現れる労働」の現れ、つまり価格こそをリカードは国際間の商品売買の基準としている。その意味で、相違点は根本的であり、ここにヴァイナーとリカードの間における両者の鋭い分岐点を認めなければならない。この分岐点の存在に無自覚なままに、ヴァイナー見解を踏襲したところにサムエルソンの誤解が胚胎したのである。そして、サムエルソン『経済学』におけるリカード比較生産

費説に対する誤解が、日本の研究者たちをも誤読の陥穽に引きずり込んでいるのである。

　本書第一章で例示した小宮隆太郎・天野明弘『国際経済学』における「リカードの比較生産費説」に関わる図表が、第二章で紹介したサムエルソン『経済学』における「リカードの比較優位の原理」に関わる図表に酷似していること、加えて両者ともどもにリカードの原意を大きく逸脱していることが、この「陥穽」の存在を象徴的に物語っている。両者ともどもにリカードを読まなかったか、読んでも極めて杜撰にしか読まなかったのである。

　このような学界事情について、筆者は、本書第一章「比較生産費と国際価値 — リカード対ヴァイナー」および第二章「比較生産費と国際価値 — サムエルソン会長講演」において検討を試みている[5]。そこでの筆者のリカード読解の方法論の核心は、古典学派における「労働」と「価値・価格」との二重の視点の堅持であった。ヴァイナーもシュンペーターもサムエルソンも、その他の通説的解釈も、この古典学派に特有の二重の視点を摂取し得なかった。その結果、イギリスとポルトガルの間のクロスとワインの貿易を巡る「四つの数字」によるリカード比較生産費説の例解は、労働量表記のみで行われているかの如くに誤読され誤解されてしまった。この誤読・誤解に基づく労働量基準にのみ着目した視点は、とりもなおさず、価格視点を欠落させた議論につながり、国際貿易が価格を軸とした苛烈な商品売買競争として展開される事実が見落とされ、牧歌的な物々交換として解釈される傾向が常態となったのである。「古典学派の二重の視点」を摂取できずに、国際貿易を価格視点を欠いた物々交換方式で解釈する点で、ヴァイナーもサムエルソンもアーウィンも反古典学派に属するのである。

(2) アーウィン古典学派論

　「一国が全ての財貨の生産において劣っていたとしても、それでも貿易から利益を得られるのは何故か＜ how could a country gain from trade if that country was inferior in the production of all goods? ＞」という問いに答えるのが比較生産費説である、このように価格上の絶対的劣位にもかか

わらず相対的優位に基づく貿易利益の獲得可能性を主張する現役米国人研究者、ダグラス・A・アーウィン（Douglas A. Irwin）の存在については、先述したところである。

本章においては、いわゆる比較生産費説という前章と同一の主題を巡って、『資本論』冒頭章「商品」の見地に立脚した前章と同様の方法によって、ただ検討対象を Douglas A. Irwin, *Against the Tide :An Intellectual History of Free Trade*（Princeton U. P., 1996）．ダグラス・A・アーウィン著、小島清監修、麻田四郎訳『自由貿易理論史』（文眞堂、1999 年）第 6 章「古典学派経済学の自由貿易論」(Free Trade in Classical Economics) におけるリカード理解という（第一章で一言触れただけに終わっている）[6] 新規の見解に求めて分析を行う。そういう企てを意味あるものと考える理由は、著者アーウィンとその見解における次のような特色に在る。

著者アーウィンの特色。ダグラス・A・アーウィンは、1962 年生まれ、ダートマス大学の経済学教授（Professor of Economics at Dartmouth College）、現役の研究者だということ。前の章で検討対象とした外国人研究者、ミル（James Mill）、シュンペーター（Joseph A. Schumpeter）、ヴァイナー（Jacob Viner）、サムエルソン（Paul A. Samuelson）などが黄泉の国の住民であって、本人の応答が得られないのとは大きな違いである [7]。

アーウィン見解の特色。古典学派のなかで、ロバート・トレンズ(Robert Torrens) を比較生産費説の第一発見者と位置づけ、「最後の仕上げ」をしたリカードとジェイムズ・ミルの二人のなかでは、リカードに対して酷評を加え、対照的にミルを絶賛している。このように一貫してリカードに冷淡な姿勢を保っているのが、比較生産費を巡るアーウィン見解の顕著な特徴である。

例えばサムエルソンの見解を対比してみよう。次の引用に窺えるように、サムエルソンもリカードを正当に評価できているとは思えない。「私たちは、リカードをスミスの後を継ぐ者と考えています。だが実際には、デイヴィッド・リカードが、比較優位の理論の核心部分を成す四つの魔法の数字を偶然見つけるまでに 40 年以上の空白期間があったのです。私は、リカードの数字と言いましたが、トレンズ大佐（Colonel

Torrens）が、比較費用の発案者としてリカードと同等ないしそれ以上の優先権を有すると言ってもよいかも知れません＜ We think of Ricardo as following Smith. But actually there was a gap of more than forty years before David Ricardo chanced upon his four magic numbers that constitute the core of the doctrine of the comparative advantage theory. I say Ricardo's numbers, but it may well be that Colonel Torrens has equal or even better claims to priority on comparative cost than Ricardo. ＞」（p.4）。

　リカードが沈思黙考を重ねて案出した数値例について、「四つの魔法の数字を偶然見つける」という低い評価を与える。あるいは、「トレンズ大佐が、比較費用の発案者としてリカードと同等ないしそれ以上の優先権を有する」と言って、トレンズに対してリカードを軽視する。こういう口吻に接すると、サムエルソンがリカードの稀代の理論家としての真価を感得しているとは到底考えられないことになる。しかしながら、それでもサムエルソンの場合は、「真理であると同時にそれなりの重要性もある、全社会科学のなかから選ばれた命題」として、「あらゆる商品に関して絶対的に生産性が高い場合でも、逆に絶対的に生産性が低い場合でも、貿易によりどの国も相互に貿易利益が得られることを論証している」「リカードの比較優位の原理」を挙げている＜ one proposition in all of social sciences which is both true and non-trivial. ＞＜ The Ricardian theory of comparative advantage; the demonstration that trade is mutually profitable even when one country is absolutely more - or less- productive in terms of every commodity. ＞」（p.9）。

　このサムエルソンの態度と比較して、アーウィンのリカードへの低評価は徹底している。その例を三点にわたって挙げてみる。

　アーウィン見解の特色の第一例。アーウィンは、「古典派経済学の自由貿易論に対する最大の理論的貢献」である「比較生産費あるいは比較優位の理論＜ theory of comparative costs or comparative advantage ＞」について「この理論はたとえ自国がある財の生産において絶対生産費の優位を持つとしても、その財を海外から輸入する方が有利であることを示したものである＜ This theory stated that certain goods could be advantageously imported from abroad even if the home country had an absolute cost advantage in producing the good. ＞」と特徴づけて、リカードに先立って「ロバート・トレンズが一番先にこの比較優位の理論の本質を把握した＜ Robert Torrens first recognized the essence of the comparative advantage argument ＞」(p.90)（116 頁）と、トレンズの先駆性を明確に主張している。それを裏付ける根拠として、トレンズの『外国穀物貿易論』(Robert Torrens, *An Essay on the External Corn Trade*. 1815）pp.263-65 から次の文章を引いている。

「こう想像してみよう。イギリスには未耕作地域があって、そこではポーランドの肥沃な平地と同様に少量の労働と資本の使用によって穀物を生産できる。こうした事情の下で、他の条件が等しいならば、わが国の未耕作地域の耕作者は、その生産物をポーランドの耕作者と同様の廉価で販売することができる。そして、次のような結論に至るのが自然なように思われる。すなわち、もし産業が最も有利な方向に向かうことを許されるならば、資本は自国で穀物を生産するのに用いられることになり、同額の仕入価格に高い輸送費を加えてポーランドから穀物を持ち込むことなどしないであろう。だがこの結論は、一見明白にして自然であるように見えるけれど、より綿密に吟味すれば、全くの誤りであることがわかるだろう。もしイギリスにおいて製造業で高度の技術進歩が達成されて、一定量の資本である量のクロスを生産し得ることになり、それに対してポーランドの耕作者が、同量の資本でイギリスがその耕作地域から生産できるより多い量の穀物を提供するならば、たとえイギリスの土地がポーランドの土地と同等の、いやより優れた肥沃度を有していたとしても、イギリスの土地の一部は見捨てられて、イギリスの穀物の供給の一部は、ポーランドから輸入されることになるだろう。と言うのも、自国で耕作に用いられる資本は、海外で耕作に用いられる資本を超える超過利潤をもたらすかも知れないが、ここでの想定を前提すれば、製造業に投下される資本は、より一層大きな超過利潤を獲得するであろう。そして、この一層大きな超過利潤がわが産業の方向を決定することになるだろう＜ Let us suppose, that there are, in England, unreclaimed districts, from which corn might be raised at as small an expense of labour and capital, as from the fertile plains of Poland. This being the case, and all other things the same, the person who should cultivate our unreclaimed districts, could afford to sell his produce at as cheap a rate as the cultivator of Poland; and it seems natural to conclude, that if industry were left to take its most profitable direction, capital would be employed in raising corn at home, rather than bringing it in from Poland at an equal prime cost, and at much greater expense of carriage. But this conclusion, however obvious and natural it may, at first sight, appear, might, on closer examination, be found entirely erroneous. If England should have acquired such a degree of skill in manufactures, that, with any given portion of her capital, she could prepare a quantity of cloth, for which the Polish cultivator would give a greater quantity of corn, than she ［England］ could, with the same portion of capital, raise from her own soil, then, tracts of her territory, though they should be equal, nay, even though they should be superior, to the lands in Poland, will be neglected; and a part of her supply of corn will be imported from that country. For, though the capital employed in cultivating at home might bring an excess of profit over the capital employed in cultivating abroad, yet, under the supposition, the capital which should be employed in manufacturing would obtain a still greater excess of profit; and this greater excess of profit would determine the direction of our industry. ＞」 [8]

　このトレンズの文章について、アーウィンは、「この定式化は、両国の生産費比率の比較が行われていないだけで（つまりポーランド内の生産費比率が欠けている）、理論全体を完全な形で叙述したものである＜ this formulation lacks only the comparison of the cost ratios in both countries（that is, in Poland as well）whereby the theory is stated in its entirety. ＞」(p.90)(116頁) と、トレンズによって立派な比較優位の理論が提示されたことを強調している。

　アーウィン見解の特色の第二例。アーウィンのリカード酷評について。アーウィンは、トレンズを比較生産費説の先駆者と位置付けた後に、比較生産費説の「最後の仕上げ＜ finishing touch ＞」をしたものとし

て、1817年刊行のリカード『経済学および課税の原理』と同年に執筆され翌年早々に刊行されたJ・ミル（James Mill）「植民地」論文を挙げている＜ David Ricardo provided this finishing touch in his *On the Principles of Political Economy and Taxation* in 1817 and James Mill in an article on colonies written in 1817 but first published in early 1818. ＞（p.90）（116頁）。その上で、「最後の仕上げ」をした二人を巡って、J・ミルを絶賛すると同時に、次のようにリカードを酷評する。

　「リカードは、古典学派のなかでおそらく最も著名な人物であって、比較生産費説を説明し流布する者としての名誉を実質的に一身に集中する伝統が生まれている。『原理』には、ポルトガルが両商品の生産において絶対生産費優位を持つが、ワイン生産において比較生産費優位を持つという第7章の有名な、ポルトガルとイギリスの間のワインとクロスの交換の例解が含まれている。しかしながら、リカードのこの三文節だけの議論は、表現が稚拙で、章のなかでの位置づけもはっきりしておらず、理論の本質を明確にすることに成功していないのである。1965年の論文の480頁で、チップマンは、リカードの『この法則の説明は、極めて欠陥が多く、リカードが比較生産費説を本当に理解していたか否か疑問符を打たざるを得ないほどである』とさえ述べている＜ David Ricardo, perhaps the most illustrious member of the classical school, has traditionally received virtually all the credit for expounding the theory of comparative costs. The *Principles* contains the famous chapter 7 example of Portugal and England exchanging wine and cloth, wherein Portugal has an absolute cost advantage in the production of both commodities but comparative cost advantage in wine. Yet Ricardo's mere three-paragraph discussion was poorly expressed, awkwardly placed in the chapter, and failed to bring out the essence of the theory. John Chipman（1965, 480）has even stated that Ricardo's "statement of the law is quite wanting, so much so as to cast some doubt as to whether he truly understood it." ＞」（p.91）（117頁）[9]。

　アーウィン見解の特色の第三例。アーウィンのJ・ミル絶賛について。アーウィンは、前述のように、リカードに対して徹底的に低い評価

しか与えていない。それとは正に対照的にJ・ミルを非常に高く評価している。その点において、ミル（James Mill）自身や、シュンペーター（Joseph A. Schumpeter）、ヴァイナー（Jacob Viner）、サムエルソン（Paul A. Samuelson）など前の章で検討対象とした論者と著しく異なる様相を呈している。

　アーウィンが、比較生産費説の「最後の仕上げ＜ finishing touch ＞」の業績として「1817年に執筆され1818年初期に刊行されたジェイムズ・ミルの『植民地』論文＜ James Mill in an article on colonies written in 1817 but first published in early 1818. ＞」（p.90）を特筆していることは前述の通りである。加えて、リカード『原理』原典からの引用は一切無いのに反して、ミルの比較生産費説に関しては、1814年の「穀物法」論文[10]と、1821年の著書『経済学綱要』（*Elements of Political Economy*）[11]から、それぞれにアーウィンが重要と考える一節を引用して、賞賛の言葉を添えている。

　「穀物法」論文と「植民地」論文と『経済学綱要』、これら三つの著作の理論内容およびそれらに対するアーウィンの評価についての検討は後述に譲り、ここでは「穀物法」論文と『経済学綱要』からの二つの引用とそれを巡るアーウィンの解説を紹介して、そこに浮き彫りになるミル貿易論の特徴に言及しておきたい。以下、「 」内はアーウィンの筆、『 』内はミルの筆である。

　「穀物法」論文からの引用前後。

　「ミルとトレンズは、より重要な洞察の端緒を把握していた。二人が提起した問題は、或る財貨（例えば穀物）の一定量を入手するために、労働と資本を国内での穀物の生産に使うか、それとも、その労働と資本を他財（例えば製造品）の生産に使って、その製造品を貿易を介して穀物と交換するか、という選択であった。ミルとトレンズの両者は、消費用の穀物を最大限に産み出すために一定量の資源を如何に使うかの答えは、自由貿易に任せるのが効率的であることを指摘した。貿易を任意の消費財を生産するための間接的方法とする考え方は、1814年にミルによって述べられている。次のような引用するに値する非常に明解な記述である。＜ Mill and Torrens were on the verge of an even more important insight. The question as they posed it was the choice between acquiring a quantity of good, say corn, by using labor and capital to produce the corn at home, or by using that labor and capital to make other products, such as manufactures, that could be exchanged via trade for corn. Both Mill and Torrens pointed out that it was more efficient to allow free trade to determine how a given amount of resources should be used to generate the largest amount of corn for consumption. This manner of thinking about trade, as an indirect way of producing certain goods for consumption, was stated by Mill（1814）, which is cited for its clarity of expression: ＞」（p.89）（115 頁）。

『我々が輸入する場合には、我々の労働の一定部分の生産物を輸出することで、輸入する物の対価の支払いをしなければならない。しかし、なぜ我々は輸入品と同じ物を国内で生産するためにその労働を使用しないのだろうか。その答えは、商品の形にしてそれと引き換えに外国で穀物を購入する方が、その労働を国内で使用して穀物を生産するよりも、より多くの穀物を入手できるからである。— したがって穀物の輸入を妨げる法律は、食料生産のために、その社会のより多くの労働を必要とする結果を招くだけである＜ If we import, we must pay for what we import, with the produce of a portion of our labour exported. But why not employ that labour in raising the same portion at home? The answer is, because it will procure more corn by going in the shape of commodities to purchase corn abroad, than if it had been employed in raising it at home.... A law, therefore, to prevent the importation of corn, can have only one effect, — to make a greater portion of the labour of the community necessary for the production of its food. ＞』（p.89）（115 頁）。

　「このような貿易を巡る間接的な思考法は、自由貿易論に対する古典派経済学の最大の理論的貢献、すなわち比較生産費あるいは比較優位の理論に結びつくことになった。この理論はたとえ自国が或る財の生産に絶対生産費の優位を持つとしても、その財を海外から輸入する方が有利であると述べたのである。＜ This indirect way of thinking about trade led to the most important analytical contribution of classical economics relating to the free trade doctrine, the theory of comparative costs, or comparative advantage. This theory stated that certain goods could be advantageously imported from abroad even if the home country had an absolute cost advantage in producing the good. ＞」（pp.89-90）（115 〜 116 頁）。

『経済学綱要』からの引用前後。

　「実際に、Ｊ・ミルはその『経済学綱要』において、比較生産費の例を驚くほど明快に述べ、この理論の急所を簡潔な二つの文で伝えている＜ Indeed, in his *Elements of Political Economy*, Mill set out the comparative costs example with tremendous clarity and even conveyed the intuition for the theory in two simple sentences: ＞」（p.91）（118 頁）。

　『一国がある商品を輸入することもできるし、自国で生産することもできる時に、その国は、自国で生産する費用と外国から調達する費用を比較して、もし後者が前者より少なければ、輸入する。一国が外国から輸入できる費用は、外国がその商品を生産するのに要する費用に依るのではなく、その国が交換に送る商品の生産に要する費用に依るのであって、この費用が、もし同国がそれを輸入しなければ、当該商品の生産のために要するに相違ない費用と比較されるのである＜ When a country can either import a commodity or produce it at home, it compares the cost of producing at home with the cost of procuring from abroad; if the latter cost is less than the first, it imports. The cost at which a country can import from abroad depends, not upon the cost at which the foreign country produces the commodity, but upon what the commodity costs which it sends in exchange, compared with the cost which it must be at to produce the commodity in question, if it did not import it. ＞』（p.91）（118 頁）。

　「ミルは強力に自由貿易を擁護し確固としてこう述べている。『一商品を他商品と交換することから得られる利益は、あらゆる場合において、受け取る商品から生ずるのであって、与える商品から生ずるのではない』。なぜならその国は商品を手放すことには何らの利益もなく、輸出品の形で与えたものは、輸入品を入手するための費用だからである。国際貿易をこう（輸出を輸入の手段として — 引用者補足）考えることが、他

ならぬ古典派たることの極印なのであり、貿易もまた物々交換の一形態であるという認識は重商主義の原理と共通であるが、（輸出増大と輸入抑制の両方を目標とする ── 引用者補足）重商主義の原理とは、真っ向から対立するものである＜ Mill staunchly advocated free trade and firmly stated that "the benefit which is derived from exchanging one commodity for another, arises, in all cases, from the commodity *received*, not from the commodity given." Because a country "gains nothing in parting with its commodities," what is given away in the form of exports is the cost of acquiring imports. This conception of international trade, a hallmark of classical thought, is in direct opposition to that of mercantilist doctrine even though that doctrine too recognized that trade was a form of barter. ＞」（p.91）（119 頁）。

　以上の J・ミルの貿易論について、アーウィンは、「労働と資本を国内での穀物の生産に使うか、それとも、その労働と資本を他財（例えば製造品）の生産に使ってその製造品を貿易を介して穀物と交換するかの選択＜ the choice between acquiring a quantity of good, say corn, by using labor and capital to produce the corn at home, or by using that labor and capital to make other products, such as manufactures, that could be exchanged via trade for corn. ＞」問題に絞り込んだところに着目する。さらに約言すれば、「貿易を任意の消費財を生産するための間接的方法とする考え方＜ This manner of thinking about trade, as an indirect way of producing certain goods for consumption ＞」、「輸出品の形で与えたものは輸入品を入手するための費用だ＜ what is given away in the form of exports is the cost of acquiring imports ＞」という考え方ということになる。

　このアーウィンの強調点をも勘案しつつ、J・ミルの貿易論の論理構造を解析すると、次のような特徴を指摘できる。第一、比較対象について。自国商品（A）の生産費と外国同種商品（B）の生産費ではなく、自国商品（A）の生産費と「外国同種商品（B）と交換に送られる自国他種商品（C）の生産費」が比較されること、したがって、（C）の生産費が（A）の生産費より小さければ、自国は（C）の生産に特化して（C）を輸出し、（A）の生産は放棄して（B）を輸入する、という具合に相手

国の数値に関わりなく輸出財が特定されることである。第二、貿易方式について。同種商品（A）と（B）との価格による売買競争は視野に入らず無視されていること、したがって、貿易取引は異種商品（B）と（C）との物々交換方式に依ると想定されていることである。こういうミル貿易論の見地から、「輸出財は貿易相手国の状況に関わりなく自国の二つの数字だけで決定できる」（田淵太一）[12]という独特の発想、「国々はその機会費用（絶対生産費という観点ではなく、放棄された他の財貨の暗黙の犠牲という観点でみた費用）が最小であるような財貨の生産に特化する< Countries would specialize in the production of the goods in which their opportunity cost（in terms of the implicit sacrifice of other, forgone goods, not in terms of absolute cost）was lowest. >」（アーウィン）[13]という特殊な概念が生まれてくることにもなる。

　以上に、アーウィンのリカードへの低評価を示すものとして、第一例、第二例、第三例を挙げてきた。筆者の見るところ、この三つのアーウィン見解は、三つともに全て妥当性を欠いている。誤解に満ちていて、正しくないのである。にもかかわらず、原書の裏表紙や訳書の扉頁には「新規の洞察と予想外の喜悦とに満ちた著作」（P・クルーグマン Paul Krugman）、「強烈な学者根性の成果、まさに力作」（J・バグワチ、Jagdish Bhagwati)という賛辞が列挙されている。管見の限りでは、リカードに対するアーウィンの誤解の指摘は行われていないのである。

　そういう事情ゆえに、第一例、第二例、第三例に即して、アーウィンの誤解を正し、リカード比較生産費説の正解を提示し、トレンズ見解やJ・ミル見解の真相を解明することを課題とする。論述の順路を、「一節、リカード比較生産費説」「二節、トレンズとアーウィン」「三節、J・ミルとアーウィン」とする。「一節」においては、先に「第二例」として示したものを対象とする。内容的には、「価値実体としての労働」と「価値形態としての価格」との二重の視点に基づいて、リカードの比較生産費説の解読法を提示して、アーウィンの認識不足を訂正する。「二節」においては、先に「第一例」として示したものを対象とする。内容的には、トレンズ見解が論理的矛盾を含んでおり、比較生産費説とは言えないこ

とを明らかにして、アーウィンの思考と調査の不足を指摘する。「三節」においては、先に「第三例」として引用した二つの文章（「穀物法」論文からの引用および『経済学綱要』から引用）に加えて、それらと同様の論理を以て比較生産費の説明を試みたうえで数値例をも提示している「植民地」論文を対象とする。内容的には、三つの著作の貿易論に共通する論理を摘出して検討を加え、そこに内在するJ・ミルの理論的欠陥を指摘する。さらに、その理論的欠陥が古典学派の理論的進化から逸脱したミルの商品経済認識の不正確に由来することを明らかにする。それらの分析結果を経て、ミル見解を絶賛するアーウィンの洞察不足を論証できるはずである。

一節．リカード比較生産費説

アーウィンは、リカードの「四つの数字」による比較生産費説の例解について、「ポルトガルが両商品の生産において絶対生産費優位を持ち、ワイン生産において比較生産費優位を持つ＜ Portugal has an absolute cost advantage in the production of both commodities but comparative cost advantage in wine. ＞」と解釈したために、リカードの比較生産費説の真意を把握できないことになった。その結果が、次のリカード酷評である。「リカードのこの三文節だけの議論は、表現が稚拙で、章のなかでの位置づけもはっきりしておらず、理論の本質を明確にすることに成功していないのである＜ Ricardo's mere three-paragraph discussion was poorly expressed, awkwardly placed in the chapter, and failed to bring out the essence of the theory. ＞」（p.91）（117頁）。

リカード『原理』原典を素直に読めば直ちに諒解されることだが、或る量のクロスの生産に年間「イギリスでは100人」「ポルトガルでは90人」の労働を必要とする、別の量のワインの生産に年間「イギリスでは120人」「ポルトガルでは80人」の労働を必要とする、というリカードの労働量表示による例解に関して、リカード自身はそのままでは国際間比較に適用できないと説明する。そして、価格表示においては、「イギ

リスで100人」を必要とするクロスが「ポルトガルで90人」の労働を必要とするクロスより廉価であり得る論理を提示している。

　その論理については、本書第一章三節「（3）リカードの四つの数字」、第二章二節「（1）リカード価値論の応用」「（2）リカード貿易論の例解」において、その詳細が提示されている。さらに本章序節「（1）古典学派対反古典学派」において、その要点が記述されている。それ故にその論理についてここで説明を繰り返す必要はないであろう。

　代わってここでは、比較生産費説解読に重要な鍵を示した行沢健三見解に改めて注意を払いたい。アーウィンが、その鍵に想到し得なかったために、リカード酷評に至った事情が判明するはずである[14]。

　リカードが用意した、いわゆる「四つの魔法の数字」は、次の［A］［B］部分に埋め込まれている。　［A］「イギリスはクロスを生産するのに1年間100人の労働を必要とし、またもしワインを醸造しようと試みるなら同一期間に120人の労働を必要とするかも知れない、そういった事情のもとにあるとしよう。それゆえに、イギリスは、ワインを輸入し、それをクロスの輸出によって購買するのがその利益であることを知るであろう＜ England may be so circumstanced, that to produce <u>the cloth</u> may require the labour of 100 men for one year; and if she attempted to make <u>the wine</u>, it might require the labour of 120 men for the same time. England would therefore find it her interest to import wine, and to purchase it by the exportation of cloth. ＞」（p.135）（191頁）。

　［B］「ポルトガルでワインを醸造するには、1年間80人の労働を必要とするに過ぎず、また同国でクロスを生産するには、同一期間に90人の労働を必要とするかも知れない。それ故に、その国にとってはクロスと引き換えにワインを輸出するのが有利であろう＜ To produce <u>the wine</u> in Portugal, might require only the labour of 80 men for one year, and to produce <u>the cloth</u> in the same country, might require the labour of 90 men for the same time. It would therefore be advantageous for her to export wine in exchange for cloth. ＞」（p.135）（191頁）。

　［A］と［B］との二つの文章を卒然として読むと理解が困難である。クロスとワインの量的関係が何も示されていないように見える。それ故に小量のクロスの生産に 100 人の労働を必要とし、大量のワインの醸造に 120 人の労働を必要とする場合、必ずしもクロスの生産性が高いとは言えないことになる。行沢見解は、英文法二項目に着目してこの種の疑問を解く鍵を提示した。

　第一項目、具体的状況を特定する定冠詞 (the) の役割への着目。下線を付したザ・クロスとザ・ワインに着目して、「イギリスのクロスとポルトガルのワインとの貿易が行われている現実にもとづいて」「現実に同じ価格で取引されているクロスの一定量とワインの一定量をとりあげている」(41 頁) と解釈する。

　第二項目、現実の事実に反することを表す仮定法（the subjunctive）への着目。「一定量のイギリスのクロスとポルトガルのワインとは現実に市場で一対一でかえられている。だからイギリスにとってその量の輸入ワインの入手費用はイギリスの労働ではかって年間 100 人の労働であるという事情にある（so circumstanced）ことは［A］のセミコロン以前ですでに明らかである。そしてセミコロン以下での想定によると、その量のワインを自国で作ろうとすると年間 120 人の労働を要する（ここは subjunctive の構造になっている）、つまりセミコロン以前とちがって現在の事実（輸入）に反する仮定（国産）を行っている推論部分であることになる」(43 頁) と解釈する。

　このような解釈に基づいて、国際貿易市場で売買価格が同一になる一定量(例えば W 量)のクロスと別の量(例えば X 量)のワインが特定されて、その生産に必要な労働量が [A][B] 二つの文章に記されていると想定できる。

　筆者は、以上の見地から [C] の一文に進めば、そこに [A][B] 二つの文章に記された労働量の関係が価値価格関係として表現される、と解読する。（残念ながら、行沢見解はその方向に進むことはなかった）。

　[C]「このようにして、イギリスは、100 人の労働の生産物を、80 人の労働の生産物に対して、与えるであろう。このような交換は同国内の個人間では起こり得ないであろう。100 人のイギリス人の労働が、80 人の

159

イギリス人のそれに対して与えられることは有り得ない。しかし100人のイギリス人の労働の生産物は、80人のポルトガル人、60人のロシア人、または120人のインド人の労働の生産物に対して与えられ得るであろう＜ Thus England would give the produce of the labour of 100 men, for the produce of the labour of 80. Such an exchange could not take place between the individuals of the same country.The labour of 100 Englishmen cannot be given for that of 80 Englishmen, but the produce of the labour of 100 Englishmen may be given for the produce of the labour of 80 Portuguese, 60 Russians, or 120 East Indians. ＞」（p.135）（192頁）。

　W量のイギリスクロス＝X量のポルトガルワイン＝40百ポンドという価値関係を仮定する。一国内では労働価値論が妥当して投入労働量に比例して価値が形成されるので、X量のイギリスワインの価値は（40百×120/100＝）48百ポンド、W量のポルトガルクロスの価値は（40百×90/80＝）45百ポンドとなる。

　こうして価格表示においては、「イギリスで100人」の労働を必要とするクロスが「ポルトガルで90人」の労働を必要とするクロスより廉価であり得る論理が明示される。アーウィンの誤解も歴然となるのである。

　前述の通り、アーウィンは、リカードの「四つの数字」による比較生産費説の例解について、「ポルトガルが両商品の生産において絶対生産費優位を持ち、ワイン生産において比較生産費優位を持つ＜ Portugal has an absolute cost advantage in the production of both commodities but comparative cost advantage in wine. ＞」と解釈していた。だが、それは、「労働 labour」を短絡的に「費用 cost」に直結するという、『国際貿易理論研究』におけるヴァイナーと同種の誤りであることは、この二重の視点の見地において歴然となる。クロスにおいてはイギリスが、ワインにおいてはポルトガルが絶対生産費優位を持つからこそ、イギリスからのクロス輸出、ポルトガルからのワイン輸出が可能となるのである。

　アーウィンは、「一国が全ての財貨の生産において劣っていたとしても、それでも貿易から利益を得られるのは何故か＜ how could a country

gain from trade if that country was inferior in the production of all goods? ＞」
(p.90)（117 頁）という問いに答えるのが比較生産費説だと解釈して、価
格上の絶対的劣位にもかかわらず相対的優位に基づいて貿易利益の獲得
が可能だと主張する。だが、そういうアーウィンの議論は、根拠なき願
望に過ぎないと言わねばならない。

　アーウィンのリカード酷評は、労働価値論の国際間不適用の事情を理
解し得ずに、労働量表示を直ちに生産費を表現するものと誤解したとこ
ろに胚胎していた。その意味で、アーウィンは、古典学派の「労働」と
「価値・価格」の二重の視点を摂取できない自己の理論的弱点を、リカー
ドの比較生産費説の「表現の稚拙」という架空の虚像に責任転嫁してい
るのである。

二節.　トレンズとアーウィン

（1）トレンズの比較優位論

　アーウィンが、トレンズ『外国穀物貿易論』からの引用に基づいて、「ロ
バート・トレンズが一番先に比較優位の理論の本質を把握した＜ Robert
Torrens first recognized the essence of the comparative advantage argument ＞」
と理論的先駆性を主張し、トレンズが「理論全体を完全な形で叙述した
＜ the theory is stated in its entirety. ＞」と理論的完成性を強調しているこ
とは、前述した通りである。こういうアーウィンのトレンズ評価が的を
射ていない事情を解明する。

　トレンズの議論の論理の大枠を検討対象とする。トレンズの論理の大
枠は、次のようなものである。ポーランドとイギリスの間で、穀物も工
業製品もともにポーランドの側の生産性が低いけれども、ポーランド工
業製品の劣位の程度が大きいために、ポーランド穀物は相対優位を占め
ることができて、イギリスへの輸出が可能になる、と。アーウィンは、「も
し一国が全ての財貨の生産において劣っていたとしても、それでも貿易
から利益を得られる」という自己の主張に適合的であるがゆえに、トレ

ンズのこの論理を比較優位の原理を示すものとして肯定的に引用しているわけである。

　だが、このトレンズの論理に対しては、それと真正面から衝突するリカードの見解が存在する。穀物も工業製品もポーランド産品の生産費がイギリス同種産品の生産費より絶対的に高ければ、貨幣に対して販売できず（＝輸出産品が存在せずに）いわゆる片貿易状態になって、イギリス産品の輸入に対して既存の手持ち貨幣による支払を余儀なくされる事態が生じるのである。その事情について、リカードが、イギリスワインの生産性向上による価格低廉化、ポルトガルワインのイギリスへの輸出不可能の事例を挙げて次のように明言している。「イギリスがワイン生産の一方法を発見し、そこでそれを輸入するよりはむしろそれを生産する方がその利益になるものと仮定すれば、イギリスは当然その資本の一部分を外国貿易から国内産業へ転換するであろう。イギリスは、輸出のためにクロスを生産することを止めて、自国でワインを生産するであろう。これらの商品の貨幣価格は、それに応じて左右されるであろう、すなわち、イギリスではクロスは引き続いて以前の価格にあるのにワインは下落し、ポルトガルではいずれの商品の価格にも変更は起こらないであろう。クロスは、その価格がポルトガルではイギリスよりも引き続いてより高いから、しばらくの間はイギリスから引き続いて輸出されるであろう。しかし、それと引き換えにワインではなく貨幣が与えられるであろう＜ Now suppose England to discover a process for making wine, so that it should become her interest rather to grow it than import it; she would naturally divert a portion of her capital from the foreign trade to the home trade; she would cease to manufacture cloth for exportation, and would grow wine for herself. The money price of these commodities would be regulated accordingly; wine would fall here while cloth continued at its former price, and in Portugal no alteration would take place in the price of either commodity. Cloth would continue for some time to be exported from this country, because its price would continue to be higher in Portugal than here; but money instead of wine would be given in exchange for it, ＞」（p.137）（194〜5頁）。

　トレンズの議論においては、ポーランドは穀物も工業製品もともにイ

ギリスより生産費が高いのだから、状況はリカード『原理』原典から紹介した「イギリスワインの生産性向上による価格低廉化、ポルトガルワインのイギリスへの輸出不可能の事例」のポルトガルのそれと一致する。ポルトガルがクロスもワインも輸出できずに貨幣による支払を余儀なくされたのと同様に、ポーランドも穀物も工業製品も輸出できないことになる。自国商品が他国同種商品より高価であれば輸出不可能というのが、商品経済の基本原理に外ならない。その基本原理に反するトレンズ見解は、そもそも整合性を欠き不成立に終わらざるを得ないのである。比較優位説の完全な定式化とは到底認めることは出来ないのである。

(2) トレンズの穀物貿易論

　アーウィンが自説の根拠として引用したトレンズの議論（本章148～150頁に収録）の内容に即した検討に移るべき段階である。しかしながら、その検討は実質的に終わっている。トレンズが整合性を欠いた成立不能の議論になぜ乗り出したかも既に判明している。

　筆者は第二章五節「(3) トレンズの穀物貿易論」において、ヴァイナーによるトレンズ穀物貿易論を検討した。検討対象は、トレンズ『外国穀物貿易論』(Torrens, *An Essay on the External Corn Trade*, 1815, pp. 263-66) 263～66頁である。そのうちで、ヴァイナーはpp.263-65を引用しながら、重要な指摘が含まれる pp.265-66 を度外視している。アーウィンも同書に基づいてトレンズを論じている。ヴァイナーと同様に pp.263-65 を引用し、大事な pp.265-66 を無視している。それ故にヴァイナーのトレンズ論の検討結果が、そのままアーウィンのトレンズ論の検討結果と重なることになる。

　そういう事情を考慮して、ここではトレンズの穀物貿易論の検討結果を要約的に示すことにする。アーウィンによる引用に次の「明白にして自然である」文章が含まれている。「イギリスには未耕作地域があって、そこではポーランドの肥沃な平地と同様に少量の労働と資本の使用によって穀物を栽培できる。こうした事情の下で、他の条件が等しいならば、わが国の未耕作地域の耕作者は、その生産物をポーランドの耕作者と同様の廉価で販売することができる。そして、次のような結論に至る

のが自然なように思われる。すなわち、もし産業が最も有利な方向に向かうことを許されるならば、資本は自国で穀物を栽培するのに用いられることになり、同額の仕入価格に高い輸送費を加えてポーランドから穀物を持ち込むことなどしないであろう」。この文章に続けて、トレンズはこう言う。「だがこの結論は、一見明白にして自然であるように見えるけれど、より綿密に吟味すれば、全くの誤りであることがわかるだろう」。続けてトレンズは、「明白でもなく自然でもない」文章を綴る。

「もしイギリスにおいて製造業で高度の技術進歩が達成されて、一定量の資本である量のクロスを生産し得ることになり、それに対してポーランドの耕作者が、同量の資本でイギリスがその耕作地域から生産できるより多い量の穀物を提供するならば、たとえイギリスの土地がポーランドの土地と同等の、いやより優れた肥沃度を有していたとしても、イギリスの土地の一部は見捨てられて、イギリスの穀物の供給の一部は、ポーランドから輸入されることになるだろう」。

この部分が「明白でもなく自然でもない」理由は、次の点に在る。一方で「イギリスの土地がポーランドの土地と同等の、いやより優れた肥沃度を有していた」と言うのだから、イギリスはポーランドと同等の、或いはより多量の穀物を生産できるはずである。ところが他方で「ポーランドの耕作者が、同量の資本でイギリスがその耕作地域から生産できるより多い量の穀物を提供する」と言うのだから前後撞着である。「明白でもなく自然でもない」としか言えない。

トレンズは、ポーランドのクロスの生産費においてイギリスのそれに対する劣位の比率が穀物の生産費におけるより大きいという事情、ポーランド穀物が比較優位を有するという事情に着目して、トレンズ流比較生産費説に従いつつポーランドからイギリスへの穀物輸入を想定したのであろう。だが、トレンズ流比較生産費説による穀物輸入の根拠付けが誤りであること、真相はイギリスの穀物需要の増大、「第一級優等地の欠乏」、それによる穀物価格の高騰、その結果としての穀物輸入であること、アーウィンに無視された『外国穀物貿易論』pp.265-66がその経緯を雄弁に物語る。

「農業国は、自国内部に国民に食料を供給する手段を所有しているに

もかかわらず、二つの明確な事情に促されて、穀物供給の一部を輸入するように誘導されることになる。二つの事情とは、第一級優等地の欠乏と製造工業の優位性である。イギリスの現状では、これらの事情が結合している。われわれの国富が増加した結果、動物性食料があらゆる階級の必需品の一部となり、土地の大きな部分が牧場化された。また急速に人口が増加した結果、穀物への需要が巨大化したうえに増大を続けることになった。そうした事柄が重なり合って、近隣諸国で耕作に使用されている土地と同等の質の土地が不足する事態が引き起こされるようになった＜ an agricultural country, though possessing within herself, the means of feeding her population, may be induced to import a part of her supply of corn, by two distinct circumstances: —namely, a deficiency in lands of first-rate quality; or, advantages in manufacturing industry. In the present situation of England, both these circumstances unite. Our increased wealth, by rendering animal food a part of the subsistence of all classes, and, consequently, causing a great proportion of the soil to be kept under pasture; and our rapidly advancing population, by creating a great and increasing demand for corn, have contributed to occasion some scarcity of land equal in quality to that under cultivation in the neighbouring countries;」（pp.265-66）。

　穀物もクロスもイギリスが絶対優位を持ちながらも穀物はポーランドから輸入するという不合理な文言が紛れ込んでしまったのである。本来ならばトレンズは、「穀物への需要が巨大化したうえに増大を続けること」によって「第一級優等地の欠乏」という事情が生じてイギリスの穀物価格が上昇したために、「高い輸送費を加えてポーランドから穀物を持ち込むこと」が行われることになった、と叙述すべきだったのである。実際には、価格視点を欠落させて労働量基準で貿易を把握したために、穀物もクロスもイギリスが絶対優位を持ちながらも穀物はポーランドから輸入するという不合理な文言を残してしまったのである。アーウィンは、労働量を基準に貿易を理解する習いから同様の見地に立脚するトレンズを比較生産費説考案の先駆者として称揚することになったのであり、誤解に基づいてトレンズに比較優位説先駆者の英名を捧げたのであ

る。逆に、労働と価値価格の二重の視点に立脚するリカードについては、その真価を看取し得ずに、酷評を浴びせることになったのである。

三節．J・ミルとアーウィン

(1) J・ミルの比較優位論

　アーウィンは、前述の通り、その文章表現の「明快さ Clarity」を発揮しつつ比較生産費説の核心を述べたものとして、ミルの「穀物法」論文（1814 年）からと、『経済学綱要』（1821 年）から一節ずつ引用して、自説の根拠づけを図っていた。ここでは、引用こそされていないが、比較生産費説の「最後の仕上げ」を為したと高く評価された「植民地」論文（'Colony.' *The Supplement to The Encyclopaedia Britannica*, 1818）を検討対象とする。この論文では、引用された著作と同様の論理を以て比較生産費説の原理的説明を試みたうえで、数値の例解を添付して原理の「正しさ」を裏付ける試みが為されている。ミル自身は、自己の説明の「正しさ」の証明として提示した数値例解ではあるが、リカードと同様の優れた理解を示す（読者にとっての）長所と、心ならずもミルの意図を裏切って彼の展開する論理の破綻を証しする（ミルやアーウィンにとっての）短所とが同居しているのである。

　「植民地」論文を、（甲）ミルの理解に基づく比較生産費説原理叙述部分、（乙）比較生産費説原理の数値例解部分、（丙）貿易における貴金属貨幣の機能について「最初の著者であるリカード氏」の著書の参照を勧める部分、という形で引用する。

　（甲）「ある一国が他の国に輸出するのは、その国が他の国よりも安価に作ることができるからではない。というのは、一国はより安価に作ることができるものが何もなくても、引き続いて輸出することができるからである。しかし、そのような場合、その国は、どのようにして国内で作るより安価に輸入品を手に入れることができるのだろうか？　輸入品

を国内で作ることに要するであろう労働よりも、より少ない労働しか要しない何物かを、輸入品と交換することによってである。そのような輸出品のたとえどのような分量であろうと、交換において与えることが必要である。まさに輸出品が、それと交換に受け取る輸入品を国内で生産するよりも、より少ない労働で生産される限り、それを輸出することがその国の利益であろう< A nation exports to another country, not because it can make cheaper than another country; for it may continue to export, though it can make nothing cheaper. It exports, because it can, by that means, get something cheaper from another country, than it can make it at home. But how can it, in that case, get it cheaper than it can make it at home? By exchanging for it something which costs it less labour than making it at home would cost it. No matter how much of that commodity it is necessary to give in exchange. So long as what it does give is produced by less labour, than the commodity which it gets for it could be produced by at home, it is the interest of the country to export. >」。

　（乙）「イギリスにおいて 100 人の労働によって生産されるのと同じ量の穀物を、イギリスが 90 人の労働で生産したある量の綿製品でポーランドにおいて購買できると仮定しよう。ポーランドでの綿製品の価格、すなわちその生産の費用がいくらであろうとも関わりなく、イギリスが穀物を輸入し、綿製品を輸出することによって利益を得るであろうということは明らかである< Suppose that the same quantity of corn which is produced in England by the labour of 100 men, England can purchase in Poland with a quantity of cotton goods which she has produced with the labour of 90 men; it is evident that England is benefited by importing the corn and exporting the cotton goods, whatever may be the price of the cotton goods in Poland, or the cost of producing them. >」。「その綿製品はポーランドにおいて 85 人の労働で、つまりイギリスにおいて想定されるより少ない労働で、生産されると仮定しよう。この場合でも両国間の貿易が妨げられることはない< Suppose that the cotton goods could be produced in Poland with the labour of 85 men, that is, less than they are supposed to be produced with in England. Even that would not hinder the trade between them. >」。「イギリ

スにおいて 100 人の労働によって生産されるのと同じ量の穀物がポーランドでは 80 人の労働で生産されると仮定しよう。そのような場合には、もしポーランドが国内でそれを作るならば、85 人の労働が必要 となるのと同じ量の綿製品を、ポーランドの穀物を媒介として、ポーランドは 80 人の労働を以て入手できることは明らかである。従ってこの取引によって、イギリスは 10 人分の労働、ポーランドは 5 人分の労働だけ、両国民ともに利益を得るのである。そしてこの取引は、自由な状況にありさえすれば、イギリスとポーランドの間で必ず行われるのである、たとえ両財貨の生産においてイギリスがポーランドより不利な状況にあったとしても＜ Suppose that the same quantity of corn, which is raised in England with the labour of 100 men, is raised in Poland with the labour of 80 men; in that case, it is plain, that Poland can get with 80 men's labour, through the medium of her corn, the same quantity of cotton goods which would cost her the labour of 85 men, if she was to make them at home. Both nations, therefore, profit by this transaction; England to the extent of 10 men's labour, Poland to the extent of 5 men's labour; and the transaction, in the state of freedom, will be sure to take place between them, though England is less favorably situated than Poland with regard to both articles of production. ＞」。

　（丙）「この種の取引が貴金属貨幣の介在によってどういう影響を受けるか、貴金属貨幣がどういう具合に配分されると、物々交換を求める動機が、貴金属貨幣が全く介在しない場合と同様に作用することになるのか、そういう問題を説明するには余りにも多くの言葉が必要で与えられた紙幅を超えて仕舞う。この問題の説明を求められる読者は、この問題の最初の著者であるリカード氏の著書を参照されるのが良い、費やした時間と苦労が報われるはずである＜ In what manner this class of transactions is affected by the intervention of the precious metals; in what manner the precious metals distribute themselves, so as to leave the motives to this barter exactly the same as they would be, if no precious metal intervened, it would require too many words here to explain. The reader who recurs for that explanation to Mr. Ricardo, the first author of it, will not lose his time or his pains. ＞」[15]。

　「(甲) ミルの理解に基づく比較生産費説原理の叙述部分」「(乙) 比較生産費説原理の数値例解部分」に、前出の「穀物法」論文や『経済学要綱』からの引用文と同様のミル貿易論に特徴的な論理が含まれていることを確認しておきたい。(甲) で、「ある一国が他の国に輸出するのは、その国が他の国よりも安価に作ることができるからではない」と、輸出入における価格競争の存在を否定して、「輸入品を国内で作るのに要するであろう労働よりも少ない労働しか要しない何物かを、輸入品と交換することによってである。そのような輸出品のたとえどのような分量であろうと、交換において与えることが必要である」と、相手国からの輸入品と自国輸出品の交換を想定する。(乙) でも、「ポーランドでの綿製品の価格、すなわちその生産の費用がいくらであろうとも関わりなく、イギリスが綿製品を輸出する」ことができると言って、二国間同種商品の価格競争を度外視して、二国間異種商品（ポーランドの穀物とイギリスの綿製品）の交換に焦点を絞る。

　比較対象について。自国商品（A）の生産費と外国同種商品（B）の生産費ではなく、自国商品（A）の生産費と「外国同種商品（B）と交換に送られる自国他種商品（C）の生産費」が比較されること、したがって、(C) の生産費が (A) の生産費より小さければ、自国は (C) の生産に特化して (C) を輸出し、(A) の生産は放棄して (B) を輸入する、という具合に相手国の数値に関わりなく輸出財が特定されること。貿易方式について。同種商品（A）と（B）との価格による売買競争は視野に入らず無視されていること、したがって、貿易取引は異種商品（B）と（C）との物々交換方式に依ると想定されていること。こういう先出の二著作に共通するミル貿易論の特徴的な論理が、この「植民地」論文にも包含されているのである。

　「(乙) 比較生産費説原理の数値例解部分」における数値例解については、註 (15) に示す通り、田淵太一『貿易・貨幣・権力 ―― 国際経済学批判』によって、「ここにみられるのは、リカードの論理に完全に忠実な、『原型理解』の祖述である」と高い評価が与えられている。そういう高い評

価の根拠として、三つの論点を指摘し得る。第一、「交易条件が所与とされ、『四つの数字』は交換される特定量の財の生産に必要な労働として示されている」こと、第二、「相互に相手国の数値に関わりなく、輸出財が特定され」ること、第三、「二つの数字の引き算により貿易利益（節約される労働）が示されている」ことである。

　ミルの掲げた数値に即して、この田淵見解の成否を点検すると、第一の交易条件に関する論点と第三の貿易利益に関する論点は支持すべきことが確実に判明する。

　第一の交易条件に関する論点について。リカードの「四つの数字」に倣って、次の数値関係からミルの「四つの数字」を抜き出すことが出来る。「イギリスにおいて100人の労働によって生産されるのと同じ量の穀物を、イギリスが90人の労働で生産したある量の綿製品でポーランドにおいて購買できると仮定しよう」。「その綿製品はポーランドにおいて85人の労働で、つまりイギリスにおいて想定されるより少ない労働で、生産されると仮定しよう」。「イギリスにおいて100人の労働によって生産されるのと同じ量の穀物がポーランドでは80人の労働で生産されると仮定しよう」。この三つの文で、基準を構成するのは、「イギリスにおいて100人の労働によって生産されるのと同じ量の穀物を、イギリスが90人の労働で生産したある量の綿製品でポーランドにおいて購買できる」という想定である。この基準を巡って、一方で「その綿製品はポーランドにおいて85人の労働で生産される」と想定され、他方で「同じ量の穀物がポーランドでは80人の労働で生産される」と想定される。こういう想定から抽出されるミルの「四つの数字」は、次の通り。ポーランドで（W量の）穀物生産に80人の労働、（X量の）綿製品生産に85人の労働、イギリスで（W量の）穀物生産に100人の労働、（X量の）綿製品生産に90人の労働。ここでは、取引される（W量の）穀物と（X量の）綿製品に投入される労働量が表示されるのだから、田淵見解の指摘通り、「交易条件が所与とされ、『四つの数字』は交換される特定量の財の生産に必要な労働として示されている」ことは、疑問の余地なく明瞭である。

　第三の貿易利益に関する論点について。ミルが、「そのような場合には、もしポーランドが国内でそれを作るならば、85人の労働が必要と

なるのと同じ量の綿製品を、ポーランドの穀物を媒介として、ポーランドは 80 人の労働を以て入手できることは明らかである。従ってこの取引によって、イギリスは 10 人分の労働、ポーランドは 5 人分の労働だけ、両国民ともに利益を得るのである」と述べているところに着目すれば、田淵見解の指摘通り、「二つの数字の引き算により貿易利益（節約される労働）が示されている」ことは、誰の眼にも明らかである。

　第一の交易条件に関する論点における、「交易条件が所与とされ、『四つの数字』は交換される特定量の財の生産に必要な労働として示されている」ことの指摘は、比較生産費説の読解に不可欠の重要性を有する。この点は、前述の通り、行沢健三論文（「リカードゥ『比較生産費説』の原型理解と変形理解、1974 年）によって、明らかにされ強調されたのである。しかしながら、この行沢見解は、関係学界において広く摂取されるに至っていない。西欧では R. J. ラフィン（Roy J. Ruffin）論文「リカードの比較優位の発見」[16] において同様の解読の論旨が提示されただけのように見受けられる。田淵太一氏の指摘通り、「G・ハーバラー（Haberler.1933）」にせよ、「J・ヴァイナー（Viner.1937）」にせよ、「貿易理論史を代表する理論家のほぼすべてが、リカード『原理』の『四つの魔法の数字』は単位労働係数であると頭から信じ込んでいる」のが、実情である [17]。リカード『原理』原典を精読しないままで漠然と「一単位」と設定する方式が通例と化している。それだけに、ミルが、ポーランドとイギリスの間で実際に交換されると想定した（W量の）穀物生産と（X量の）綿製品生産に必要な労働量を表示していることは、改めて注目に値すると言えよう。

　第三の貿易利益に関する論点において、貿易利益は、国境を越えて取引される各国の輸出品（この例解では、ポーランドの穀物とイギリスの綿製品）と、その輸出品と取引される相手国からの輸入品と同種の自国生産物（この例解では、ポーランドの綿製品とイギリスの穀物）について、それぞれの生産に必要な労働量の差として、発生する。（W量の）穀物と（X量の）綿製品を獲得するのに、貿易の無い状態では、ポーランドでは 80 人＋ 85 人＝ 165 人、イギリスでは 100 人＋ 90 人＝ 190 人を必

要とする。貿易が行われて穀物と綿製品の交換が実現すれば、ポーランドで80人＋80人＝160人となり綿製品分の5人が節約、イギリスでは90人＋90人＝180人となり穀物分の10人が節約される。極めて当然の単純なことながら、輸出と輸入の双方向の動きを通じて貿易利益が得られることを確認しておきたい。後述のように、ミルは、貿易利益の発生について別種の考え方を示すことがあるので、予めここで注意を喚起しておきたい。

　田淵見解のなかで疑問として丹念な検討を要するのは、輸出財の特定に関わる論点である。田淵氏によって、先述の通り「相互に相手国の数値に関わりなく、輸出財が特定され」ること、別の個所における表現を借りると「輸出財は貿易相手国の状況に関わりなく自国の二つの数字だけで決定できる（より小さい数字の財）」[18]ことが、ミル見解の優れた点、したがってリカード見解の真意を摂取した点として称揚されている。

　しかしながら、輸出財の特定に関わるこの田淵見解に筆者は否定的評価を下さざるを得ない。相手国同種商品に対して価格上の優位性を有するからこそ自国商品の輸出が可能になるのであって、「輸出財は貿易相手国の状況に関わりなく自国の二つの数字だけで決定できる」ということは、商品経済の世界では有り得ないからである。

　確かに、リカードの例解では、生産に要する労働量が、イギリスでクロス100人、ワイン120人、ポルトガルでクロス90人、ワイン80人で、「より小さい数字の財」であるイギリスクロスとポルトガルワインが輸出財となっていた。ミルの例解では、イギリスで穀物100人、綿製品90人、ポーランドで穀物80人、綿製品85人で、「より小さい数字の財」であるイギリス綿製品とポーランド穀物が輸出財となっていた。一見すると、自国の二つの数字だけで「より小さい数字の財」が決まるかの如く思えるかも知れない。しかし、実際の貿易取引においては、自国の二つの数字の関係に先行して、他国の同種商品に比較して廉価であることで価格競争に打ち勝って輸出品の座を占めることが実現されていなければならない。つまり、他国同種商品との価格の高低を競う二つの数字の関係が前提条件を成している。リカードの例解で言えば、ポルトガルワインが

イギリスワインより安価であるだけでなく、イギリスクロスがポルトガルクロスより安価である必要がある。ミルの例解で言えば、ポーランド穀物がイギリス穀物に比べて廉価であるのに加えて、イギリス綿製品がポーランド綿製品に比して廉価でなければならない。こうした形で同種商品間の最低価格商品が勝ち残って輸出品となることが事柄の始発である。勝ち残って輸出商品と成り得た同種商品間の最低価格商品（リカード例解では、イギリスクロスとポルトガルワイン、ミル例解ではポーランド穀物とイギリス綿製品）同士が或る割合で取引される。商品経済の論理に即してより正確に表現すれば、勝ち残った最低価格商品同士の間で同一価格に到達する数量関係が形成される。そういう形で交易条件が形成され「所与とされ」ることを通じて、「『四つの数字』は交換される特定量の財の生産に必要な労働として示され」ることになる。

　すぐ上に見た通り、「交易条件に関する論点」として、「交易条件が所与とされ、『四つの数字』は交換される特定量の財の生産に必要な労働として示されている」ことが田淵見解そのものによって指摘されていたし、筆者もこの論点の指摘を「比較生産費説の読解に不可欠の重要性を有する」ものとして強調しておいた。改めて繰り返すが、この「交易条件に関する論点」の裡に、両国の最低価格商品同士が相互に輸出品として取引の基準を形成すること、その基準との関係で両国の他の商品の相対的位置が決定されることが含まれているのである。したがって、「四つの数字」は、そういう相互関係のなかに位置づけられているのであって、「輸出財の特定に関わる論点」として「輸出財は貿易相手国の状況に関わりなく自国の二つの数字だけで決定できる」ことが主張されるならば、「交易条件に関する論点」との間で矛盾が生じざるを得ないのである。

　矛盾を解く鍵は、因果の論理の逆転に求められる。「自国の二つの数字」によって「輸出財」が決定されるわけではない。他国同種商品との価格競争を勝ち抜いた両国の最低価格商品同士が相互に輸出品としての座を占めることが先行する。この輸出商品同士の相互関係が起源と成ってそれぞれの国の「二つの数字」、両国合わせて「四つの数字」に依る労働量表示と価値量表示が生まれるのである。

「輸出財は貿易相手国の状況に関わりなく自国の二つの数字だけで決定できる」という田淵見解は、ミル「植民地」論文からの引用部分の冒頭の一文「ある一国が他の国に輸出するのは、その国が他の国よりも安価に作ることができるからではない」と軌を一にするものである。ともに相手国の同種商品との価格競争を度外視している。

　引用部分の最後に「最初の著者であるリカード氏」という言葉があるところから判断して、ミル自身は、先に（甲）（乙）（丙）として引用された貿易の原理が、リカードの比較生産費説の要約だと意識しているに違いない。しかしながら、最初の一文「ある一国が他の国に輸出するのは、その国が他の国よりも安価に作ることができるからではない」を読んだだけで、リカード見解との相違が明確になる。リカードは、前述の通り、輸入元の国で掛かる費用より多くの金に対して売れるのでなければ輸入先に輸入され得ない、と明言している。リカードを待つまでもなく、自国商品が相手国同種商品より安価でなければ輸出不可能となることは、商品経済の基本原理として、通常の成人なら誰しもが心得ている命題である。「ある一国が他の国に輸出するのは、その国が他の国よりも安価に作ることができるからではない」というミル見解は、そういう意味で全く妥当性を欠いた、不合理な主張と言うしかないものである。貿易取引を商品売買として把えずに、物々交換として扱うことで、価格競争を度外視できる架空の世界でのみ通用する主張である。

　「（乙）比較生産費説原理の数値例解部分」に至ると、ミル自身の設定した数値例によって、「ある一国が他の国に輸出するのは、その国が他の国よりも安価に作ることができるからではない」というミル見解の不合理性が明白になるはずである。

　上記の数値例から、「イギリスにおいて90人の労働によって生産される綿製品」と「ポーランドにおいて80人の労働で生産される穀物」が取引されるのだから、両者は同一価格だと言える。この価格を（価格の仮定は論理構造には影響しないので、幾らと仮定しても構わないが）仮に7200ポンドと想定する。同一国内では労働価値説が適用されて、労働量に比例して価値が決まるので、85人の労働を要するポーランドの綿

製品は（7200×85÷80＝）7650ポンド、100人の労働を要するイギリスの穀物は（7200×100÷90＝）8000ポンド、となる。したがって、イギリスでは90人の労働を要しポーランドでは85人の労働が必要となるX量の綿製品は、価格表示ではイギリス産が7200ポンド、ポーランド産が7650ポンドであって、イギリス産が安くなる。イギリスでは100人の労働を要しポーランドでは80人の労働が必要となるW量の穀物は、価格表示ではイギリス産が8000ポンド、ポーランド産が7200ポンドであって、ポーランド産が安くなる、ということが判明する。

　いま、イギリスの穀物生産で技術改善が進んで、W量の穀物をイギリスで89人の労働で生産可能になる場合を想定する。イギリス穀物には（7200×89÷90＝）7120ポンドへの価格低下が生じて、ポーランド穀物のイギリスへの輸出は不可能になる。また、X量の綿製品をポーランドで79人の労働で生産できる状況を想定する。ポーランド綿製品の生産費は（7200×79÷80＝）7110ポンドに低下する。7200ポンドの価格のイギリス綿製品のポーランドへの輸出は叶わなくなる。

　この数値例が語るところを繰り返すと、「ある一国が他の国に輸出するのは、その国が他の国よりも安価に作ることができるからではない」というミルの見解は妥当せず、それと逆に、「ある一国が他の国に輸出するのは、その国が他の国よりも安価に作ることができるからである」ということが妥当するという結果になる。

　翻って、本来のリカード比較生産費説に立ち戻ってみよう。それは、価格上の絶対優位を基礎にして労働量の相対優位が位置づけられる二重の構造になっていた。各国が輸出商品を持つためには、他国同種商品より廉価であることが必要条件であった。「相互に相手国の数値に関わりなく、輸出財が特定される」ことは、有り得ないことだった。貿易商品の輸出入に際して相手国同種商品との価格競争を視野に入れないミルの貿易論は、リカード比較生産費説の論理から著しく乖離したものと言わなければならない。

（2）Ｊ・ミルの貿易利益論

　アーウィンには、思考の型において、Ｊ・ミルと相通ずる共通な何物

かが存在するのではないだろうか。彼が、頻りにミルを称賛するのを眼にするたびに、そういう思いに捉われることになる。

　先に「アーウィン見解の特色の第三例」として、アーウィンのミル『経済学綱要』からの引用を示した。ここには、条件付きで評価すべき論述と、条件付きでも評価できない奇妙な論述とが含まれている。条件付きで評価できるものは、次の論述である。「一国がある商品を輸入することもできるし、自国で生産することもできる時に、その国は、自国で生産する費用と外国から調達する費用を比較して、もし後者が前者より少なければ、輸入する。一国が外国から輸入できる費用は、外国がその商品を生産するのに要する費用に依るのではなく、その国が交換に送る商品の生産に要する費用に依るのであって、この費用が、もし同国がそれを輸入しなければ当該商品の生産のために要するに相違ない費用と比較されるのである」（p.91）（118 頁）。

　この論述の構造は、次の通り。自国商品（A）の生産費と外国同種商品（B）の生産費ではなく、自国商品（A）の生産費と「外国同種商品（B）と交換に送られる自国他種商品（C）の生産費」が比較される。したがって、(C) の生産費が (A) の生産費より小さければ、自国は (C) を輸出し、(A) の生産は放棄して（B）を輸入する、という具合に相手国の数値に関わりなく輸出財が特定される、という形になっている。

　現実の商品経済においては、（A）と（B）との間で価格競争が行われ、(B) が (A) に対して絶対優位にあるとき、外国から自国への（B）の輸入が可能となる。同時に、（C）の外国への輸出も、（C）と同種の外国商品（D）との価格競争で（C）が絶対優位を占めるときにのみ可能となる。外国商品（B）の自国同種商品（A）に対する価格の絶対優位と、自国商品（C）の外国同種商品（D）に対する価格の絶対優位、この二つの条件の下でのみ、上記のミルの論述は成立し得るのである。

　条件つきでも評価できないのは、奇妙なミルの言葉にアーウィンが意味不明の評語を添えた次のような部分である。「ミルは強力に自由貿易を擁護し確固としてこう述べている。『一商品を他商品と交換することから得られる利益は、あらゆる場合において、受け取る商品から生ずるのであって、与える商品から生ずるのではない』＜ Mill staunchly advocated free trade and firmly stated that "the benefit which is derived from exchanging one commodity for another, arises, in all cases, from the commodity *received*, not from the commodity given." ＞」（p.91）（119 頁）。

　このミルの言葉はいかなる理由で奇妙であるか。この言葉は、『経済学綱要』第 3 章「交換（Interchange）」第 5 節「輸入される商品が外国貿易から得られる利益の原因である（The Commodities imported are the Cause of the Benefits derived from a Foreign Trade）」の冒頭の一節に在る。

　そのことから、ミルがここで問題とする「利益」とは「貿易利益」を指していることが判明する。そして、ミルは先出の「植民地」論文において、貿易利益に関して、次のように例示した。「イギリスにおいて 100 人の労働によって生産されるのと同じ量の穀物を、イギリスが 90 人の労働で生産したある量の綿製品でポーランドにおいて購買できる」。「もしポーランドが国内でそれを作るならば、85 人の労働が必要となるのと同じ量の綿製品を、ポーランドの穀物を媒介として、ポーランドは 80 人の労働を以て入手できることは明らかである。従ってこの取引によって、イギリスは 10 人分の労働、ポーランドは 5 人分の労働だけ、両国民ともに利益を得るのである」。つまり、ミルは、一定量の財貨の生産に必要な労働について、貿易が無い場合に比べて貿易が行われる場合には少量で足りるとして、この労働の節約分を利益と認識していた。この認識を敷衍すれば、節約労働の生産転用による生産価値量の増大をも利益として期待することもできる。

	労働量表示		価値量表示	
	W 量の穀物	X 量の綿製品	W 量の穀物	X 量の綿製品
イギリス	100 人	90 人	£8000	£7200
ポーランド	80 人	85 人	£7200	£7650

　このように貿易の無い状態と貿易のある状態との比較によって利益が算出されるのであって、貿易取引自体が価値量増大という意味での利益を生むわけではない。上表に示すように、ポーランドはW量の穀物を輸出して 7200 ポンドを獲得し、イギリスはX量の綿製品を輸出して 7200 ポンドを得ているのだから、貿易取引自体は等価交換であって、価値量

の増大は生じていないのである。

　「奇妙なミルの言葉」と呼んだのは、このことを指している。貿易取引＝商品交換そのものからは利益が生じないはずであるにも拘らず、そこに「利益」が存在すると言い、加えてその利益は「受け取る商品」から生じると言う。こういう意味で、ミルの言葉は二重に「奇妙」である。それを引用するアーウィンの行為も意味不明である。

　『経済学綱要』の少し先を読むと、次の文章が見つかり、ミルの言わんとするところを多少とも汲み取ることができる。

　「人が或る商品を所有する場合、彼はそれを引き渡すことによって利益を得ることはできない。それゆえ、彼がそれを他の商品と交換に手放すという正にその事実のうちに、彼はその受け取るものに依って利益を得るものだということが含意されているように思われる。もし彼が、彼自身の商品を、彼がそれと交換する商品以上に評価していたとすれば、彼は彼自身の商品を手放さずに置いたであろう。彼が彼自身の商品よりむしろ他の商品を得ようとするという事実は、他の商品が彼にとって彼自身の商品よりも一層価値のある証拠である＜ When a man possesses a certain commodity, he cannot benefit himself by giving it away. It seems to be implied, therefore, in the very fact of his parting with it for another commodity, that he is benefited by what he receives. His own commodity he might have kept, if it had been valued by him more than that for which he exchanges it. The fact of his choosing to have the other commodity rather than his own, is a proof that the other is to him more valuable than his own. ＞」(pp.89-90)。

　「これに対応する事実は、国民の場合においても等しく決定的な証拠である。一国民が自己の商品の一部を他の国民の商品の一部と交換する場合、その国民は自己の商品を手放すことによっては何物をも得ることはできない。全ての利益は、その国民の受け取るものに在るに相違ない＜ The corresponding facts are evidence equally conclusive in the case of nations. When one nation exchanges a part of its commodities for a part of the commodities of another nation, the nation can gain nothing by parting with its commodities; all the gain must consist in what it receives. ＞」(p.90)[19]。

　交換から利益が生じる、しかもその利益は「受け取る商品から生ずる」

と、ミルが述べるとき、彼は貿易取引を主題に設定しながら、相手国の
みならず自国同種商品との価格競争を勝ち抜いて輸出販売に成功して貨
幣を獲得する、その獲得貨幣で別種の最低価格商品を選択して輸入購買
する、そういう厳しい価格競争を軸とする貿易世界の実情を描いてはい
ない。描かれているのは、極端な表現を用いれば、貿易の実情から遠く
隔たった、遊園地での子供たちの玩具交換の類に矮小化された状況であ
る。ボクはボクのこのおもちゃに飽きてしまった、キミの新しいおもちゃ
が欲しい、交換してよ、という心理的作用の話題である。話題を大人の
世界に戻しても、精々のところ、消費者にとっての満足の増大、効用の
高まり、つまり後述の「使用価値」の領域の描写に留まる。この心理的
作用が諸国間の貿易取引にも通用する、しかも「受け取る商品」につい
てのみ、とミルは考えるのである。

　1821 年 12 月 18 日、リカードは、ミルの『経済学綱要』への評註を
送っている [20]。そのなかで、第 3 章第 5 節に関して、次のような実に
的確な批判を展開している。「ここで採用されている区別には賛成でき
ません、すなわちすべての国が商業から引き出す利益は、受け取るもの
から出てくるのであって、送りだすものからではない、とされる点で
す。実際それらの国は代価を払うために何かを送ることなしには何物も
受け取ることはありませんし、有益なのは交換なのです。商品が与えら
れかつ受け取られることが無くては交換ではありません。どうしてその
ような取引が二つの部分に分けられ、またどうしてその一つの部分だけ
が有益なのだと正しく言えるのか私には分かりません。われわれの商品
と交換に手に入れるものが、われわれの売った商品の価格または価値を
真実に構成するものです＜ I cannot agree in the distinction here taken, that
the advantage in commerce is derived to all countries from what they receive,
and not what they send out. They in fact never receive any thing without
sending something to pay for it, and it is the exchange which is beneficial. It is
no exchange unless a commodity be given as well as received. I do not see how
such a transaction can be separated into two parts and how it can be justly said
that one part only is beneficial. What we get in exchange for our commodity
really constitutes the price or value for which we sell it. ＞」(pp.127-128)。

リカードが、このように鋭くミルと対立する見解を表明するに至った
については、古典学派における商品経済認識の進化について理解する必
要がある。

　先に、リカード比較生産費説の読解にあたって、マルクス『資本論』
冒頭章「商品」の見地を活かすことの有用性を強調した。冒頭章「商品」
に含まれる論点のなかで、二つに注目した。一つの論点は、資本主義経
済の構成要素は販売目的の財貨つまり商品であり、貨幣獲得を目指して
販売されなければならないという事実に関わる。二つ目は、商品経済の
分析には「価値実体としての労働」と「価値形態としての価格」の二重
の視点が必要だという事実に関わる。第二の論点に関しては、本章序節
一節において、アーウィン見解との関連で検討を加えた。古典学派の商
品経済認識の検討が、第一の論点に関わる。この論点をリカードの見地
に即して瞥見してみる。

　スミス『国富論』（1776 年）の端緒を見ると、その「序論および本書
の構想」の冒頭の一文が、次のごとく「生産物」を主題としていた。
「あらゆる国民の年々の労働は、その国民が年々に消費する一切の生活
必需品および便益品を本源的に供給する資源であって、この必需品お
よび便益品は、常にその労働の直接の生産物か、またはその生産物で
他の諸国民から購買されたもののいずれかである＜ The annual labour of
every nation is the fund which originally supplies it with all the necessaries and
conveniencies of life which it annually consumes, and which consist always
either in the immediate product of that labour, or in what is purchased with that
produce from other nations. ＞」[21]。

　リカード『経済学および課税の原理』（1817 年）になると、新しい局
面が認められる。「序文」の冒頭と本文第 1 章冒頭の「第 1 節・見出し」
の間で、「生産物」から「商品」へと主題が移行している。「序文」冒頭は、
こう始まる。「大地の生産物 ── つまり労働と機械と資本とを結合して使
用することによって地表から取りだされる全ての物は、社会の三階級の
間で、すなわち土地の所有者と、その耕作に必要な資財つまり資本の所
有者と、その勤労によって土地を耕作する労働者との間で分けられる
＜ The produce of the earth ── all that is derived from its surface by the united

application of labour, machinery, and capital, is divided among three classes of the community; namely, the proprietor of the land, the owner of the stock or capital necessary for its cultivation, and the labourers by whose industry it is cultivated. ＞」(p.5)（11 頁）。

　1819 年の第二版において第 1 章第 1 節に次の見出しが加えられた。「一商品の価値、すなわち、この商品と交換される他の何らかの商品の分量は、その生産に必要な労働の相対量に依存するのであって、その労働に対して支払われる報酬の大小には依存しない ＜ Section I. The value of a commodity, or the quantity of any other commodity for which it will exchange, depends on the relative quantity of labour which is necessary for its production, and not on the greater or less compensation which is paid for that labour. ＞」(p.11)（17 頁）。

　この見出しに続く冒頭の一文で、リカードは商品の分析をこう開始する。「アダム・スミスは次のように述べた。『価値と言う言葉には、二つの異なる意味がある。それは、ある時はある特定の物の効用を表現し、またある時はこの物の所有がもたらす他の財貨の購買力を表現する。一方を使用価値、他方を交換価値と呼ぶことができる』＜ It has been observed by Adam Smith, that "the word Value has two different meanings, and sometimes expresses the utility of some particular object, and sometimes the power of purchasing other goods which the possession of that object conveys. The one may be called *value in use*; the other *value in exchange*." ＞」(p.11)（17 頁）。

　リカード経済学において、「生産物」から「商品」へと分析の焦点が絞りこまれ、その商品について「使用価値」と「交換価値」の二要素から分析が開始されていることが明らかになる[22]。

　第 7 章「外国貿易論」冒頭は、「使用価値」と「交換価値」の二視点を活かして、こう説き始められる。「外国貿易の拡張は、商品数量を増大させ、その結果享楽の総量を増大させることには、きわめて強力に貢献するだろうが、しかし直接には一国の価値額を増大させないだろう。すべての外国財貨の価値は、それらと引き換えに与えられるわが国の土地と労働の生産物の分量によって測定されるから、仮に新市場の発

見に よって、わが国がその財貨の一定量と引き換えに外国財貨の2倍量を獲得するとしても、わが国はより大きな価値を得てはいないだろう ＜ No extension of foreign trade will immediately increase the amount of value in a country, although it will very powerfully contribute to increase the mass of commodities, and therefore the sum of enjoyments. As the value of all foreign goods is measured by the quantity of the produce of our land and labour, which is given in exchange for them, we should have no greater value, if by the discovery of new markets, we obtained double the quantity of foreign goods in exchange for a given quantity of our's. ＞」(p.128)（183 頁）。

　リカードは、ここで明確に、貿易取引そのものからは、価値量増大という意味での利益は生じないと述べている。「(安価な商品輸入が可能な —— 引用者補足) 新市場の発見によって、わが国がその財貨の一定量と引き換えに外国財貨の2倍量を獲得する」場合、商品数量は増大し「使用価値」に相当する「享楽総量」は増大するかも知れないが、等価交換が行われるので一国の「交換価値」総量は増大するわけではないと言う。商品の輸入超過に際しては赤字分を貨幣で支払うことになるが、その貨幣をも「引き換えに与えられるわが国の土地と労働の生産物」に含めて考えれば、輸出額と輸入額は一致して等価となるから、貿易による「交換価値」総量の変化は生じないわけである。こうして貿易利益を巡るミル見解との相違は疑いの余地が無い。ミルは、古典学派の理論的進化の道を逸脱して、分析対象が商品であるか否か、使用価値であるか交換価値であるか、判然としない不正確な商品経済認識に陥ってしまっているのである。

　スミス『国富論』でもリカード『原理』でも、商品は「交換価値 (value in exchange)」と「使用価値(value in use)」を持つとされている。そして「交換価値」について言えば、「受け取る商品」と「与える商品」は同じ価値のものとして等価交換される。ミルが「受け取る商品」が「与える商品」より価値が大きいと言う場合は、「使用価値」つまり、商品が有する人間の欲求を充足する性質・能力（「効用」「役立ち」と言い換えてもよい）について語っている、と考えられる。「使用価値」について言えば、確かに「受け取る商品」から生ずるであろう。しかしながら「使用価値」

に焦点を絞り「交換価値」を無視するならば前述したような労働量の節約ないし節約労働の活用による価値量増大という意味での利益とは全く筋の異なる議論に終わるしかないことになる。

　財貨＜ goods ＞は、その機能・目的に応じて、「販売目的の財貨 goods for sale、つまり商品 commodity」と「使用目的の財貨 goods for use、つまり単純財貨」に二分される。私が着用している帽子は、かつては「販売目的の財貨、つまり商品」として洋品店の店頭に陳列されていた。それに眼を止めて気に入った私が、「交換価値」相当分の貨幣を支払って購入した。いまは、「使用目的の財貨、つまり単純財貨」として私の頭を寒風から守るという「使用価値」を発揮している。

　ミルは、＜ commodity ＞という言葉を使っているので、「商品」という訳語を用いてきたが、彼の場合、議論の対象が、「販売目的の財貨つまり商品」なのか、「使用目的の財貨つまり単純財貨」なのか、その区別が判然としていない。「販売目的の財貨つまり商品」であれば、所有者である商店主にとっては「使用価値」は無くて、「他人のための使用価値」しか存在しないから、ひたすら販売するべく営業努力を重ねるしかない。「もし彼が、彼自身の商品を、彼がそれと交換する商品以上に評価していたとすれば、彼は彼自身の商品を手放さずに置いたであろう」ということなど考えられないのである。「販売目的の財貨つまり商品」であれば、何時でも何処でも如何なる商品でも直接購買する力（＝直接交換可能性）を有する貨幣を目指して、「命懸けの飛躍」を試みなければならないのである。

　ミルの貿易論には、その種の厳しい商品販売の状況は反映されておらず、牧歌的な財貨の物々交換の世界像しか存在しない気配である。財貨の物々交換は、商品経済の現実には存在しない架空の事象に過ぎない。そういう架空の世界で、個人の「使用価値」選択の方式が、国民規模の経済においても、同様に適用されるかの如く誤って想定したにすぎないのである。

（3）アーウィン機会費用論

　アーウィンの比較生産費説に関する総括的見解の検討を以て締め括り

とする。彼の総括的見解は次の形で与えられる。

「なぜ比較生産費説が一八世紀基準より進歩していたのか。一八世紀基準は各国の生産力が異なった財貨の生産において相違している場合に、特化と貿易によって利益が生まれることを示していた。しかしもし一国が全ての財貨の生産において他国より優れている場合はどうであろうか。換言すれば、一国が他国よりも少ない資本と労働の支出で穀物を生産できるにもかかわらず、その国が穀物を輸入するのは何故か。あるいは逆に、もし一国が全ての財貨の生産において劣っていたとしても、それでも貿易から利益を得られるのは何故か。比較生産費の理論が、このような場合でも、特化と貿易によって双方が利益を受けることを明らかにしたのである。国々はその機会費用（絶対生産費という観点ではなく、他の放棄された財貨の暗黙の犠牲という観点でみた費用）が最小であるような財貨の生産に特化するであろう＜ Why was the theory of comparative costs such an advance over the eighteenth-century rule? The latter illustrated the gains from specialization and trade when countries differed in their ability to produce different goods. But what if one country was superior to another in producing all goods? In other words, why should a country import corn when it could produce that corn with less expense of capital and labor at home than the foreign country could? (Or, conversely, how could a country gain from trade if that country was inferior in the production of all goods?) The theory of comparative costs demonstrated that there would still be mutual gains from specialization and trade even under those circumstances. Countries would specialize in the production of the goods in which their opportunity cost (in terms of the implicit sacrifice of other, forgone goods, not in terms of absolute cost) was lowest. ＞」(p.90)（116 ～ 117 頁）。

「一八世紀基準 the eighteenth-century rule」と「比較生産費説 the theory of comparative costs」とは相互補完関係にある。アーウィンの言うように「比較生産費説」が「一八世紀基準」より進歩している、優れている、というような優劣関係にあるわけではない。

ここでアーウィンの言う「一八世紀基準」とは、商品輸出は価格の絶

対優位に基づくとする見解を指している。スミスの次のような見解がその典型を成している。「もし或る外国が或る商品を、われわれが自分で作り得るよりも安くわれわれに供給できるならば、われわれの方がいくらか優っている仕方で使用されたわれわれの勤労の生産物の一部で、その外国からそれを買う方が良い＜ If a foreign country supply us with a commodity cheaper than we ourselves can make it, better buy it of them with some part of the produce of our own industry, employed in a way in which we have some advantage. ＞」[23]。

　このような意味での「一八世紀基準」は、商品経済の基礎的事実の正当な認識であり、「時代遅れの基準」という含意でアーウィンが「一八世紀基準」と呼ぶのであれば、それは当を得ていないと言わなければならない。

　それに対して、アーウィンは、「比較生産費説」を、「もし一国が全ての財貨の生産において劣っていたとしてもそれでも貿易から利益を得られる」という表現に窺えるように、価格上の絶対的劣位にもかかわらず相対的優位に基づいて輸出可能であり貿易利益が獲得される、と主張する見解だと理解している。そういうアーウィンの議論は、労働価値論の国際間不適用の事情を理解し得ずに、労働量表示を直ちに生産費を表現するものと誤解したものであり、正解は、価格上の絶対優位を基礎にして労働量の相対優位が位置づけられる二重構造の表示によって示されるのである。

　このような意味での「比較生産費説」、リカードに本来的な「比較生産費説」は、スミス的な「一八世紀基準」に対立するものではなかった。「一八世紀基準」を基礎として、「イギリスで労働者 100 人」「ポルトガルで 90 人」という労働量表示であっても、価値量表示においてはイギリスでのクロスの生産費はポルトガルより安い水準に成り得る場合を例証するものであった。その意味で、「一八世紀基準」と「比較生産費説」とは相互補完関係にあると言えるのである。アーウィンにあっては、古典学派の「労働」と「価値・価格」の二重の視点を摂取して、リカードの比較生産費説の正解に到達するべく研鑽を重ねることが求められる。

「機会費用」概念は、或るものを選択したことによって「放棄された他のもの」を指すが、それが行われるのは個人のような、あるいは個別資本のような単一主体に限られる。複数主体によって構成される一国経済に適用されるわけではない。アーウィンの言葉通りに「国々はその機会費用（他の放棄された財貨の暗黙の犠牲という観点でみた費用）が最小であるような財貨の生産に特化するであろう＜Countries would specialize in the production of the goods in which their opportunity cost（in terms of the implicit sacrifice of other, forgone goods）was lowest.＞」とは言えないのである。その理由を多少とも立ち入って明らかにしておきたい。

　「機会費用」概念については、次の説明がなじみ易いと思われる。「与えられた条件の下で最善のものを選択した場合、残された選択物（犠牲となったもの）のなかの最善のものの価値を指す。一般に多数の用途をもつ財・サービスをある特定の用途に利用する場合、それ以外の用途は利用されずに犠牲となっている。この犠牲となった用途を利用したら得られたであろう収益のうち最も値の大きいものである」（『ブリタニカ国際大百科事典』）。

　比較生産費説の解読を巡って、田中史郎氏は価格上の絶対優位を基礎にして労働量の相対優位が位置づけられることを示した後、機会費用概念を用いた説明を行ない、この説明は「マクロ的には成立せず、個人等に関してのみ意味のあるものとした」[24]。

　討議資料から、田中見解の若干を拾ってみる。「イギリスにおける『クロス』の機会費用とは、『クロス』を生産したことによって失われる『ワイン』の量である。すなわち、イギリスにおける『クロス』の機会費用は、100／120＝0.83である」。「つまり、イギリスでは、100人の労働者によって1単位のクロスが生産されるが、その労働量がワイン生産に振り向けられれば、0.83単位のワインを生産することになる」。「1単位のクロスを得るにはワインを0.83単位手放さなければならないという意味である」。以下、同様にして、労働量表示に依るリカード数値例は、機会費用表示では次のようになる。

	労働量表示		機会費用表示	
	W量のクロス	X量のワイン	W量のクロス	X量のワイン
イギリス	100	120	0.83	1.20
ポルトガル	90	80	1.13	0.89

　「機会費用表示をした場合、イギリスでは『クロス』に、ポルトガルでは『ワイン』に比較優位が存在することが分かる」。「この『機会費用表示』とは何を意味するか」。「機会費用とは、何かを得るために選択することで、失われる何かを指すが、それが行われるのは、個人のような単一主体であろう。これが大前提である。しかし、諸個人の集合である国家などでは、そうしたことはできない」（「福留報告に対するコメント」2014年10月25日、経済理論学会第7分科会配布資料）。

　複数主体によって構成される一国経済においては、機会費用論が適用され得ない事情は、以上の通りである。主体Aが対象商品（a）を選択しても、主体B以下に依って対象商品（b）以下が選ばれる可能性は残っているわけで、対象商品（b）以下は決して放棄されたり犠牲に供されたりするわけではない。主体Aが単一主体である場合には、主体Aが対象商品（a）を選択すれば、対象商品（b）以下は選択に漏れて、放棄されたり犠牲に供されたりすることになる。しかし複数主体の存在する場合には、対象商品（b）以下について主体B以下が「拾う神」「救う神」として登場し得るわけで、単一主体の場合とは根本的に前提が異なるのである。

　アーウィンの言葉通りに「国々はその機会費用（他の放棄された財貨の暗黙の犠牲という観点でみた費用）が最小であるような財貨の生産に特化するであろう」と言えるためには、一つには、「その機会費用が最小であるような財貨」が同時に国際貿易市場で絶対優位を占める「最低価格商品」であって輸出可能である場合、二つ目に、その国には「その機会費用が最小であるような財貨」以外に国際貿易市場で絶対優位を占める「最低価格商品」になり得る種類の商品が存在しない場合、そういう二つの条件が満たされる必要がある。価格の絶対優位に関わるこの条件を抜きにして、アーウィンのように機会費用のみで特化商品を特定する

ことはできないのである。

　「アインシュタインと実験助手」「法律事務所の弁護士とタイピスト」「会社における上司と部下」などを例とする異なる能力を有する個人間関係を国家間関係に読み替える説明方法が、貿易論においては通説化している。アーウィンの機会費用論も同様の見地に立脚するものである。そういう議論に対しては、次のリカードの指摘が繰り返し強調される必要がある。リカードは『原理』貿易論において、「商業上の各取引は独立の取引である＜ Every transaction in commerce is an independent transaction. ＞」(p.138)（195 頁）と述べている。商品の生産と販売が個別資本に担われて、各商品が（クロスはクロス同士、ワインはワイン同士で競争して）独立の個別商品として販売されること、個々の商品が貨幣に対して販売され次いでその貨幣で別の商品が購買されることが示されている。一国単位でクロスとワインが交換されるわけではない。『資本論』の表現を借りると、「商品の交換過程は、対立しつつ互いに補い合う二つの変態 — 商品の貨幣への転化と貨幣から商品へのその再転化とにおいて行われるのである。」「こういうわけで、商品の交換過程は次のような形態変化をなして行われる。商品（Ware）－貨幣（Geld）－商品（Ware）、W–G–W」ということになる (S.120)（190 ～ 191 頁）。現実には W→G および G→W という独立の形の商品売買方式で行われる多数の取引の積み重なりの結果を一括して W→←W 形式で表現したのが、リカードの「四つの数字による例解」における「クロスとワインの交換」に外ならない。現実に一国単位でクロスとワインが物々交換されるわけではないことに改めて注意が求められるところである。

　以上、「一節、リカード比較生産費説」において、「価値実体としての労働」と「価値形態としての価格」との二重の視点に基づいて、リカードの比較生産費説の解読法を提示して、アーウィンの認識不足を訂正し得た。「二節、トレンズとアーウィン」において、『外国穀物貿易論』におけるトレンズ見解が論理的矛盾を含んでおり、比較生産費説とは言えないことを明らかにして、アーウィンの思考と調査の不足を指摘し得た。「三節、J・ミルとアーウィン」においては、アーウィンの引用した

ミルの二つの文章（「穀物法」論文からの引用および『経済学綱要』から引用）に加えて、それらと同様の論理を以て比較生産費の説明を試みたうえで数値例をも提示しているミル「植民地」論文を対象として、三つの著作の貿易論に共通する論理を摘出して検討を加え、そこに内在するJ・ミルの理論的欠陥を指摘することができた。それを通じて、リカードを酷評し、トレンズやミルを不当に称賛するアーウィンの誤りが明白になったはずである。

【註】

1) David Ricardo, *On the Principles of Political Economy and Taxation.*,（*The Works and Correspondence of David Ricardo*, edited by Pierro Sraffa with the collaboration of M. H. Dobb, Cambridge University Press, 1951-55. Volume I）. 引用部分の末尾に（p.123）の形式で引用個所を示す。日本語訳は、岩波文庫、羽鳥卓也・吉澤芳樹訳『経済学および課税の原理』上巻（岩波書店、1987 年）を（175 頁）の形式で示す。訳文は、必ずしも同書に依らない。

2) Paul A. Samuelson, Presidential Address : The Way of an Economist. （*International Economic Relations : Proceedings of the Third Congress of the International Economic Association.* Edited by P. A. Samuelson, 1969）p.9. 以下の同書からの引用個所は、引用文末尾に（p.4）の形式で示す。

3) Douglas A. Irwin, *Against the Tide — An Intellectual History of Free Trade* （Princeton U. P., 1996）p.90. ダグラス・A・アーウィン著、小島清監修、麻田四郎訳『自由貿易理論史』（文眞堂、1999 年）116-117 頁。ただし訳文は同書に依らない。以下において同書からの引用個所は、末尾に（p.90）（116 頁）の形式で示す。

4) Karl Marx, *Das Kapital, Kritik der politischen Ökonomie*, Erster Band.（*Karl Marx -Friedrich Engels Werke*, Band 23. Diez Verlag Berlin 1962）S.94-95.『資本論』岡崎次郎訳、国民文庫版第 1 分冊 147 頁。以下の同書からの引用は、末尾に（S.95）（147 頁）の形式で示す。

5) 初出は、福留久大「比較生産費と国際価値 — リカード対ヴァイナー」（九州大学経済学会『経済学研究』第 81 巻第 4 号、2014 年 12 月、1 〜 46 頁）および「比較生産費と国際価値 — サムエルソン会長講演」（九州大学経済学会『経済学研究』第 82 第 2・3 合併号、2015 年 10 月、17 〜 52 頁）。

6) 本書第一章 69 頁参照。

7) J・ミル、ヴァイナー、シュンペーターについては第一章 67 〜 69 頁、70 〜 73 頁、74 〜 75 頁参照。サムエルソンについては第二章 92 〜 96 頁、

102 〜 112 頁参照。

8) Robert Torrens, *An Essay on the External Corn Trade.* (London: J. Hatchard. 1815) pp.263-65.

アーウィンは、トレンズからの引用箇所を pp.263-64 としているが、正しくは pp.263-65 である (Irwin. p.90. 116 頁)。

9) ジョン・S・チップマン (John S. Chipman) の該当文章は、次のようなものである。「リカード自身によるこの法則の説明は、極めて欠陥が多く、リカードが比較生産費説を本当に理解していたか否か疑問符を打たざるを得ないということ、最大限甘く採点したとしても、彼の説明に不注意な言い回しが多いということは、これまで認識されてこなかったように思われる< It does not seem to have been recognized that Ricardo's own statement of the law is quite wanting, so much so as to cast some doubt as to whether he truly understood it; at best, his version is carelessly worded. >」。John S. Chipman, "A Survey of the Theory of International Trade: Part 1, The Classical Theory," *Econometrica* 33 (July 1965) . p.480.

10) James Mill, "The Corn Laws." *Eclectic Review.* n.s., 2 (July 1814) pp.4-5 (Irwin. p.89 より再引用)

11) James Mill, *Elements of Political Economy.* (London: Baldwin, Cradock, & Joy. 1821) p.87.

12) 田淵太一『貿易・貨幣・権力 — 国際経済学批判』(法政大学出版局、2006 年) 86 頁。

13) Douglas A. Irwin, *Against the Tide : An Intellectual History of Free Trade* (Princeton U. P., 1996) (p.90) (117 頁)。

14) 行沢健三「リカードゥ『比較生産費説』の原型理解と変形理解」(中央大学『商学論纂』15 巻第 6 号、1974 年、25 〜 51 頁)

15) James Mill, "Colony." *The Supplement to the Encyclopaedia Britannica*, 1818, pp.26-27.

田淵太一『貿易・貨幣・権力 — 国際経済学批判』(法政大学出版局、2006 年) 87 〜 91 頁に、この「植民地」論文の紹介と翻訳があり、「ここにみられるのは、リカードの論理に完全に忠実な、『原型理解』の祖述である」と高い評価が与えられている。「交易条件が所与とされ、『四つの数字』は交換される特定量の財の生産に必要な労働として示されている」こと、「相互に相手国の数値に関わりなく、輸出財が特定され、二つの数字の引き算により貿易利益(節約される労働)が示されている」(91 頁)ことが、高い評価をもたらしている、と考えられる。

16) Roy J. Ruffin, David Ricardo's Discovery of Comparative Advantage, *History of Political Economy* 34: 4, 2002.

17) 田淵、前掲書、86 頁。

18) 田淵、前掲書、86 頁。

19) James Mill, *Elements of Political Economy.* (London: Baldwin, Cradock, & Joy.1821.) pp.89-90, p.90.

20）David Ricardo, *Letters 1821-1823*, （*The Works and Correspondence of David Ricardo*, edited by Pierro Sraffa with the collaboration of M. H. Dobb, Cambridge University Press, 1951-55.Volume IX） pp.126-133.

21）Adam Smith, *An Inquiry into the Nature and Causes of the Wealth of Nations.* （Modern Library Edition. 1937） p. lvii.

22）マルクス『資本論』に至ると、商品経済認識の進化方向は、より明確になる。

　『資本論』第一章「商品」第一節「商品の二つの要素、使用価値と価値（価値実体・価値量）」の冒頭の一文は、紛れもなく「商品」に焦点が絞りこまれている。「資本主義的生産様式が支配的に行われている社会の富は、一つの『巨大な商品の集積』として現れ、一つ一つの 商品は、その富の基本形態として現れる。それゆえ私たちの研究は、商品の分析から始まる＜ Der Reichtum der Gesellschaften, in welchen kapitalistische Produktionsweise herrscht, erscheint als eine 'ungeheure Warensammlung', die einzelne Ware als seine Elementarform. Unser Untersuchung beginnt daher mit der Analyse der Ware. ＞」（S.49）（71 頁）。

　商品（commodity, Ware）は、「売ることを予定されている物品（der zum Verkauf bestimmte Artikel）」（S.201）（326 頁）と規定され、一方では、「W-G、商品の第一変態または売り。商品体から金体への商品価値の飛び移りは、商品の命懸けの飛躍である。この飛躍に失敗すれば、商品にとっては痛くはないが、商品所持者にとっては確かに痛い」（S.120）（191 頁）と商品販売の困難が強調されるとともに、対極的に価値の独立体としての貨幣については、その「直接的一般的交換可能性」（何時でも何処でも如何なる商品でも購買しうる強い力）（S.84）（132 頁）が根拠づけられる、という具合に商品と貨幣の非対称的性格が解明されることになる。『資本論』の読者には、何でもない当り前のことに思われるこれらの事項の理解が、ミルやアーウィンには、徹底して欠けているのである。

23）Adam Smith, *An Inquiry into the Nature and Causes of the Wealth of Nations* （Modern Library Edition） 1937 p.424.

24）経済理論学会『季刊・経済理論』、第 52 巻第 1 号、2015 年、98 頁。

（初稿．2015 年 11 月 3 日）

第四章

対リカード誤解の構造
——D・アーウィンの場合

序節. 問題の所在と課題限定

　前世紀末ころから今世紀にかけて日本の大学生の間で好評を博し各大学の学内書店で一番の売り上げを記録した書物、外山滋比古（1923～2020）『思考の整理学』（ちくま文庫、1986年、第一刷発行）を、2016年秋古本屋で購入した。三十本余りのエッセイ集、その最初の一篇「グライダー」を一読、筆者自身にも的確に当てはまる学校関係の人間の弱点が見事に指摘されていた。

　「学校の生徒は、先生と教科書にひっぱられて勉強する。自学自習ということばこそあるけれど、独力で知識を得るのではない。いわばグライダーのようなものだ。自力で飛び上がることはできない」。「学校はグライダー人間の訓練所である。飛行機人間はつくらない。グライダーの練習に、エンジンのついた飛行機などがまじっていては迷惑だ。危険だ。学校では、ひっぱられるままに、どこへでもついて行く従順さが尊重される。勝手に飛び上がったりするのは規律違反。たちまちチェックされる」（11頁）。「グライダーとしては一流である学生が、卒業間際になって論文を書くことになる。これはこれまでの勉強といささか勝手が違う。何でも自由に自分の好きなことを書いてみよ、というのが論文である。突如としてこれまでとまるで違ったことを要求されても、できるわけがない。グライダーとして優秀な学生ほどあわてる」（11-12頁）。「いわゆる成績のいい学生ほど、この論文にてこずるようだ。言われた通りのことをするのは得意だが、自分で考えてテーマをもてと言われるのは苦手である。長年のグライダー訓練ではいつもかならず曳いてくれるものがある。それになれると、自力飛行の力を失ってしまうのかもしれない」（12頁）。

　「人間には、グライダー能力と飛行機能力とがある。受動的に知識を得るのが前者、自分で物事を発明発見するのが後者である。両者はひとりの人間の中に同居している。グライダー能力をまったく欠いていては、基本的知識すら習得できない。何も知らないで、独力で飛ぼうとすれば、どんな事故になるかわからない。しかし、現実には、グライダー能力が

圧倒的で、飛行機能力はまるでなし、という"優秀な"人間がたくさんいることもたしかで、しかも、そういう人間も"翔べる"という評価を受けているのである」（13頁）。

このような状況に対して、「新しい文化の創造には飛行機能力が不可欠である」。「それなら、グライダーにエンジンを搭載するにはどうしたらいいのか」。「グライダー兼飛行機のような人間になるには、どういうことを心掛ければよいか」（15頁）。巧みな事例を繰り出して、その方法を説いたのが、外山滋比古『思考の整理学』である。この書物が多くの学生に受け入れられた理由も、上述のような問題摘出とその解決方法の提示に求められるに違いない。

このような次第で、筆者は、外山滋比古『思考の整理学』に浅からぬ敬意の念を抱いたのであるが、同時になお残る問題の所在に注意を喚起する必要にも思いを馳せざるを得なかった。その問題とは、前記引用の「グライダー能力をまったく欠いていては、基本的知識すら習得できない」という部分に関わる。「グライダー能力」によって習得され伝授された「基本的知識」が必ずしも正確であるとは言えない、という問題である。「基本的知識」は初歩的段階において伝授されるのが通例である。その「基本的知識」の中に含まれる誤解部分は、それと意識されることのないままに、グライダー的学生に伝授され、その学生がグライダー的教師に転身すれば、学校社会において誤解の世代間継承が生じることになる。

『思考の整理学』のなかに「時の試練」と題するエッセイがある。「"時の試練"とは、時間のもつ風化作用をくぐってくるということである。風化作用は言いかえると、忘却にほかならない。古典は読者の忘却の層をくぐり抜けたときに生まれる。作者自らが古典を創り出すことはできない。忘却の濾過槽をくぐっているうちに、どこかへ消えてなくなってしまうものがおびただしいと思う。ほとんどがそういう運命にある。きわめて少数のものだけが、試練に耐えて、古典として再生する。持続的な価値をもつには、この忘却のふるいはどうしても避けて通ることのできない関所である」（125頁）。

"時の試練" という言葉こそあるけれど、グライダー的要素の濃厚な学者の世界であれば、誤った知識が訂正されないままに幾世代にもわたって継承される危険を払拭することは難しい。顕著な一例として新古典派の消費者均衡論の一部、「限界効用逓減の法則」の説明の浅薄さを挙げてみる。篠原三代平（1919 ～ 2012）『経済学入門（上）』（日本経済新聞社、1979 年）は、「『限界効用逓減の法則』『限界効用均等の法則』という非常に抽象的・一般的な法則」について「これらの法則は経済学のテキストには必ず書かれています」（143 頁）としたうえで、「限界効用逓減の法則とは、たとえばノートを買った場合、最初に買った 1 冊のノートに比べて、2 番目、3 番目、4 番目、…… に買ったノートは次第に追加的な効用を低減させていくというものです。あるいは家計にとって米の供給がふえればふえるほど、家計の米に対する追加的効用、もしくは満足量は低下していくことを限界効用逓減の法則と名 付けます」（143 ～ 144 頁）と言う。

　筆者が、大学の経済学部のグライダー的初学者として、この文章を読んだならば、そのままに摂取し吸収に努めたかも知れない。だが、生活費のための副業に追われて落ち着いた経済学学習を怠りがちだった学生時代を反省して、後期高齢に達したのを契機に改めて経済学学習を再開してみると、かなりの程度に飛行機的要素が加わっているらしく、こういう説明の不合理を看破するのに何ほどの苦労も感じない。1 冊目はミクロ経済学用に、2 冊目はマクロ経済学用に、3 冊目は政治経済学向きに、4 冊目は経済学史向きに、4 冊のノートを購入してそれぞれの科目ごとに使用するわけだから、1 冊目より 2 冊目が、2 冊目より 3 冊目が、3 冊目より 4 冊目が、効用が逓減することなど全くあり得ない。老夫婦二人の一日の主食用には米 3 合あれば十分すぎるほどである。適量は 2 合余であろうか。それだけの量の米が炊き上がった御飯について、満足量はほぼ一定である。米櫃に入っている米の量が増加することは、或いは米屋の倉庫の米の量が増加することは、私たち夫婦の満足量には全く関係がない。篠原三代平は、通常は 3 合の米を炊いている家庭で、4 合の米を炊く場合の追加の 1 合を問題にするのかも知れない。そういう場合があるとすれば、それはお客があって夕食を共にするというような場

合であって、私たち夫婦と客と、それぞれの満足量に特別の低下現象が生じることはないはずである。

このように事実に即して考えれば、篠原三代平の説明の不合理は容易に判明するのである。にもかかわらず、事実に反する不適切な説明が施されているのは、思考の陥穽に陥って考えることを止めているからだと判断するしかない。グライダー的学生としてグライダー的教師から伝授された誤解に満ちた「基本的知識」を、安易に再現していると評せざるを得ない（甲）。

リカードの比較生産費説と言えば、高校の「政治・経済」教科書と大学の「国際経済学」「貿易論」テキストの必須事項である。そういう必須事項であるために、リカードの比較生産費説は、極めて著名な存在である。しかしながら、それを巡る教科書やテキストの説明が、商品経済の基本的事実に関する原著者リカードの言明に反する内容に変形していることは、ほとんど知られていない。その事実が知られないままに、変形した内容の誤解を含んだ解釈が通説化して、多くの国々に広く流布することになっている。

変形した内容の解釈が流布するについては、ヴァイナー『国際貿易理論研究』（Jacob Viner, *Studies in the Theory of International Trade*, 1937）において、実に絶妙な形でリカードの誤読・誤解が行われたこと、ハーバード大学でヴァイナーの講義を受けたサムエルソンが、長期にわたって国際的に有名なテキストとして版を重ねた『経済学』（P. A. Samuelson, *Economics.*）を通じて、誤読・誤解に基づくリカード解釈を普及し定式化したことなどが、大きく影響していると考えられる（乙）。

以後、多くの経済学者がリカード原典に依ることなく、ヴァイナーやサムエルソンによって定式化された解釈を踏襲する慣行が生まれた。稀にリカード原典に遡って議論する場合でも誤読・誤解に基づいて定式化された解釈が先入見として作用するために率直なリカード理解が妨げられて本来の正解に到達できないのである。リカード貿易論研究の世界におけるグライダー的要素の増大である。

筆者は、そういう推定の根拠を示し、誤解を正したリカード本来の正

解を明らかにするために、「比較生産費と国際価値 ── リカード対ヴァイナー」(九州大学『経済学研究』第 81 巻第 4 号、1 ～ 46 頁、本書第一章に収録)、「比較生産費と国際価値 ── サムエルソン会長講演」(九州大学『経済学研究』第 82 巻第 2・3 合併号、17 ～ 52 頁、本書第二章に収録) を執筆した。言うまでもなく、ヴァイナーもサムエルソンも現存の人物ではない。現存の研究者の見解の批判が必要だと考えて、「比較生産費と国際価値 ── リカード対アーウィン」(九州大学『経済学研究』第 82 巻第 4 号、61 ～ 98 頁、本書第三章に収録) を追加し、ダートマス大学経済学教授 D・A・アーウィン (Douglas A. Irwin, Professor of Economics at Dartmouth College) のリカード貿易論を批判的に検討した。2017 年は、リカード『経済学および課税の原理』刊行 200 年の記念の年である。そういう年に、欧米の研究者に誤解を正したリカード本来の正解を報告するために、「比較生産費と国際価値 ── リカード対アーウィン」に添削を加えたうえで、その要点の英語表現化を試みたのが「How David Ricardo Has Been Misunderstood: The Case of Douglas A. Irwin」(九州大学『経済学研究』第 83 巻第 4 号、55 ～ 66 頁、本書第五章に収録) である。

　この英語論文は、筆者の英語表現能力の不足と 2017 年の『原理』刊行 200 年を目標に 2016 年中の完成を急いだことによる時間の不足によって、当初から幾つかの弱点を免れないものだった。そのなかで、少なくとも次の二点だけは可及的速やかに補充が必要な弱点である。第一に、アーウィン見解の批判的検討においても、リカードの議論の紹介においても、必要最小限に限定を余儀なくされて、関連事項の指摘や細部に及ぶ議論を割愛せざるを得なかったことである。第二に、アーウィンのリカード評価が余りに低いために、筆者はリカード擁護に集中せざるを得ず、リカードの議論の不備を指摘する余裕を持ち得なかったことである。アーウィンの低評価とは正に逆に次のような「天才リカード」という非常に高い評価も存在する。「第六章までの投下労働価値説が、生産要素 ── リカード自身の文章では資本だが通常の解釈では労働 ── の通過が困難な、国境の壁に突き当たって限界を示す。この限界の存在と限界を乗り越える論理を把握したのが天才リカードである。乗り越える論理を投下

労働量の二つの比の間の関係として可視的に示したのが比較優位説である。そこに、同一財の国際間労働量比較か異財間労働量の国際比較かと言った類の穿鑿が出てくるが、労働価値説的にはむろん後者であろう」（馬場宏二『経済学古典探索 ― 批判と好奇心』御茶の水書房、2008 年、125～6 頁）。（ここには、「投下労働量の二つの比の間の関係」だけでは不十分であり、「価格の絶対優位」が欠かせないという問題が存在するが、その点については、本書で繰り返し強調しているので今は措くことにする）。

　しかしながら、たとえ天才であっても、隅々まで論理一貫した展開を成し遂げるのは至難の業である。リカードにも論理の不備な個所は残っていて、それが多くの誤読・誤解の誘因になっている面がある。筆者自身かつて見逃していた弱点であるだけに、指摘され改められねばならないところである。

　本章の一節から六節までは、前記「How David Ricardo Has Been Misunderstood: The Case of Douglas A. Irwin」の日本語翻訳である。その翻訳の要所に（甲）（乙）（丙）（丁）（戊）（己）（庚）（辛）（壬）（癸）の註記を添えて、上記二種類の弱点を多少とも補充したいと考える。それらの註記を集結したのが、六節の後に位置する「補節」である。

一節．サムエルソンの大誤解

　デイヴィッド・リカード（1772–1823）は、『経済学および課税の原理 』（David Ricardo, *On the Principles of Political Economy and Taxation.* 1817）第 7 章「外国貿易について」（On Foreign Trade）において **(丙)**、次のように価格の絶対優位（the absolute priority of price）が商品の輸出入の不可欠の条件であると述べている **(丁)**。「クロスは、輸入元の国で掛かる費用より多くの金に対して売れるのでなければポルトガルに輸入され得ず、またワインは、ポルトガルで掛かる費用より多くの金に対して売れるのでなければイギリスに輸入され得ない」（Thus, cloth cannot be imported into Portugal, unless it sell there for more gold than it cost in the country from which it was imported; and wine cannot be imported into England, unless it will sell for more there than it cost in Portugal.) [1]。

　同一種類の商品について自国産の価格が外国産のそれより低価格の場合、外国産商品の輸入は絶対的に不可能である。逆方向から言えば、自国産商品の価格が外国産のそれより高価格の場合、自国産商品の外国への輸出が可能な道理はありようがない。約言すれば、国際貿易は絶対的生産費を推進力としているのである。これは、商品（市場）経済における根源的事実である。競争相手の商品より高価な商品は買いもされず売りもできないことは、他のことは何も知らず、経済学を学んだことがない人でも、皆が知っていることである。したがって、上記のリカードの言明は、市場経済における否定し得ない真理の基本原理を表明したものに過ぎないのである。

　そういう市場経済の基本原理を表現したリカードの明言にもかかわらず、多くの著名な経済学者が、あらゆる商品の価格上の絶対劣位にも拘わらず、比較優位性に基づいて各国が外国貿易から利益を得ることができると主張している。そうした見解がリカード比較生産費説の核心だと信じている模様である。

　例えば、ポール・A・サムエルソン（Paul A. Samuelson, 1915-2009）は、国際経済学学会第3回会議において、「経済学者の道」と題する会長講演（Presidential Address : The Way of an Economist.）を行って、そのなかで、「リカードの比較優位の原理は、あらゆる商品に関して絶対的に生産性が高い場合でも、逆に絶対的に生産性が低い場合でも、貿易によりどの国も相互に貿易利益が得られることを論証している。(The Ricardian theory of comparative advantage ［is］ the demonstration that trade is mutually profitable even when one country is absolutely more — or less — productive in terms of every commodity.)」と述べている [2]。

　或る国があらゆる商品について絶対的に生産性が低い場合には、その国で生産された商品の価格は外国産の商品の価格より高くなるわけで、そもそも自国からの外国への輸出が為されること自体がありえないのである。

　この疑いようのない事実にもかかわらず、それでもサムエルソンは競

争相手より高価な商品が輸出されて貿易利益をもたらすと信じている。それにとどまらず、サムエルソンはそういう見解が「リカードの比較優位の原理」の核心を成していると見做している。しかしながら、貿易が成立しないのに、どうして貿易利益が得られるのだろうか。実に不可解な見解と言わざるを得ないのである。

　この極めて不合理な見解を抱いているのは、サムエルソンに限られるわけではない。サムエルソンと同様の見解を唱える現存の代表的論者としてダグラス・A・アーウィン（Douglas A. Irwin）を挙げることができる。

二節．アーウィン見解の批判

　現代米国の貿易論専門家ダグラス・A・アーウィン（Douglas A. Irwin, 1962-　）は、その著『自由貿易理論史』（*Against the Tide : An Intellectual History of Free Trade*. 1996）第6章「古典学派経済学の自由貿易論」(Free Trade in Classical Economics) において、以下の引用のように、或る国がたとえあらゆる商品の生産において絶対的劣位にあったとしても商品輸出によって貿易利益が得られるし、そういう絶対的劣位国への貿易利益の秘密を明らかにしたのが比較生産費の理論だと主張している。「換言すれば、一国が他国よりも少ない資本と労働で穀物を生産できるにもかかわらず、その国が穀物を輸入するのは何故か。あるいは逆に、もし一国が全ての財貨の生産において劣っていたとしても、それでも貿易から利益を得ることができるのは何故か。比較生産費の理論が、このような場合でも、特化と貿易によって双方が利益を受けることを明らかにしたのである (In other words, why should a country import corn when it could produce that corn with less expense of capital and labor at home than the foreign country could? (Or, conversely, how could a country gain from trade if that country was inferior in the production of all goods?) The theory of comparative costs demonstrated that there would still be mutual gains from specialization and trade even under those circumstances.)」[3]。

　アーウィンのこの見解がいかに不合理であるかを示すためには、一節

「サムエルソンの大誤解」の冒頭に引用したリカードの言明ほど適したものはないだろう。リカードは次のように言う。「クロスは、輸入元の国で掛かる費用より多くの金に対して売れるのでなければポルトガルに輸入され得ず、またワインは、ポルトガルで掛かる費用より多くの金に対して売れるのでなければイギリスに輸入され得ない」。

このリカードの言明について、筆者は先ほどと同様に次のような論評を繰り返すことができる。同一種類の商品について自国産の価格が外国産のそれより低価格の場合、外国産商品の輸入は絶対的に不可能である。逆方向から言えば、自国産商品の価格が外国産のそれより高価格の場合、自国産商品の外国への輸出が可能な道理はありようがない、と。

リカードの言明に従い、さらにこのような論評を考慮すると、「もし一国が全ての財貨の生産において劣っていたとしても、それでも貿易から利益を得ることができる」というアーウィンの見解を正しいと認めることは決してできない。一国があらゆる商品について絶対的に生産性が低いとすると、その国で生産される商品の価格は外国産の商品の価格より高くなるわけで、その国の商品が外国へ輸出される可能性は無いことになる。輸出が絶無だとすると貿易から利益を得ることも絶無である。それゆえにアーウィンのこの見解は根拠のない絶対に受け入れられない想定だと見做すべきである。

あるいは、アーウィンは、次のように想定しているのかも知れない。すなわち、各商品に関して絶対的に生産性が高い国（A国）において、そのなかで相対的に生産性が高い商品（X商品）の生産に特化して、相対的に生産性の低い商品（Y商品）の生産を放棄する、その結果として各商品に関して絶対的に生産性が低い国（B国）において、そのなかで相対的に生産性の高い商品（Y商品）にB国からの輸出、A国への輸入の機会が与えられる、と[戊]。

しかしながら、この想定は諸個人についてのみ、つまり単一主体の場合についてのみ適用されるのである。諸国間への適用については無理である。つまり複数主体の場合についてこの想定は適用不可能である。

町一番の女性弁護士がタイピストとしてもまた町一番であるという単

一主体の場合には、彼女が法律業務に特化することが、同時にタイピスト活動の放棄である。秘書は、法律業務でもタイピスト活動でもともに効率性において弁護士より絶対劣位にあるけれど、タイピスト活動において比較優位にあるならば、弁護士に代わってタイピストとして雇用されることがあり得る。

　諸国に関して言えば、事情が個人に関する場合とは根本的に異なるのである。一国においては複数の事業者、複数の経済活動主体が、つまり多数の資本家が、存在する。

　この論点を巡っては、リカードが、「商業上の各取引は独立の取引である（Every transaction in commerce is an independent transaction.）」と述べていることが注目されるべきである。A国には多数の資本家が存在しており、或る者は商品Xを生産し、別の者は商品Yを生産している。A国が、各商品について生産性がB国より絶対的に高い限り、商品Xについては言うまでもなく、商品YもまたA国からB国へ輸出されるのである。A国において商品Yを生産している資本家は、商品Yの生産を継続するのであり、決して放棄するわけではない。その結果、B国で商品Yを生産している資本家にB国からA国へ彼らの生産物を輸出し得る機会が与えられることはあり得ないのである。

　外国貿易において商品価格の絶対優位が如何に重要であるかを明確にするために、リカードは、次のような巧みな例示を与えている。「イギリスがワイン生産の一方法を発見し、そこでそれを輸入するよりはむしろそれを生産する方がその利益になるものと仮定すれば、イギリスは当然その資本の一部分を外国貿易から国内産業へ転換するであろう。イギリスは、輸出向けのクロスを生産することを中止して、自国でワインを生産するであろう。これらの商品の貨幣価格は、それに応じて左右されるであろう、すなわち、イギリスではクロスは引き続いて以前の価格にあるのにワインは下落し、ポルトガルではいずれの商品の価格にも変更は起こらないであろう。クロスは、その価格がポルトガルではイギリスよりも引き続いてより高いから、しばらくの間はイギリスから引き続いて輸出されるであろう。しかし、それと引き換えにワインではなく貨幣が与えられるであろう（Now suppose England to discover a process for making wine, so that it should become her interest rather to grow it than import it; she would naturally divert a portion of her capital from the foreign trade to the home trade; she would cease to manufacture cloth for exportation, and would grow wine for herself. The money price of these commodities would be regulated accordingly; wine would fall here while cloth continued at its former price, and in Portugal no alteration would take place in the price of either commodity. Cloth would continue for some time to be exported from this country, because its price would continue to be higher in Portugal than here; but money instead of wine would be given in exchange for it.)」(p.137)(194~5 頁)。

三節. マルクスの二重の視点

　アーウィンは何故にこのような極めて不自然でこの上なく不合理な見解を主張するのか、不思議であり不可解だと言う外ない。アーウィンがこの不合理な見解を抱くに至った理由の一端は、彼が労働価値論についての理解を欠いているために、国際貿易市場における価値（ないし価格）への考慮を完全に怠ったところに存在する。その結果として、アーウィンは、リカードの外国貿易についての説明を誤解して仕舞ったのである。

　カール・マルクス（1818-83）の『資本論』（*Das Kapital, Capital* in English, by Karl Marx）、特にその冒頭章「商品」に、この論点を明らかにする重要な鍵を求めることができる。『資本論』第1章「商品」は、次の4節から構成されている。第1節「商品の二要因、使用価値と価値（価値の実体及び価値の大きさ）」、第2節「商品に表される労働の二重性」、第3節「価値形態または交換価値」、第4節「商品の物神的性格とその秘密[4]」。

　第1節において、マルクスは次の3点に説明を加える。（1）あらゆる商品は使用価値を有する、つまり商品は人間の欲求あるいは必要を、直接的にまたは間接的に充足する。（2）商品は同時に価値、すなわち他の物と交換される性質、あるいは富のあらゆる他の要素を交換に引き付け

る力を持っている。（3）商品の価値量は、商品に含まれる価値を形成する実体つまり労働の量によって、より詳しく言えば、商品の生産に社会的に必要な労働の量によって、決められる。

第2節で、マルクスは、商品に含まれている労働の二重の性格を批判的に検討する。

第3節において、マルクスは類まれな理論家としての天分を発揮する。この節の主題は、最終的には貨幣形態に結実する価値形態の展開である。「人間精神がかつて試みることさえなかった課題、すなわち貨幣形態の生成を示すという課題、諸商品の価値関係に含まれている価値表現の発展をそのもっとも単純なほとんど目立たない姿から光まばゆい貨幣形態に至るまで追跡するという課題」[5]に挑戦する。ここでの議論に基づいて、マルクスは、「価格は価値の貨幣的表現である」[6]こと、「価格は商品に実現されている労働の貨幣名である」（p.111）（183頁）ことを明らかにする。

要約すると、マルクスは、商品（市場）経済の諸現象を分析するに当っては、〈価値実体としての労働（*labour as the substance of value*）〉と〈価値形態としての価格（*price as the form of value*）〉の二重の視点が不可欠であることを主張しているわけである[ロ]。

この見地に立って、第4節「商品の物神的性格とその秘密」において、スミスやリカードについて、「不完全ながらも、価値と価値量を分析して、これらの形態のうちに隠されている内容を」つまり「価値となって現れる労働を」「発見した」と評価するのである[7]。

スミス（1723-90）は、マルクスの評価通り、『国富論』（1776）のなかの二つの章で、二重の視点から、外国貿易を検討している。

以下に示す通り、この二重の視点は、第2篇第5章「資本のさまざまな使用について」では「労働（labour）」と「価値（value）」を、第4篇第2章「国内で生産し得る財貨の、諸外国からの輸入に対する制限について」では「勤労（industry）」と「価値（value）」を、対概念として構成されている。

この二重の視点の存在を示すために、これら二つの章からそれぞれ一

文ずつ引用する。第２篇第５章における冒頭の一文は次の通り。「すべ
ての資本は生産的労働の維持だけに当てられるのであるが、等量の資本
が活動させ得る労働の量は、その使用の多様性に応じてはなはだしく異
なるし、同様にこの使用がその国の土地および労働の年々の生産物に付
加する価値もはなはだしく異なるのである」⁸⁾。この章において、「労
働（labour）」と「価値（value）」の対句を含んだ文章を十数個見出すこ
とができるはずである。

　第４篇第２章の９番目の文節には、余りにも有名な「見えざる手
（invisible hand）」の語を含んでいて、「勤労（industry）」と「価値（value）」
の二重の視点を活用した、次のような一文がある。「国外の勤労よりは
国内の勤労を支えることを選ぶことによって、彼はただ彼自身の安全だ
けを意図しているのであり、その勤労をその生産物が最大の価値を持つ
ような仕方で方向づけるように努力することによって、彼はただ彼自身
の利益だけを意図しているのである。そしてこの場合でも、他の多くの
場合と同様に、見えざる手に導かれて、彼の意図のなかに全くなかった
目的を推進するようになるのである」⁹⁾。この章ではその他にも「勤労
（industry）」と「価値（value）」の対句を含む文章が複数回登場している。

　この二つの文章を注意深く読むことで、スミスの推論の基本概念を読
み取ることができる。すなわち、商品の生産に使用された労働（ないし
勤労）によって商品の価値が形成されること、商品に付加される価値量
は労働（ないし勤労）の仕方に応じて変化するということである。こう
して同時に、スミスが労働（ないし勤労）と価値（ないし価格）との二重
の視点に基づいて考察を進めていることも確認できる。

　リカードの場合も、マルクスの指摘通りに、そして後に詳述する通り
に、外国貿易を二重の視点から分析している。別言すれば、外国貿易に
関して、商品の生産に必要な労働の次元においてのみならず、商品に含
まれる労働が表現される価値の次元においても、検討を進めている。

　このように事態を考察してくると、次のことが明らかになるはずであ
る。市場経済の諸現象（そこに外国貿易が含まれることは言うまでもない）
を労働と価値との二重の視点から分析する手法は、スミス、リカード、
マルクスに共通していること、したがってリカードの比較生産費説も、

労働（ないし勤労）の側面のみならず、価値（ないし価格）の側面においても理解されるべきであること。

四節．アーウィン対リカード

ダグラス・A・アーウィンは、D・リカードの（同様にA・スミスやK・マルクスの）特質となっている労働（ないし勤労）と価値（ないし価格）との二重の視点というものを理解できていないために、外国貿易についての考察方法がリカードのそれと全く異なって仕舞っている。この考察方法における両者の相違ゆえに、アーウィンはリカードを低くしか評価できないこととなっている。アーウィンは、リカードに対する場合とは対照的に、ロバート・トレンズ（Robert Torrens）やジェイムズ・ミル（James Mill）を賞賛し、トレンズとミルからはそれぞれに重要な文言を引用している、リカード『経済学および課税の原理』からは全く引用を試みてさえいないのに。

アーウィンの「古典学派経済学の自由貿易論」を巡る見解は、以下に引用する彼の文章から読み取ることができる。
「輸入品が海外で自国でより安く購入できるのは、絶対的生産費が自国でより低いからであるという考え方が、18世紀にしばしば語られたことから、それは〈18世紀基準 'eighteenth-century rule'〉として知られることになっている」（p.89）。
「比較生産費説が18世紀基準より優れている理由はどこにあったか。18世紀基準は、異なる財貨の生産において各国の生産能力が異なる場合に、特化と貿易によって利益が得られることを解き明かした。だが、あらゆる財貨の生産において一国が他国に比較して優れている場合にはどうなるのか？　換言すれば、一国が他国より少ない資本と労働で穀物を生産できるにもかかわらず、その国が穀物を輸入するのは何故か。あるいは逆に、もし一国が全ての財貨の生産において劣っていたとしても、それでも貿易から利益を得られるのは何故か。比較生産費の理論が、こ

のような場合でも、特化と貿易によって双方が利益を受けることを明らかにしたのである。各国はその機会費用（絶対生産費という観点ではなくて、或る財貨を選択した結果として放棄された他の財貨の暗黙の犠牲という観点でみた費用）が最小であるような財貨の生産に特化するであろう^(庚)。古典学派の経済学者たちは、簡単な数字例を使って、自由貿易の結果として両国が両財をより多く消費できる潜在的可能性を有していることを明らかにしたのである」（pp. 90-91）。

「比較生産費説あるいは比較優位の理論は、たとえ（*even if*）自国が或る財貨の生産において生産費の絶対的優位を有していたとしても、その財貨を海外から輸入する方が有利であることを示したのである」（p. 90）。

こうした見解に基づいて、アーウィンは、トレンズとミルとに極めて高い評価を与えている。ロバート・トレンズについて言えば、彼を比較生産費説の第一発見者と位置づけて、彼の『外国穀物貿易論』（*An Essay on the External Corn Trade*, 1815）から相当に長い文章を引用している。ジェイムズ・ミルについては、比較生産費説研究のうえでミルが果たした重要な役割を強調するとともに、次のような二つの文章を引用している。一つは、1814 年に発表された「穀物法（Corn Laws）」論文からで、「その説明の明快さゆえに引用に値する（"which is cited for its clarity of expression."）」（p. 89）としている。二つ目は、1821 年刊行の著書『経済学綱要』（*Element of Political Economy*）からで、「ミルは、驚くべき明快さで比較生産費説の例解を提示し、この理論の含意を二つの簡潔な文章で表現している（Mill set out the comparative costs example with tremendous clarity and even conveyed the intuition for the theory in two simple sentences.）」（p. 91）と言っている。

アーウィンは、トレンズとミルへ与えた高い評価とは正に反対に、デイヴィッド・リカードには次の文章に見られるように低い評価しか与えていないのである。

「リカードは、古典学派のなかでおそらく最も著名な人物であって、

比較生産費説の解説者としての名誉を実質的に一身に集中する伝統が生まれている。『原理』には、ポルトガルが両商品の生産において生産費の絶対優位を持つが、ワイン生産において生産費の比較優位を持つという第7章のポルトガルとイギリスの間で行われるワインとクロスの交換に関わる有名な例解が含まれている。しかしながら、リカードのこの三文節だけの議論は、表現が稚拙で、章のなかでの位置づけもはっきりしておらず、理論の本質を明確にすることに成功していない (David Ricardo, perhaps the most illustrious member of the classical school, has traditionally received virtually all the credit for expounding the theory of comparative costs. The *Principles* contains the famous chapter 7 example of Portugal and England exchanging wine and cloth, wherein Portugal has an absolute cost advantage in the production of both commodities but comparative cost advantage in wine. Yet Ricardo's mere three-paragraph discussion was poorly expressed, awkwardly placed in the chapter, and failed to bring out the essence of the theory.)。1965 年の論文で、チップマンは、リカードの『この法則の説明は、極めて欠陥が多く、リカードが比較生産費説を本当に理解していたか否か疑問符を打たざるを得ないほどである』とさえ述べている」(p. 91)。このチップマンのリカード批評は、後続の五節六節で示すリカードの真価を、チップマン自身が正しく理解できないことに由来する誤解に過ぎない。リカード見解の浅薄をではなく、チップマン見解の浅薄を語るものにほかならない [10]。

　アーウィンの見解の弱点については、本章二節「アーウィン見解の批判」において指摘している。さらに、トレンズ、ミル、アーウィンの見解に共通する誤解に関しては、本書第三章「比較生産費と国際価値——リカード対アーウィン」において詳細に批判している。

五節．リカードの労働価値論

　ここでは、「第7章におけるポルトガルとイギリスの間で行われるワインとクロスの交換に関わる有名な例解」に含まれている「リカードの

僅か三文節の議論」を巡るアーウィンの見解に焦点を絞って検討する。

　まずは、アーウィンが言及している三文節と、その部分に先行する一文節を加えた四文節の原文を『経済学および課税の原理』から引用する。順々に〈Paragraph A〉〈Paragraph B〉〈Paragraph C〉〈Paragraph D〉.と呼ぶことにする^(辛)。

　〈[A]〉「ポルトガルがイギリスのクロスと引き換えに与えるであろうワインの分量は、仮に両商品ともにイギリスで、あるいはともにポルトガルで製造される場合にそうであるようには、各々の生産に投じられるそれぞれの労働量によって決定されるものではない（The quantity of wine which she shall give in exchange for the cloth of England, is not determined by the respective quantities of labour devoted to the production of each, as it would be, if both commoditics were manufactured in England, or both in Portugal.）」（pp. 134-5）（191 頁）。

　〈[B]〉「イギリスはクロス（the cloth）を生産するのに 1 年間 100 人の労働を要し、またワイン（the wine）を醸造しようとすれば、同一期間に 120 人の労働を要するような事情のもとにあるとしよう。したがって、イギリスは、ワイン（wine）を輸入し、それをクロス（cloth）の輸出によって購買するのがその利益であることを知るであろう（England may be so circumstanced, that to produce the cloth may require the labour of 100 men for one year; and if she attempted to make the wine, it might require the labour of 120 men for the same time. England would therefore find it her interest to import wine, and to purchase it by the exportation of cloth）」（p. 135）（191 頁）。

　〈[C]〉「ポルトガルでワイン（the wine）を生産するには、1 年間に 80 人の労働しか要せず、また同国でクロス（the cloth）を生産するには、同一期間に 90 人の労働を要するかも知れない。それ故に同国ではクロス（cloth）と交換にワイン（wine）を輸出するのが有利であろう（To produce the wine in Portugal, might require only the labour of 80 men for one year, and to produce the cloth in the same country, might require the labour of 90 men for the same time. It would therefore be advantageous for her to export wine in exchange for cloth.）」（p.135）（191 頁）。

〈[D]〉「このようにして、イギリスは、80 人の労働の生産物に対して、100 人の労働の生産物を、与えるであろう。このような交換は同国内の個人間では起こりえないであろう。100 人のイギリス人の労働が、80 人のイギリス人のそれに対して与えられることはあり得ない。しかし 100 人のイギリス人の労働の生産物が、80 人のポルトガル人、60 人のロシア人、または 120 人のインド人の労働の生産物に対して与えられ得るであろう（Thus England would give the produce of the labour of 100 men, for the produce of the labour of 80. Such an exchange could not take place between the individuals of the same country. The labour of 100 Englishmen cannot be given for that of 80 Englishmen, but the produce of the labour of 100 Englishmen may be given for the produce of the labour of 80 Portuguese, 60 Russians, or 120 East Indians.)」（p. 135）（192 頁）。

　アーウィンは、〈Paragraph B〉と〈Paragraph C〉について、「ポルトガルは両商品の生産において生産費の絶対優位を持つが、生産費の比較優位を有するのはワインにおいてである」と解釈している。このアーウィンの解釈について、「ポルトガルはワインにおいて生産費の比較優位を有する」と言うのは正しいが、「ポルトガルは両商品の生産において生産費の絶対優位を持つ」と言うのは決して正しいことではない。

　筆者がそのように断言する理由を理解するためには、アーウィンが無視して仕舞った〈Paragraph A〉を、細心の注意を払いつつ読んで労働価値論の核心的論理を把握することが決定的に重要である。商品の価値はその生産に必要な労働によって決まるという労働価値論は、リカード経済学の根本概念である。彼の『経済学および課税の原理』の第 1 章第 1 節は「或る商品の価値、すなわちこの商品と交換される他の商品の分量は、その生産に必要な相対的労働量に依存する（The value of a commodity, or the quantity of any other commodity for which it will exchange, depends on the relative quantity of labour which is necessary for its production.)」と、労働価値論の別種の表現で始められている（p. 11）（17 頁）。

　〈Paragraph A〉では、労働価値論が二様の異なる方式で述べられてい

る、一方では肯定形で、他方では否定形で。肯定形では、「クロスと交換されるワインの分量は、ワインとクロスが共にイギリスで、あるいはポルトガルで生産されるならば、クロスとワインのそれぞれの生産に投入される労働量によって決定される」とされる。否定形では次の通り。「イギリスのクロスと交換されるポルトガルのワインの分量は、ワインとクロスが共にイギリスで、あるいはポルトガルで生産される場合とは異なって、クロスとワインのそれぞれの生産に投入される労働量によって決定されるわけではない」。

　問題の要点は、労働価値論は一国内では妥当性があるが、国際間には適用できないということである。この点について、リカードとともに、次のように言うことは全く以て正しいことである。「一国内の諸商品の相対価値を規定する同じ法則は、二国間またはそれ以上の国々の間で交換される諸商品の相対価値を規定しないのである」(p. 133)（190 頁）。「この点での単一国内と多数国間との相違は、資本が有利な用途を求めて一国から他国へ移動することは困難だが、同一国内では一地方から他地方へと常にその移動が活発に行われていることを考えれば、容易に説明がつくのである」(pp. 135-6)（192 頁）。

　資本の指揮の下で労働は一国内を活発に移動する。その結果、労働とその労働が表現される価値との間に一定の基準が形成される。この労働価値論に基づいて、同一国内、例えばイギリス国内では、100 人の労働の生産物であるイギリスのクロスの価値は、120 人の労働の生産物であるイギリスのワインの価値の 100/120 であり、ポルトガル国内では、90 人の労働の生産物であるポルトガルのクロスの価値は、80 人の労働の生産物であるポルトガルのワインの価値の 90/80 である、と言える。その結果、アーウィンとともに正しく「ポルトガルはワインにおいて生産費の比較優位を有する」と言うことができるし、同様にして「イギリスはクロスにおいて生産費の比較優位を有する」とも言えるのである。

　同一国内の場合とは異なり諸国間については、労働移動が困難であって、労働と価値との関係において一定した基準が形成され得ないことになる。その結果、諸国の間においては「利潤率の相違」や「諸商品の真の価格すなわち労働価格の相違」が生ずることになる。諸国間において

「諸商品の真の価格すなわち労働価格の相違」が存在することの結果として、別言すれば、諸国間では労働価値論が妥当しないことの結果として、イギリス人100人の労働の生産物であるイギリスのクロスの価値は、ポルトガル人90人の労働の生産物であるポルトガルのクロスの価値の100/90である、とは言えないことになる。或る事情の下ではイギリスのクロスの価値がポルトガルのクロスの価値より小さくなることがあり得るかも知れない。実際に、リカードの有名な例解では、詳しくは後述するが、100人のイギリス人の労働を要したイギリスのクロスが、90人のポルトガル人の労働を要したポルトガルのクロスよりは廉価になっているのである。こうして、少なくともイギリスのクロスがポルトガルのクロスに対して、絶対的優位を有しているのだから、「ポルトガルは両商品の生産において生産費の絶対優位を持つ」というアーウィンの認識は誤りであることを確認できることになる。

六節．リカード貿易論の核心

　こうしてアーウィンの理論的弱点、つまりリカードの例解に対する彼の誤解を指摘したところで、次は筆者の正解を示す段階に進むことにする。〈Paragraph B〉〈Paragraph C〉〈Paragraph D〉を読む際に、二点に注意が払われるべきである。

　第一の注目点は、〈Paragraph B〉〈Paragraph C〉において、リカードが定冠詞（=the）を付けて〈the cloth〉と〈the wine〉と特定していること。1974年に行澤健三は具体的状況を特定する定冠詞の役割に着目して「イギリスのクロスとポルトガルのワインとの貿易が行われている現実にもとづいて」「現実に同じ価格で取引されているクロスの一定量とワインの一定量をとりあげているのである」という解釈を試みた[11]。この解釈に従うと、1年間100人の労働を要するイギリスのクロスと1年間80人の労働を要するポルトガルのワインが、同一の価格を持って、輸出商品の座を占めていることになる[壬]。この解釈は、以下に「第二の注目点」として示すところと同じ結論に到達することになる。筆者は、

この行澤解釈を支持したうえで、クロスの量を W 量、それと交換されるワインの量を X 量と表示する。

　第二の注目点は、〈Paragraph D〉において「100 人のイギリス人の労働が、80 人のイギリス人のそれに対して与えられることはあり得ない。しかし 100 人のイギリス人の労働の生産物が、80 人のポルトガル人、60 人のロシア人、または 120 人のインド人の労働の生産物に対して与えられ得るであろう」とされていること。この例解は、「100 人の労働の生産物であるイギリスのクロス」と「80 人の労働の生産物であるポルトガルのワイン」が国際貿易市場で同一価格であること、「イギリスのザ・クロス」と「ポルトガルのザ・ワイン」がそれぞれに同一商品種類のなかで最高の生産性優位と最低廉の価格水準を占めていることを意味している。

　こうした議論に基づいて、国際貿易市場において、W 量のイギリスのクロスと X 量のポルトガルのワインが、例えば £4000 で取引されていると想定する。国内の売買については労働価値論を適用できるので、W 量のポルトガルのクロスは £4000×90/80=£4500 となり、X 量のイギリスのワインは £4000×120/100=£4800 となる。こうして、リカードの「四つの数字の例解」を、下記のように労働（ないし勤労）量に基づくものと価値（ないし価格）量に基づくものという二つの方式で表現することができる。100 人のイギリス人の労働を要したイギリスのクロスが、90 人のポルトガル人の労働を要したポルトガルのクロスよりは廉価になっていることが明らかになる。

表① 労働量表示

	W 量のクロス	X 量のワイン
イギリス	100 人	120 人
ポルトガル	90 人	80 人

表② 価値量表示

	W 量のクロス	X 量のワイン
イギリス	£4000	£4800
ポルトガル	£4500	£4000

同様の考え方に従って、「四つの数字の例解」は、例えば、四種類の商品を生産する四カ国で構成される下記のような「一六の数字の例解」に拡張できる。

表③　労働量表示

	W 量のクロス	X 量のワイン	Y 量の穀物	Z 量の綿花
イ ギ リ ス	100 人	120 人	140 人	160 人
ポルトガル	90 人	80 人	100 人	110 人
ロ　シ　ア	84 人	78 人	60 人	102 人
イ　ン　ド	138 人	150 人	129 人	120 人

表④　価値量表示

	W 量のクロス	X 量のワイン	Y 量の穀物	Z 量の綿花
イ ギ リ ス	£4000	£4800	£5600	£6400
ポルトガル	£4500	£4000	£5000	£5500
ロ　シ　ア	£5600	£5200	£4000	£6800
イ　ン　ド	£4600	£5000	£4300	£4000

〈Paragraph A〉〈Paragraph B〉〈Paragraph C〉〈Paragraph D〉を総合して考えると、リカードの比較生産費説の例解は、カール・マルクスが指摘した通りに、〈価値実体としての労働〉と〈価値形態としての価格〉とによって構成される二重の視点を基礎に築き上げられていることを、疑問の余地なく確認できる。

上記の表①〜④の丹念な観察から明らかになる第一の注目すべき結果は、商品が自国から他国へ輸出されるためには、あるいは、商品が他国から自国へ輸入されるためには、価格上の絶対的優位が不可欠の条件を成すことである。この命題は、本章一節「サムエルソンの大誤解」の冒頭に引用したリカードの次の言明と完全に一致する。「クロスは、輸入元の国で掛かる費用より多くの金に対して売れるのでなければポルトガルに輸入され得ず、またワインは、ポルトガルで掛かる費用より多くの金に対して売れるのでなければイギリスに輸入され得ない」。他方で、この命題は、前出のアーウィンの次のような見解と完全に矛盾する。「比較生産費説あるいは比較優位の理論は、たとえ自国が或る財貨の生産に

おいて生産費の絶対的優位を有していたとしても、その財貨を海外から輸入する方が有利であることを示したのである」。

　この命題に従って、リカードは、同一種類の商品のなかで最低廉の商品を、国際価格競争における絶対的優位に基づいて輸出可能商品として特定しているのである。

　上記の表①〜④から得られる第二の注目すべき結果は、同一種類の商品のなかで最低廉に成り得ない商品、従って輸出能力のない商品に関わる。それら弱小商品が国際競争の中で生き残り得るか否かは、それぞれの国の比較優位商品との比較劣位の程度に依存する。もしそれらが技術改善によって比較劣位を克服できれば生き残れる。しかし、失敗すれば市場からの退出を余儀なくされて消滅するしか術がない。最低廉の商品に全く恵まれない国は、輸入商品の支払いに充てる輸出商品を持たない片貿易状態に陥り、貿易不均衡に悩むことになる。輸入商品の支払いに充てる輸出商品に代わって貨幣が支払わなければならないことになる。

　リカードの「四つの（ないし一六の）数字の例解」による範例を要約すると、次の点が明瞭になる。第一に、強力な輸出商品が、同一商品種類のなかで価値（ないし価格）上の絶対優位に基づいて、中心的位置を占めて、国際市場における価値（ないし価格）の標準尺度を形づくることになる。第二に、弱小の非輸出商品は、国内の他の商品との関係における労働（ないし勤労）の相対優位に応じて位置づけられることになる。

　筆者は、殆ど全ての経済学者と異なり、リカードの国際自由貿易論について、次のような結論に到達している。それは、相互的利益を目指した共存共栄の平和な世界のみを描き出したものではなくて、強者が弱者を犠牲にして弱者が強者の餌食になる過酷な競争と適者生存・弱肉強食の世界をも内包しているのである。

　2016年の今、日本は、一種の自由貿易協定であるT.P.P（環太平洋連携）協定を体験しようとしている。それが共存共栄の状況を創出するのか、

弱者が強者の餌食になる多様性の喪失を惹起するのか、それが問題である^(癸)。(2016年秋)。

補節．リカード貿易論の諸相

(甲) 新古典派理論を中心に形成された現在の経済学では、需要曲線を右下がりに書き供給曲線を右上がりに描くことが広く受け入れられている。それに対して、マルクスを含めた古典学派の価値論を基礎にして、新古典派の需要関数の前提となる限界効用理論を批判的に検討する興味深い論稿が存在する。そこでは、右上がりの需要曲線と水平の供給曲線とを用いて価格調整の代替的メカニズムが考察されている。奥山忠信「需要論の省察」(仙台経済学研究会『経済学の座標軸』社会評論社、2016年、所収) 参照。

(乙) リカード比較生産費説に関して誤読・誤解に基づく定式化の典型例として、本文ではポール・Ａ・サムエルソン (Paul A. Samuelson, 1915-2009) の、国際経済学学会第3回会議における「経済学者の道」と題する会長講演 (Presidential Address : The Way of an Economist.) のなかの、「リカードの比較優位の原理は、あらゆる商品に関して絶対的に生産性が高い場合でも、逆に絶対的に生産性が低い場合でも、貿易によりどの国も相互に貿易利益が得られることを論証している (The Ricardian theory of comparative advantage [is] the demonstration that trade is mutually profitable even when one country is absolutely more — or less — productive in terms of every commodity.)」という一文を取り挙げた。このサムエルソン見解について、本文では生産性の高さ (低さ) は生産費用・価格の低さ (高さ) として表現される、という経済問題の通例の取り扱いに即して検討した。その結果、「或る国があらゆる商品について絶対的に生産性が低い場合には、その国で生産された商品の価格は外国産の商品 の価格より高くなるわけで、そもそも自国からの外国への輸出が為されること自体がありえないのである」から、貿易利益が得られるこ

ともあり得ないわけで、上記サムエルソン見解は誤りであると考えられることを明らかにした。

　しかしながら、このサムエルソン見解については、今一つ、別の見方もあり得る。サムエルソンなど新古典派の経済学者の場合、労働量表示と価値量表示との区別に無頓着なままに、労働量表示を価値量表示と混同して誤解している可能性がある。リカードの「四つの数字による例解」に即して言えば、イギリスのクロスが 100 人の、ワインが 120 人の労働を要し、ポルトガルのクロスが 90 人の、ワインが 80 人の労働を要するという状況で、同種商品の異国間比較で、必要労働量を直接に比較して、クロスは 100 人対 90 人でポルトガルが絶対優位（イギリスが絶対劣位）、ワインは 120 人対 80 人でポルトガルが絶対優位（イギリスが絶対劣位）である、それでいて異種商品の同国内比較でイギリスでは 100 対 120 でクロスが、ポルトガルでは 90 対 80 でワインが相対優位を占めて、リカードによって輸出財に指定されている。そう解釈すると、「あらゆる商品に関して絶対的に生産性が低い場合でも、貿易によりどの国も貿易利益が得られることを論証している」と、思われるかも知れない。

　だが、この解釈が妥当性を有し得ないことは、三節、五節、六節で明らかにされている。三節において、次のことが明らかにされる。マルクスが、商品（市場）経済の諸現象を分析するに当って、〈価値実体としての労働（*labour as the substance of value*）〉と〈価値形態としての価格（*price as the form of value*）〉の二重の視点の不可欠性を主張していること、市場経済の諸現象（そこに外国貿易が含まれることは言うまでもない）を労働と価値（ないし価格）との二重の視点から分析する手法は、スミス、リカードにも共通していること、したがってリカードの比較生産費説も、労働（ないし勤労）の側面のみならず、価値（ないし価格）の側面においても理解されるべきこと。

　五節において、〈Paragraph A〉〈Paragraph B〉〈Paragraph C〉〈Paragraph D〉を総合的に解読することが求められる。〈Paragraph A〉において、商品の価値はその生産に必要な労働によって決まるという労働価値論は、一国内では妥当性があるが、国際間には適用できないということが述べられる。では、国際間ではどうなるか。〈Paragraph D〉において「100 人

のイギリス人の労働の生産物が、80 人のポルトガル人の労働の生産物に対して与えられ得るであろう」という例解が示される。この例解を、〈Paragraph B〉〈Paragraph C〉と照らし合わせると、「100 人の労働の生産物であるイギリスのクロス」と「80 人の労働の生産物であるポルトガルのワイン」が国際貿易市場で同一価格であること、「イギリスのザ・クロス」と「ポルトガルのザ・ワイン」がそれぞれに同一商品種類のなかで最高の生産性優位と最低廉の価格水準を占めていることが判明する。そこで、国際貿易市場における同一価格水準にある「イギリスのザ・クロス」と「ポルトガルのザ・ワイン」を基準として、「イギリスのワイン」と「ポルトガルのクロス」の価格を見ると、六節の表①と表②に示す通り、100 人のイギリス人の労働を要したイギリスのクロスが、90 人のポルトガル人の労働を要したポルトガルのクロスよりは廉価になっていることが明らかになる。

　サムエルソンは（上記のような解釈を施したとすれば）、古典学派の労働と価値（ないし価格）の二重の視点を把握できずに、同種商品の異国間比較で、必要労働量を直接に比較して、クロスもワインもイギリスが絶対劣位であると判断する過ちに陥っていることになる。アーウィンも同様の過ちを犯していることは幾度も強調されるに値するはずである。

（丙）本文において、〈『経済学および課税の原理』（David Ricardo, *On the Principles of Political Economy and Taxation*. 1817）第 7 章「外国貿易について」（On Foreign Trade）〉と記した。細かいことながら、200 年前の 1817 年の初版では、外国貿易論は第 6 章となっていた。第 7 章とされたのは、1819 年の第 2 版以降のことである。第 6 章から第 7 章への変更は、実質的に「章」が増えたからではなくて、第 2 版の第 5 章「賃銀について」と第 6 章「利潤について」が、初版においてはともに第 5 章と番号付けされる誤りがあったのを、訂正した結果である。

（丁）商品の輸出入の不可欠の条件として、価格の絶対優位（the absolute priority of price）の必要を述べたリカードの次のような言明は、筆者が最大に強調したいと考える論点である。「クロスは、輸入元の国

で掛かる費用より多くの金に対して売れるのでなければポルトガルに輸入され得ず、またワインは、ポルトガルで掛かる費用より多くの金に対して売れるのでなければイギリスに輸入され得ない」(Thus, cloth cannot be imported into Portugal, unless it sell there for more gold than it cost in the country from which it was imported; and wine cannot be imported into England, unless it will sell for more there than it cost in Portugal.)。

　同種同質の商品について言えば、競争相手の商品より高価な商品は買いもされず売りもできないことは、経済学を学んだことがない人でも、誰もが知っていることである。したがって上記のリカードの言明は、市場経済における周知の基本原理を表明したものに過ぎないのである。にもかかわらず、註記（乙）のサムエルソン見解について見たように、リカード貿易論が労働量次元にのみ局限して解釈されることになると、価格量次元への視点が欠落して、この基本的事実が忘れられて仕舞うのである。貿易も商品売買であり価格の絶対優位が不可欠の条件を成すことが視野から脱落する。貿易が物々交換的に想定されて、生産性の優劣に関わらずいずれの国においても輸出が可能であり貿易利益が得られるかの如き架空の世界が想像されるのである。

　そういう想像に基づくリカード貿易論の解説を、高校「政治・経済」教科書から二例引用する。

　第一例、東京書籍「政治・経済」2002年発行、「自由貿易と国際分業」と題した節。「一国が必要な財貨のすべてを国内の生産でまかなう（アウタルキー autarky）よりも、それぞれの国が分業（国際分業）を行って、生産物を互いに交換（貿易）したほうが各国の利益になるのではないだろうか。D・リカード（D. Ricardo. 1772-1823）はこのような予想に肯定的な解答を与えた。例えば、ポルトガルはイギリスに比べてワインをクロスよりも有利な条件で生産することができ（**比較優位**）、反対にイギリスはポルトガルに比べてクロスをワインよりも有利な条件で生産できるなら、ポルトガルはワインに、イギリスはクロスに**特化**（特定化）して、他財は貿易によって手に入れたほうが、自給自足するより利益になることを、リカードは示した（**比較生産費説**）」。

　別枠で「**リカードの比較生産費説**」の解説が続く。

	ワイン1単位の 生産に必要な労働量	クロス1単位の 生産に必要な労働量
ポルトガル ……	80人	90人
イギリス ……	120人	100人

　ポルトガルがワイン、イギリスがクロスにそれぞれ特化することを前提として、この貿易を検討すると、ポルトガルにとっては、ワイン1単位に対してクロス80/90単位以上が得られれば有利となる。イギリスにとっては、ワイン1単位を得るのにクロスが120/100単位以下であれば有利となる。この場合、ワインに対するクロスの交換比率が80/90以上で120/100以下であれば、この貿易によりイギリスとポルトガルがともに利益を得ることがわかる。

　第二例、清水書院「新政治・経済」2002年発行、「国際分業と貿易」と題する節。「国によって自然資源の存在量や生産技術の水準が異なるので、同じ財を生産しても、その生産費には国際間で大きな差異が生じる。このような場合、各国がどの財の生産に集中（特化）するのがよいか示したのが、イギリスのリカード（D. Ricardo. 1772-1823）の**比較生産費説**である。国と国との間で自由な競争が行われるなら、この学説に基づいて国際間で効率的な分業が成立する。これが自由貿易論の主張であり、現在のＷＴＯの精神はこの方向に沿うものである」。

　別枠で「**国際分業の利益（比較生産費説）**」の解説が続く。

　各財1単位の生産に要する労働者の数が下表の左側のように与えられた場合、A国は衣料に、B国は食料に、それぞれ特化するのがよい。そうするなら、各国が孤立的に生産を行う場合に比較して、世界全体としてはより多くの財が生産できる。これらの財を国際間で取引するなら、国際分業のない場合よりも人々の生活水準は高まる。

特化する前	A国	B国	生産量	特化した後	A国	B国	生産量
衣料 ……	1人	4人	2単位		3人	－	3単位
食料 ……	2人	2人	2単位		－	6人	3単位
計	3人	6人			3人	6人	

東京書籍版では、各国が特化財の交換によって今までより少量の労働で非特化財を入手できるという形で、清水書院版では各国が特化財の生産に専念することで全体の生産量が増大するという形で、分業による貿易の利益が説明される。リカードの比較生産費説は、各国が労働量で表された生産費の相対比較的に小さい財（ポルトガルのワイン、イギリスのクロス、Ａ国の衣料、Ｂ国の食料）に特化すること、それによって各国が利益を得られることを明らかにした、と解釈されている。いずれの国も、どちらかの商品について、相手国商品より価格上の絶対優位を占めるのでなければ輸出が不可能だという事実は全く等閑に付されている。両商品ともに価格上の絶対劣位にあれば輸出商品を欠く、いわゆる片貿易状態に陥り、貨幣による支払いを余儀なくされるわけだが、そういう事実への言及は片鱗ほども見当たらない。本章二節末尾部分に紹介したように、リカードは、イギリスのワイン生産における技術革新の結果、イギリスがクロスでもワインでも価格の絶対優位を実現して、ポルトガルが片貿易状態に陥る場合を例示している。リカード原典が丁寧に読まれなければならないことを示唆するものに他ならない。

　（戊） アーウィンに限らず比較生産費説の解釈について共通に見られる誤りの一つが、単一経済主体と複数経済主体との混同という論点である。本章二節における例示、町一番の女性弁護士がタイピストとしてもまた町一番であるという単一主体の場合には、彼女が法律業務に特化することが、同時にタイピスト活動の放棄であるので、秘書は、法律業務でもタイピスト活動でもともに効率性において弁護士より絶対劣位にあるけれど、タイピスト活動において比較優位にあるならば、弁護士に代わってタイピストとして雇用されることがあり得る。解説書において良く用いられるのは、物理学研究室でのアインシュタインと実験助手の分業関係である。理論構築でも実験実施でも両方ともにアインシュタインが絶対優位にあるとしても、アインシュタインは相対優位を占める理論構築に専念して、実験助手が実験を担当する、そういう分業関係は単一主体の場合は成り立ち得る。

それに対して、一国においては複数の経済活動主体が、つまり多数の資本家が、存在する、という点で事情が根本的に異なるのである。A国には多数の資本家が存在しており、A国が、各商品について生産性がB国より絶対的に高い限り、商品Xについては言うまでもなく、商品Yもまた A国からB国へ輸出されるのである。A国において商品Yを生産する資本家は、商品Yの生産を継続するのであり、決して放棄するわけではない。その結果、B国で商品Yを生産している資本家にB国からA国へ彼らの生産物を輸出し得る機会が与えられることはあり得ないのである。

この論点を巡っては、リカードの、「商業上の各取引は独立の取引である（Every transaction in commerce is an independent transaction.）」という言明が注目されるべきである、と筆者は考える。商品の生産と販売が個別資本に担われて、各商品が（クロスはクロス同士、ワインはワイン同士で競争して）独立の個別商品として販売されること、個々の商品が貨幣に対して販売され次いでその貨幣で別の商品が購買されることが認識されねばならない。一国単位でクロスとワインが交換されるわけではない。商品の交換過程は、対立しつつ互いに補い合う二つの変態 — 商品の貨幣への転化と貨幣から商品へのその再転化とにおいて行われる。略記すれば、商品（Ware）— 貨幣（Geld）— 別の商品（Ware'）、W–G–W' となる。現実には W→G および G→W' という独立の形の商品売買形式で行われる多数の取引の積み重なりの結果を一括して W→←W' 形式で表現したのが、リカードの「四つの数字による例解」における「クロスとワインの交換」に外ならない。

貿易を担当するのは独立した個別資本家であって、一国単位で貿易業務が行われることは（国家貿易のような特殊貿易業務を別として）通常あり得ないことである。その意味で、単一主体間の分業関係を複数主体間の関係に安易に読み替えることは妥当性を欠くと言わなければならない。

(己)「価値（value）」と「価格（price）」との関連について、マルクスは、ここで示した通り、「価格は価値の貨幣的表現である」としている。

リカードも「価格を表現する媒介物である貨幣〈money, the medium in which price is expressed〉」（Ricardo, *On the Principles of Political Economy and Taxation*. p.47）という把握、「貨幣」を「価値を評価する媒介物ないし価格を表現する媒介物〈the medium in which value is estimated, or price expressed〉」（p.48）とする理解を示している。こうした見解に従えば、貨幣の価値の上昇下落に伴って同一価値商品の価格は下落上昇することになり、価値と価格の不一致の可能性が生じることになる。しかし、本章で検討する限りでは、特別の量的差異が生じることはなく、「価値」と「価格」は代替可能な用語として、その差異に拘らないことにする。

（庚）アーウィンは比較生産費説の説明に際して「機会費用」概念を用いている。本章二節で指摘したことであるが、諸個人についてのみ、つまり単一主体の場合についてのみ適用される概念を、諸国間の関係について、つまり複数主体の場合について適用している点で無理があることに改めて注意を求めておきたい。

「機会費用」概念は、次のように説明される。「与えられた条件の下で最善のものを選択した場合、残された選択物（犠牲となったもの）のなかの最善のものの価値を指す。一般に多数の用途をもつ財・サービスをある特定の用途に利用する場合、それ以外の用途は利用されずに犠牲となっている。この　犠牲となった用途を利用したら得られたであろう収益のうち最も値の大きいものである」（『ブリタニカ国際大百科事典』）。

リカードの例解におけるイギリスのクロスとワインの例で示すと、イギリスにおけるクロスの機会費用とは、クロスを生産したことによって失われるワインの量である。したがって、イギリスにおけるクロスの機会費用は、100／120≒0.83である。イギリスでは100人の労働者によって1単位のクロスが生産されるが、その労働量がワイン生産に振り向けられれば、0.83単位のワインを生産することになる。つまり、1単位のクロスを得るには0.83単位のワインを手放さなければならないことを意味する。以下、同様にして労働量表示に依るリカード数値例を、田中史郎の表示（経済理論学会第62回大会・2014年・分科会配付資料）に習って示すと、機会費用表示では次のようになる。

	労働量表示		機会費用表示	
	W 量のクロス	X 量のワイン	W 量のクロス	X 量のワイン
イギリス	100	120	0.83	1.2
ポルトガル	90	80	1.13	0.89

　機会費用による表示で、イギリスではクロスに、ポルトガルではワインに比較優位が存在することが分かる。ところで、改めて繰り返すと、機会費用とは、何かを得るために選択することで失われる何かを指していたが、それが行われるのは、個人のような単一主体の場合であって、諸個人の集合である一国経済などでは、そうしたことは行われない。

　複数主体によって構成される一国経済においては、機会費用論が適用され得ない事情は、以下の通りである。主体 A が対象商品（a）を選択しても、主体 B 以下に依って対象商品（b）以下が選ばれる可能性は残っているわけで、対象商品（b）以下は決して放棄されたり犠牲に供されたりするわけではない。主体 A が単一主体である場合には、主体 A が対象商品（a）を選択すれば、対象商品（b）以下は選択に漏れて、放棄されたり犠牲に供されたりすることになる。しかし複数主体の存在する場合には、対象商品（b）以下について主体 B 以下が「拾う神」「救う神」として登場し得るわけで、単一主体の場合とは根本的に前提が異なるのである。

　アーウィンは、「機会費用」概念を用いて、「国々はその機会費用（絶対生産費という観点ではなくて、或る財貨を選択した結果として放棄された他の財貨の暗黙の犠牲という観点でみた費用）が最小であるような財貨の生産に特化するであろう（Countries would specialize in the production of the goods in which their opportunity cost（in terms of the implicit sacrifice of other, foregone goods, not in terms of absolute cost）was lowest.）」と言う。だが一般的にそれは無理であり、妥当性を欠いている。その理由は以上に述べた通りである。

　アーウィンの言葉通りに「国々はその機会費用（絶対生産費という観点ではなくて、放棄された他の財貨という暗黙の犠牲という観点でみた費用）が最小であるような財貨の生産に特化するであろう」と言えるためには、

一つには、「その機会費用が最小であるような財貨」が同時に国際貿易市場で絶対優位を占める「最低価格商品」であって輸出可能である場合、二つには、その国には「その機会費用が最小であるような財貨」以外に国際貿易市場で絶対優位を占める「最低価格商品」になり得る種類の商品が存在しない場合、そういう二つの条件が満たされる必要がある。価格の絶対優位に関わるこの条件を抜きにして、アーウィンのように機会費用概念のみで特化商品を特定することはできないのである。

(辛) アーウィンは「リカードの僅か三文節の議論（Ricardo's mere three paragraph discussion）」に焦点を絞って、リカード貿易論を検討している。ということは、本章五節に引用した〈Paragraph A〉〈Paragraph B〉〈Paragraph C〉〈Paragraph D〉のうち後の三文節を検討対象にして、〈Paragraphs A〉は視野外に置いて顧みなかったということである。〈Paragraph A〉において、商品の価値はその生産に必要な労働によって決まるという労働価値論は、一国内では妥当性があるが、国際間には適用できないということが述べられている。この点を把握しておくならば、商品生産に必要な労働量について国境を越えて直接比較することの無理を了解できたはずである。アーウィンは、逆にその点を無視したために、イギリスのクロスに必要なイギリス人100人の労働とポルトガルのクロスに必要なポルトガル人90人の労働を直接に比較して、ポルトガルのクロスの絶対優位を結論付ける誤りに陥ったのである。この論点を巡っても、註記**(丁)**に記した通りに、リカード原典が丁寧に読まれなければならないことが痛感される。

　他方、同じく「リカード原典が丁寧に読まれなければならないことが痛感される」ときでも、リカードの弱点を看破して誤りに誘導されないために、という場合もある。問題として取りあげるべきリカードの弱点とは、前記の〈Paragraph A〉〈Paragraph B〉〈Paragraph C〉〈Paragraph D〉に続く次のような註記＜ Paragraph E ＞である。「こうしてみると、機械と熟練において非常に著しい利点を持ち、それ故に、その隣国よりもはるかに少ない労働を用いて諸商品を製造しうる国は、たとえ、そこから穀物を輸入する国よりも、自国の土地がより肥沃であり、穀物がより少

ない労働で栽培されうるとしても、そのような諸商品を代償として、自国の消費に要する穀物の一部分を輸入することがある、ということは明らかであ ろう。二人の人が共に靴と帽子を作ることが出来て、一方の人はこれら両方の仕事において他方の人よりも優れているが、しかし帽子の製作においては、彼は彼の競争者に5分の1すなわち20％だけ優れているに過ぎず、そして靴の製作においては、3分の1すなわち33％だけ優れている、としよう。優れた人の方が専ら靴の製作に従事して、劣った人の方が帽子の製作に従事するのが、両者の利益ではないだろうか？（It will appear then, that a country possessing very considerable advantages in machinery and skill, and which may therefore be enabled to manufacture commodities with much less labour than her neighbours, may, in return for such commodities, import a portion of the corn required for its consumption, even if its land were more fertile, and corn could be grown with less labour than in the country from which it was imported. Two men can both make shoes and hats, and one is superior to the other in both employments; but in making hats, he can only exceed his competitor by one-fifth or 20 per cent., and in making shoes he can excel him by one-third or 33 per cent.; ― will it not be for the interest of both, that the superior man should employ himself exclusively in making shoes, and the inferior man in making hats ?）」（p.136）（192〜3頁）。

　この註記は、相対優位に基づく国際分業関係を例示するものとして、しばしば引用されるものである。しかしながら、そのような例示として読む際には、二点にわたる弱点が潜在していて、例示としての適格性を欠いていることに留意する必要がある。弱点の第一は、引用文のなかの第二の文章に関して、この註記 **(辛)** でアーウィンについて言及した論点、つまり労働価値論は国際的には適用できないということである。上のような例示として読む際は、同一国内における靴職人と帽子職人との間の労働量関係を国境を越えた二国間の関係に適用できるかのような議論を展開しているのである。労働量表示において帽子生産では優者は劣者に5分の1だけ優り、靴生産では3分の1だけ優れている。しかしながら、〈Paragraph D〉において「100人のイギリス人の労働の生産物が、

80 人のポルトガル人、60 人のロシア人、または 120 人のインド人の労働の生産物に対して与えられ得るであろう」としているように、国境を超えた場合には、少量労働の生産物が高価格になることがあり得るのだから、労働量表示における優者（優国）が価格量表示においても優者（優国）であるとは断定できないわけである。

　弱点の第二は、引用文のなかの第一の文章に関して、註記（戊）で言及した単一主体間の個人関係を複数主体の諸国関係に読み替えることが出来るか否かという問題である。単一個人主体の場合は、絶対的には帽子生産にも靴生産にも優れた優者が、より優位の程度の大きい靴生産に特化すれば帽子生産は放棄されるから劣者が帽子生産を担当する機会が生まれて、優者が靴作り、劣者が帽子作りという分業の可能性は存在するだろう。（後述部分で吉信粛が指摘するように、状況によっては、その可能性も失われる場合も有り得る）。複数主体から構成される諸国経済になると、自国が諸商品生産においても農業生産においても優位にある場合（リカードは労働量表記で優位性を示しているが、価格量 表記でも優位性が維持されると仮定して）、自国には諸商品生産の担当者も農業生産の担当者も存在し、かつ隣国の生産者に対して優位を保つわけだから、隣国は農業生産においても輸出商品を生産し得る余地は見いだせないはずである。論理天才のリカードが誤読誘発の註記を付した事例と考えられる。

（壬）1974 年に行澤健三は論文「リカードゥ『比較生産費説』の原型理解と変形理解」を発表した。〈Paragraph B〉における具体的状況を特定する定冠詞（= the）の役割に着目して「イギリスのクロスとポルトガルのワインとの貿易が行われている現実にもとづいて」「現実に同じ価格で取引されているクロスの一定量とワインの一定量をとりあげているのである」（41 頁）という優れた解釈を示した。この解釈に従うと、1 年間 100 人の労働を要するイギリスのクロスと 1 年間 80 人の労働を要するポルトガルのワインが、同一の価格を持って、輸出商品の座を占めていることが明らかになる。

　行澤は英語文法の仮定法（= the subjunctive）への着目に基づいて、次のような今一つの優れた解釈をも示した。「（イギリスの）一定量の

クロスとポルトガルのワインとは現実に市場で1対1でかえられている。だからイギリスにとってその量の輸入ワインの入手費用はイギリスの労働ではかって年間100人の労働であるという事情にある（so circumstanced）ことは〈Paragraph B〉のセミコロン以前ですでに明らかである。そしてセミコロン以下での想定によると、その量のワインを自国で作ろうとすると年間120人の労働を要する（ここは subjunctive の構造になっている）、つまりセミコロン以前とちがって現在の事実（輸入）に反する仮定（国産）を行っている推論部分であることになる」(43頁)。

　この解釈に従えば、イギリスでは輸出商品としてのクロスへの特化とワインの輸入商品化が既に行われていることになる。リカードの例解の数字は、貿易のない状況（= autarky）・貿易以前の状況・特化以前の状況を描写したものではなく、現実に貿易が行われ特化も進められている状況の提示と考えられているのである。

　多くの論者は、漠然と「クロス1単位」「ワイン1単位」という単位設定を行うだけに終わっていて、「クロス1単位」と「ワイン1単位」の関連について関心を払うことはなかった。そういう状況下で、「現実に同じ価格で取引されているクロスの一定量とワインの一定量をとりあげている」という理解を示し得たことは極めて大きい貢献だと言えよう。

　ここから一歩を進めて、〈Paragraph D〉における「100人のイギリス人の労働の生産物が、80人のポルトガル人の労働の生産物に対して与えられ得るであろう」という例解と、合わせ考えられたならば、本章六節で表①表②および表③表④として示した労働量表示と価値量表示に見られる二重の視点に基づく解読が可能となったことだろう。

　残念ながら、行澤の考察はそのような方向へ進むことはなかった。行澤が拘ったのは、〈Paragraph B〉における「イギリスはクロス（the cloth）を生産するのに1年間100人の労働を要し、またワイン（the wine）を醸造しようとすれば、同一期間に120人の労働を要するような事情のもとにあるとしよう。したがって（therefore）、イギリスは、ワイン（wine）を輸入し、それをクロス（cloth）の輸出によって購買するのがその利益であることを知るであろう」という文章で、「therefore 以前の叙述によってイギリスの利益を説明する」(36頁)こと、「〈した

がって（問題の "therefore"）〉以前に、イギリスにとってのこの貿易の利益が論証されていること」（42 頁）であった。そういう読解方法をリカード比較生産費説の「原型理解」と名づけて称揚した。それに対して、〈Paragraph B〉〈Paragraph C〉を一括して検討対象にする方法を「変形理解」と呼んで斥けたのである（35 〜 39 頁）。

　行澤の拘りの真価について、筆者には測りがたいところがある。筆者は、本章五節および六節で示したように、〈Paragraph A〉〈Paragraph B〉〈Paragraph C〉〈Paragraph D〉を総合的に読み取ることが肝要だと考える。リカードは、〈Paragraph A〉で、労働価値論が妥当するのは同一市場内であること、国境の壁を越えた諸国間には適用され得ないことを示す。〈Paragraph B〉〈Paragraph C〉で、国境を越えたイギリスとポルトガルにおいて、（マルクス的表現を使用すれば）「価値実体としての労働」と「価値形態としての価格」との関係の二様の有り方が示される。〈Paragraph D〉において、「二様の有り方」を一般化して、「100 人のイギリス人の労働の生産物が、80 人のポルトガル人、60 人のロシア人、または 120 人のインド人の労働の生産物に対して与えられ得るであろう（the produce of the labour of 100 Englishmen may be given for the produce of the labour of 80 Portuguese, 60 Russians, or 120 East Indians.)」と総括する。そういう形で〈Paragraph A〉〈Paragraph B〉〈Paragraph C〉〈Paragraph D〉を総合的に読み取ることによって、国際市場における労働と価値（ないし価格）の関連の有り方を巡るリカードの見解を把握することができる。

　吉信粛「リカードウ『比較生産費説』の論理構造」（『古典派貿易理論の展開』同文館出版、1991 年、69 〜 137 頁所収）は、リカード原典は勿論のこと内外の関連文献を丹念に検討したうえで精緻に組み立てられた類まれな作品である。（長大な論文であって、納得し得ない部分が残るのはやむをえないところではあるが）。行澤のいわゆる「原型理解」と「変型理解」についても、前者・原型理解は「交換比率を前提したうえで議論を進めている」のに対して、後者・変型理解では「交換比率は四つのマジック・ナンバーが同時に示された後に初めて与えられるという論理構造」（99 頁）になっている、と明快に解明されている。

　原型理解と変型理解を巡るこの見地から、前出の〈Paragraph A〉〈Paragraph B〉〈Paragraph C〉〈Paragraph　D〉に続く＜ Paragraph E ＞を巡って、吉信論文は、リカードの弱点の指摘とその訂正に努めている。筆者も註記（辛）において、このリカード註記に含まれる弱点を検討したが、吉信論文におけるリカード批判には筆者のそれと異なる視点からの興味深いものが認められる。そのなかから二つの論点に言及を試みてみたい。

　第一項目、註記前半の自国と隣国の生産性比較を巡って。リカードの設例は次の通り。「こうしてみると、機械と熟練において非常に著しい利点を持ち、それ故に、その隣国よりもはるかに少ない労働を用いて諸商品を製造しうる国は、たとえ、そこから穀物を輸入する国よりも、自国の土地がより肥沃であり、穀物がより少ない労働で栽培されうるとしても、そのような諸商品を代償として、自国の消費に要する穀物の一部分を輸入することがある、ということは明らかであろう」。この註記の内容が、「原型理解」とは異なり「変型理解」となっているというのが論点である。本文の〈Paragraph B〉〈Paragraph C〉においては、イギリスの 100 人の労働生産物（クロス）とポルトガルの 80 人の労働生産物（ワイン）が等価であるという形で交換比率が確定されていた。それに対してこの註記では、自国と隣国、諸商品と農産物、この四つの項目の間に交換比率を示唆するものは何もない。「つまりリカードは、この一連の推理の最後において、その議論の内容とは異なった論点を含む問題を取り扱っているのである。これは一種の矛盾である」（79 頁）と、吉信は述べる。

　第二項目、個人二人の靴作りと帽子製造とにおける生産性比較を巡って。リカードの設例は、次のような内容である。「二人の人が共に靴と帽子を作ることが出来て、一方の人はこれら両方の仕事において他方の人よりも優れているが、しかし帽子の製作においては、彼は彼の競争者に５分の１すなわち 20％だけ優れているに過ぎず、そして靴の製作においては、３分の１すなわち 33％だけ優れている、としよう。優れた人の方が専ら靴の製作に従事して、劣った人の方が帽子の製作に従事するのが、両者の利益ではないだろうか？」。このリカードの設例に対して、吉信論文は、次の二点を批判する。

一点目、「二人の人物の間には、あらかじめ決められてその労働の結果たる生産物の交換比率というようなものは存在しないのが原則であろう。したがってこうした例によって示されるのは、二人の人物によってはじめて交換が開かれるのを前提としているのである」(81頁)。「交換比率は（優者と劣者、靴と帽子、を巡る）四つのマジック・ナンバーが同時に示された後に初めて与えられるという論理構造」となっていて、「原型理解」とは異なり「変型理解」となっているという批判と考えられる。第一項目に共通する論点である。

　二点目、「これはAおよびBという個人間の関係であるが、ここにすでに商品交換が存在しているとすれば、両人が同一国内に生活しているかぎり価値法則の適用を受けることになろう。劣者Aは競争において優者Bに対して不利となり、そのいかなる商品を以てしてもBの商品と交換することはできないということになろう。二人の間に分業が発生するどころか、Bはその職を失うことになるかも知れない」(108頁)。（「その職を失う」のは、BでなくAであり、Bというのは誤記と考えられる―福留）。労働量表記を見ると、靴作りにおいてAの100に対してBの80、帽子作りにおいてAの100に対してBの67となる。（優者Bが帽子生産に特化することが無くて）AとBとがともに両製品を生産し続けるとすると、同一国内では労働価値論が適用されるので、Aの靴が£100のときBの靴は£80、Aの帽子£100のときBの帽子は£67となるはずである。劣者Aの製品は販売不能となって彼はその職を失うことになると考えられる。「優れた人の方が専ら靴の製作に従事して、劣った人の方が帽子の製作に従事する」という形の分業関係をリカードは想定したわけだけれども、その想定は妥当性を欠く場合も考えられるのである。

　これら二つのリカード批判の論点について、筆者はかつて「この吉信の主張は、当を得ていないように思われる」として否定的に評価してリカード擁護を試みたことがある（九州大学経済学会『経済学研究』第74巻第1号、2007年6月刊、所収、「比較生産費と国際価値 ― リカード説の本質理解」26～28頁）。行澤と吉信のいわゆる「原型理解」と「変型理解」との特質を的確に把握し得ないままに、リカードの弱点を看破できなかった筆者の短慮に基づく誤解であった。

リカードの全体の論調から逸脱したこの註記について、吉信は「一つの可能性として考えられることは」一般読者向けの平易な例示として「まさにJ・ミルの強い慫慂によって、リカードにとってはなじまないまゝに付けられたものであるということである」(133頁) という興味深い想定を行っている。

(癸)前記「How David Ricardo Has Been Misunderstood: The Case of Douglas A. Irwin」を執筆した2016年秋の時点では、環太平洋経済連携協定は国会承認を経て発効が見込まれる情勢であった。その後に、オバマに代わったトランプ合衆国大統領がT.P.P離脱を明言したことによって、日本が「T.P.P (環太平洋連携) 協定を体験しようとしている」と記した点は、現実性を失うこととなっている。

商品の輸出入の不可欠の条件として価格の絶対優位 (the absolute priority of price) の必要を述べたリカードの言明にも拘わらず、比較的に生産性が高い産業に特化することで、どの国も貿易利益が得られるという見解が通説化している。典型例を根岸隆の次のような主張に見ることが出来る。「ある意味で現代の経済学を代表するノーベル賞経済学者のサムエルソンは次のように言っている。お互いに異論が多くてなかなか同意しない経済学者であるが、そのほとんどすべてが一致して承認する経済学の定理は、リカードの国際貿易に関する比較生産費の原理、比較優位の原理であると。各国が比較的に (絶対的にではなくてもよい) 生産性が高い産業に特化し、その生産物を互いに輸出する国際貿易により、どの国も貿易利益が得られる。基礎的な原理としては自由貿易が正しい」(「学説史に学ぶ — 基本と応用」日本経済新聞、2001年9月21日)。

経済理論の世界においてのみならず、現実の政治経済の世界においても、「基礎的な原理としては自由貿易が正しい」という主張に導かれて、多くの経済学者やジャーナリストがT.P.Pなどの自由貿易協定に賛同する傾向が生まれる。

本章六節に、「労働」と「価値・価格」の二重の視点で読み解いた「リカードの四つ (ないし一六) の数字」の例解が、表①表②表③表④として示されている。これらの表示を注視することによって、次の諸点を看

取することが出来る。第一、各国同種商品のなかで最高の生産性上昇・生産費削減を実現できた最低価格商品のみが価格上の絶対優位に基づいて輸出商品として国際貿易市場で勝ち残り得る。それらの商品群によって、国際市場における価値（ないし価格）の標準尺度が形成される。第二、各国のその他商品は、技術改善と経費削減に努めて最低価格を実現し得ない限り、敗退を余儀なくされて市場から消滅する以外に術がなくなる。第三、最低価格商品を生産し得ない諸国の場合、輸出商品を持ち得ないところから、輸入するだけの、いわゆる片貿易状態に陥り呻吟を重ねることになる。第四、最低価格商品のみが勝ち残る厳しい競争が繰り広げられる結果、熾烈な生産性引き上げ・生産 費切り下げ競争（「底辺への競争（the race to the bottom）」）の渦巻く優勝劣敗・弱肉強食の市場状況が出現することにもなる。

　以上のように見てくると、根岸・サムエルソン見解の如く「基礎的な原理としては自由貿易が正しい」とばかり言ってはおられないわけである。優勝劣敗の「優者」と「劣者」のどの側面に焦点を絞るかによって、自由貿易の効果や影響が大きく左右されるはずである。現実に民主党の菅直人政権の下で T.P.P 参加問題が浮上した 2010 年 10 月、T.P.P 参加の日本経済への影響を実質国内総生産（GDP）で計測した推計値の政府試算が発表された。内閣府は 2010 年時点で 2.4 〜 3.2 兆円の増加を見込んでいた。それに対して反対に、農林水産省は 2010 年時点で環境を含め 11.6 兆円の損失を予測した。また逆に、経済産業省は、不参加の場合の損失を 2020 年時点で 10.5 兆円と計算した（読売新聞、2010 年 10 月 27 日夕刊）。その後、自由民主党の安倍晋三政権の下で日本政府は、2013 年 3 月に T.P.P 交渉への参加を正式に表明し、紆余曲折を経て 2016 年の協定締結、国会承認に至ることになる。この間に、交渉が巧妙に、かつ徹底的に農水省関係者を排除して、経産省主導で推進された経緯について、作山巧『日本の TPP 交渉参加の真実』（文真堂、2015 年 10 月刊）が詳細に報告・分析を試みている。

〔追記〕

　（辛）において、＜ Paragraph E ＞に関して、二点に亘って否定的評価を与えている。しかしながら、現在では、次のような肯定的評価の成立余地があり得るとも考えている。

　この註記＜ Paragraph E ＞の前半は、労働価値説の妥当しない国際貿易においては、輸入国の穀物生産より多くの労働を要する輸出国の穀物が、価格においては輸入国の穀物価格より安価になり得る事例を提示していると考えることが出来る。それに対して註記＜ Paragraph E ＞の後半は、労働価値説の妥当する国内取引においては、労働能力が劣る劣者の製品は高価になることを免れずに、競争に耐えられない事例を提示していると考えることが出来る。幸いにして優者が一人で、靴製作と帽子製作と二つの仕事があるために、劣者に劣位の小さい帽子製作の仕事が残されていて、分業関係が形成されるのである。合わせて、労働量の異なる生産物の等価交換が国際的には有り得るが、国内的には有り得ない例示となっている。（2022 年春）

【註】

1）David Ricardo, *On the Principles of Political Economy and Taxation.*（*The Works and Correspondence of David Ricardo*, edited by Pierro Sraffa with the collaboration of M. H. Dobb, Cambridge University Press, 1951-55. Volume1.）p.137. 羽鳥卓也・吉澤芳樹訳『経済学および課税の原理』上巻（岩波文庫、1987 年）194 頁。引用は必ずしも訳書の通りではない。以下同じ。リカード貿易論に頻繁に登場する cloth と wine について、様々な訳書や論稿で、「服地」「織物」「羅紗」「葡萄酒」「ぶどう酒」など種々の訳語が与えられている。本章では、すべて「クロス」と「ワイン」に統一して表記する。引用文献は初出時に書名と引用頁を示し、再出時以降は特別の場合を除き引用末尾に頁のみ記す。

2）Paul A. Samuelson, Presidential Address : The Way of an Economist.（*International Economic Relations : Proceedings of the Third Congress of the International Economic Association.* Edited by P. A. Samuelson, 1969）. p.9.

3）Douglas A. Irwin, *Against the Tide:An Intellectual History of Free Trade*, Princeton U. P., 1996. p.90.

4) Karl Marx, *Capital*, Vol. I（*Karl Marx-Frederick Engels-Collected Works, Volume 35*. International Publishers, 1996) pp.45-94. 岡崎次郎訳『資本論』(国民文庫、1972 年）71 〜 154 頁。引用は必ずしも訳書の通りではない。以下についても同じ。

5) Marx,op.cit.,p.58. 訳書 93~4 頁。

6) Marx,op.cit., p.112. 訳書 185 頁。

7) Marx,op.cit., p.91. 訳書 147,148 頁。

8) Adam Smith, *An Inquiry into The Nature and Causes of The Wealth of Nations* (New York: The Modern Library, Random House, 1937) p.341. 杉山忠平訳『国富論』2 (岩波文庫、2000 年)157 頁。引用は必ずしも訳書の通りではない。以下も同じ。強調点は筆者による。

9) Smith, op. cit., p.423. 前掲訳書 303 頁。強調点は筆者による。

10) John S. Chipman は、リカードの比較生産費説を理解できない自己の認識不足を、リカードの表現不足に責任転嫁して、次のようなリカード酷評を記している。"It does not seem to have been recognized that Ricardo's own statement of the law is quite wanting, so much so as to cast some doubt as to whether he truly understood it; at best, his version is carelessly worded." (A Survey of the Theory of International Trade: Part 1, The Classical Theory, *Econometrica* 33. July 1965) . p.480.

11) 行澤健三「リカードゥ『比較生産費説』の原型理解と変形理解」(中央大学経済・商業学会『商学論纂』第 15 巻第 6 号、1974 年) 25 〜 51 頁、引用は 41 頁より、原文の「服地」を「クロス」に、「ブドー酒」を「ワイン」に変更している。

（初稿．2017 年春）

第五章

How David Ricardo Has Been Misunderstood:
The Case of Douglas A. Irwin

In Chapter 7, 'on foreign trade' of *On the Principles of Political Economy and Taxation* (1817), David Ricardo (1772 –1823) observes that the absolute priority of price is an indispensable condition for a commodity to be exported and imported, stating: "Thus, cloth cannot be imported into Portugal, unless it sell there for more gold than it cost in the country from which it was imported; and wine cannot be imported into England, unless it will sell for more there than it cost in Portugal."[1]

In terms of the same kind of commodities, if the price of the commodity produced in the home country is lower than that of the commodity produced in the foreign country, it is absolutely impossible for the foreign commodity to be imported into the home country. Or, conversely, if the price of the home-made commodity is higher than that of the foreign commodity, there is no possibility of the home-made commodity being exported into the foreign country. In short, international trade is driven by the absolute cost of production. This is a fundamental fact underlying commodity (market)-economy. Everyone knows, if nothing else, without learning about the political economy, that a commodity, more expensive than a rivaling one, cannot be bought and sold. In consequence, Ricardo's statement mentioned above is nothing more than an essential point of the undeniable truth in market-economy.

Notwithstanding Ricardo's above statement expressing the basic principle of market-economy, many famous economists have maintained that every country can gain from foreign trade on the basis of relative advantage, even if that country has an absolute disadvantage in the price of all commodities. They seem to believe that this view is the core of the theory of comparative costs.

To cite a case, Paul Samuelson (1915 –2009) has stated in his 'The Presidential Address: The Way of an Economist.' at the Third Congress of

---

1) David Ricardo, *On the Principles of Political Economy and Taxation.* (*The Works and Correspondence of David Ricardo*, edited by Pierro Sraffa with the collaboration of M. H. Dobb, Cambridge University Press, 1951 –55.Volume1.) p. 137.

the International Economic Association, as follows: "The Ricardian theory of comparative advantage [is] the demonstration that trade is mutually profitable even when one country is absolutely more — or less — productive in terms of every commodity."[2]

When one country is absolutely less productive in terms of every commodity, a commodity produced in that country becomes more expensive than the commodity produced in the foreign country. Therefore, there is no possibility of the commodity of that country being exported from that country into the foreign country.

In spite of this unquestionable fact, Samuelson has believed that the more expensive commodity can be exported and can bring gains. At the same time, Samuelson has regarded this view as the heart of the Ricardian theory of relative advantage. But, when there exists no trade, how is it possible for profit to be gained by trade? I must say that this is an incomprehensible view.

Samuelson is not the only economist who has held this extremely irrational view. As a current example who holds the same opinion as Samuelson's, I may cite Douglas A. Irwin.

II

As a contemporary expert on the theory of international trade, Douglas A. Irwin (1962 –) has insisted that a country can gain from foreign trade by exporting commodity even if that country has an absolute disadvantage in the production of all commodities, and that the theory of comparative costs explains the secret of gains to the absolutely inferior country, as follows: "In other words, why should a country import corn when it could produce that corn with less expense of capital and labor at home than the foreign country could? (Or, conversely, how could a country gain from trade if that country was inferior

2) Paul A. Samuelson, Presidential Address: The Way of an Economist. In: *International Economic Relations:Proceedings of the Third Congress of the International Economic Association*. Edited by P. A. Samuelson, London: Macmillan, 1969, p. 9.

in the production of all goods?) The theory of comparative costs demonstrated that there would still be mutual gains from specialization and trade even under those circumstances."[3] This statement is cited from 'Chapter Six: Free Trade in Classical Economics' in his book *Against the Tide:An Intellectual History of Free Trade* (1996).

How this view by Irwin is irrational, can aptly be demonstrated by Ricardo's statement cited at the beginning of this essay: "Thus, cloth cannot be imported into Portugal, unless it sell there for more gold than it cost in the country from which it was imported; and wine cannot be imported into England, unless it will sell for more there than it cost in Portugal."

On Ricardo's statement, I can repeat my previous comment at page 238: In terms of the same kind of commodities, if the price of the commodity produced in the home country is lower than that of the commodity produced in the foreign country, it is absolutely impossible for the foreign commodity to be imported into the home country. Or, conversely, if the price of the home-made commodity is higher than that of the foreign commodity, there is no possibility of the home-made commodity being exported into the foreign country.

According to Ricardo, and considering this comment, it cannot be correct to agree with Douglas A. Irwin that "a country could gain from trade even if that country was inferior in the production of all goods." If a country is absolutely less productive in terms of every commodity, the commodity produced in that country becomes more expensive than the commodity produced in the foreign country, and there is no possibility of the commodity of that country being exported into the foreign country. Where there is no exportation, there is no gain from trade. Hence I must regard this statement by Irwin as an unwarranted, absolutely unacceptable assumption.

On the other hand, Irwin's assumption may be the following: Country A, which is absolutely more productive in terms of every commodity, would specialize in the production of Commodity X, which is relatively more

---

3) Douglas A. Irwin, *Against the Tide:An Intellectual History of Free Trade*, Princeton U. P., 1996. p. 90.

productive in Country A, and would abandon the production of Commodity Y, which is relatively less productive in Country A; as a consequence of Country A's specialization and abandonment, Country B, which is absolutely less productive in terms of every commodity, would get the chance for Commodity Y, which is relatively more productive in Country B, to be exported from Country B into Country A.

However, this assumption applies only to individuals, that is, to the case of single subjects, and does not apply to countries, that is, to the case of plural subjects. In regard to countries, this is an unreasonable assumption.

In the case of single subjects, such as the best female lawyer in town who is also the best typist in town, her specialization in the legal field is, at the same time, her abandonment of typing activity. The secretary, who is absolutely less efficient than the lawyer in both activities but has a comparative advantage in typing, can be employed as a typist in place of the lawyer.

With countries, the state of things is fundamentally different from with individuals. In a country, there are plural business agents, plural subjects of economic activities, namely, many capitalists.

As regards this matter, another statement of Ricardo's is well worthy of note. He states that "every transaction in commerce is an independent transaction."(p.138). In Country A, there are many capitalists; some produce Commodity X, while others produce Commodity Y. As long as Country A is absolutely more productive than Country B in terms of every commodity, Commodity Y, to say nothing of Commodity X, can be exported from Country A to Country B. The capitalists who produce Commodity Y in Country A do continue, and never abandon, the production of Commodity Y. Consequently, the capitalists who produce Commodity Y in Country B cannot get the chance to export their products from Country B to Country A.

To illustrate the importance of absolute advantage of the price of commodities in the foreign trade market, Ricardo elaborates on it as follows: "Now suppose England to discover a process for making wine, so that it should become her interest rather to grow it than import it; she would naturally divert a portion of her capital from the foreign trade to the home trade; she would cease to manufacture cloth for exportation, and would grow wine for herself. The money price of these commodities would be regulated accordingly; wine would fall here while cloth continued at its former price, and in Portugal no alteration would take place in the price of either commodity. Cloth would continue for some time to be exported from this country, because its price would continue to be higher in Portugal than here; but money instead of wine would be given in exchange for it." (p.137)

III

Why does Irwin put forward such an extremely unnatural, absolutely unreasonable view? It is quite mysterious. One of the reasons that Irwin holds this unreasonable opinion lies in the fact that he is lacking in the understanding of the labour theory of value, completely leaving value (or price) out of account, in the international trade market. Irwin has, therefore, misunderstood Ricardo's explanation of foreign trade.

Das Kapital (*Capital* in English) by Karl Marx (1818 –83), especially the first chapter (titled 'Commodities') supplies us with an important clue to making this point clear.

The first chapter consists of four sections: the first — The two Factors of a Commodity: Use-Value and Value (the Substance of Value and the Magnitude of Value); the second — The Twofold Character of the Labour Embodied in Commodities; the third — The Form of Value or Exchange Value, and the fourth — The Fetishism of Commodities and the Secret thereof.[4]

In the first section, Marx explains three main points, as follows: (1). All commodities have use-value, that is to say, they satisfy some want or need of people, directly or indirectly; (2). Commodities also possess value, namely, the property of being exchangeable for other things, or the attractive power of

---

4) Karl Marx, *Capital*, Vol. I (*Karl Marx-Frederick Engels-Collected Works*, Volume 35. International Publishers, 1996) pp. 45-94.

exchange for all other elements of wealth; (3). What determines the magnitude of value of any commodity is the quantity of the value-creating substance, i.e. the labour, contained in the commodity, or more specifically, the amount of the labour socially necessary for its production.

In the second section, Marx examines the twofold character of the labour embodied in commodities.

In the third section, Marx exhibits his unmatched theoretical genius. The theme of this section is the value-form, whose fully developed shape is the money-form. Here Marx sets himself a task, "the performance of which has never even been attempted yet by any human mind; that is, the task of showing the genesis of the money-form, or the task of tracing the logical development of the expression of value contained in the value relation of commodities, from its simplest, almost imperceptible form to the dazzling money form".[5] Hence, Marx concludes that "price is the monetary expression of value"[6], and that "price is the money name of the labour realized in a commodity."(p.111)

To sum up, Marx asserts that in the analysis of the phenomena of commodity (market)-economy, it is necessary to consider the matter from the dual point of view of *labour as the substance of value* and *price as the form of value*.

From this standpoint, Marx states in the fourth section that Smith and Ricardo "have achieved an analysis, however incomplete, of value and the magnitude of value, and have discovered *the content concealed within these forms*", in other words, "*the labour as it finds expression in value*."[7]

In the case of Adam Smith (1723 – 90), as remarked by Marx, Smith examines foreign trade from a dual point of view in the two chapters of *An Inquiry into the Nature and Causes of the Wealth of Nations* (1776).

As shown below, the dual point of view consists of *labour* and *value*, in

---

5) Marx, op. cit., p. 58. (English translation from German is mine.)
6) Marx, op. cit., p. 112. (English translation from German is mine.)
7) Marx, op. cit., p. 91. (English translation from German is mine.)

Book 2, Chapter 5: 'Of different Employment of Capitals', and consists of *industry* and *value*, in Book 4, Chapter 2: 'Of Restrains upon the Importation from Foreign Countries of such Goods as can be produced at Home'.

To show the existence of the dual point of view, I may cite one sentence respectively from these two chapters. The first sentence of Book 2, Chapter 5 is : "Though all capitals are destined for the maintenance of productive *labour* only, yet the quantity of that *labour*, which equal capitals are capable of putting into motion, varies extremely according to the diversity of their employment; as does likewise the *value* which that employment adds to the annual produce of the land and labour of the country."[8] In this chapter, there are more than ten sentences which include the pair of words of *labour* and *value*.

In the ninth paragraph of Book 4, Chapter 2, there is a sentence which includes the very famous words 'an invisible hand', and which makes better use of the dual point of view of *industry* and *value* : "By preferring the support of domestic to that of foreign *industry*, he intends only his own security; and by directing that *industry* in such a manner as its produce may be of the greatest *value*, he intends only his own gain, and he is in this, as in many other cases, led by an invisible hand to promote an end which was no part of his intention."[9] The pair of words of *industry* and *value* appears plural times in this chapter.

By carefully reading these two sentences, I can discern Smith's frame of mind: that the labour (or industry) employed in the production of commodities creates the value of the commodities, and that the quantity of value added to the commodities varies greatly according to the manner of labour (or industry). At the same time, I can ascertain correctly that Adam Smith pursues his investigations on the basis of the dual point of view of labour (or industry) and value (or price).

Likewise, as also indicated by Marx, and shown below in more detail, David Ricardo analyzes foreign trade from a dual point of view. In other words, he examines foreign trade not only on the level of the labour which is necessary

---

8) Adam Smih, *An Inquiry into the Nature and Causes of the Wealth of Nations* (New York: Modern Library, Random House, 1937) p. 341 (Italics are mine).
9) Smith, op. cit., p. 423. (Italics are mine).

to produce a commodity, but also on the level of the value which the labour contained in the commodity represents.

Considering these matters, it should be clear that the way of analyzing phenomena of market-economy (including foreign trade, needless to say) from the dual point of view of labour and value, is common to Smith, Ricardo and Marx, and that Ricardo's theory of comparative costs must be understood not only in term of labour (or indutry) but also in term of value (or price).

IV

Douglas A. Irwin has failed to grasp the twofold viewpoint of labour (or industry) and value (or price) which has been characteristic of D. Ricardo (and A. Smith, and K. Marx as well), so Irwin's way of thinking about foreign trade has been different from Ricardo's. In consequence, Ricardo has not stood high in Irwin's estimation. In contrast to the case of Ricardo, Irwin has praised Robert Torrens and James Mill highly, and has cited important passages from Torrens and Mill respectively, with no citations whatsoever from Ricardo's *On the Principles of Political Economy and Taxation*.

Irwin's view about 'Free Trade in Classical Economics' may be detected from the following citations: "The notion that imported goods could be acquired more cheaply abroad because the absolute cost of production was lower than at home has come to be known as the 'eighteenth-century rule,' owing to its occasional use during that century."(p.89)

"Why was the theory of comparative costs such an advance over the eighteenth-century rule ? The latter illustrated the gains from specialization and trade when countries differed in their ability to produce different goods. But what if one country was superior to another in producing all goods? In other words, why should a country import corn when it could produce that corn with less expense of capital and labor at home than the foreign country could? (Or, conversely, how could a country gain from trade if that country was inferior in the production of all goods?) The theory of comparative costs demonstrated that there would still be mutual gains from specialization and trade even under those circumstances. Countries would specialize in the production of the good in which their opportunity cost (in terms of the implicit sacrifice of other, forgone goods, not in terms of absolute cost) was lowest. Combined with some simple numerical examples, the classical economists showed how both countries could potentially consume more of both goods as a result of free trade."(pp.90-91)

"The theory of comparative costs, or comparative advantage . . . stated that certain goods could be advantageously imported from abroad *even if* the home country had an absolute cost advantage in producing the good."(p.90)

On these grounds, Irwin has given Torrens and Mill a remarkably high estimation.

On Robert Torrens, Irwin has regarded him as the first discoverer of the theory of comparative costs and has cited a considerably long paragraph from his *An Essay on the External Corn Trade* (1815).

On James Mill, Irwin has emphasized the crucial role played by Mill in exploring the law of comparative costs, and has cited two passages — the first from Mill's article 'Corn Laws' published in 1814, "which is cited for its clarity of expression" (p.89), and the second from Mill's book *Element of Political Economy* published in 1821, in which "Mill set out the comparative costs example with tremendous clarity and even conveyed the intuition for the theory in two simple sentences."(p.91)

In contrast, Irwin has underestimated David Ricardo, stating that: "David Ricardo, perhaps the most illustrious member of the classical school, has traditionally received virtually all the credit for expounding the theory of comparative costs. The *Principles* contains the famous chapter 7 example of Portugal and England exchanging wine and cloth, wherein Portugal has an absolute cost advantage in the production of both commodities but comparative cost advantage in wine. Yet Ricardo's mere three-paragraph discussion was poorly expressed, awkwardly placed in the chapter, and failed to bring out the essence of the theory. John Chipman (1965) has even stated that Ricardo's 'statement of the law is quite wanting, so much so as to cast some doubt as to whether he truly understood it.'[10]"(p.91)

I have indicated the weakness of Irwin's theory in Section 2 of this essay. In addition, I have pointed out in detail the misunderstandings, which Torrens, Mill, and Irwin had held in common in their writings, in my paper 'Comparative Costs of Production and International Values — Ricardo vs. Irwin'. (Chapter3 of this book).

V

Here I focus on Irwin's opinion regarding "Ricardo's mere three paragraph discussion" included in "the famous chapter 7 example of Portugal and England exchanging wine and cloth."(p.91)

First, I quote four paragraphs from Ricardo's *On the Principles of Political Economy and Taxation* — three specified by Irwin plus one that precedes the three paragraphs in question. I call the preceding one Paragraph A and the following three Paragraphs B, C, and D.

[A] The quantity of wine which she shall give in exchange for the cloth of England, is not determined by the respective quantities of labour devoted to the production of each, as it would be, if both commodities were manufactured in England, or both in Portugal.(pp.134-5)

[B] England may be so circumstanced, that to produce the cloth may require the labour of 100 men for one year; and if she attempted to make the wine, it might require the labour of 120 men for the same time. England would therefore find it her interest to import wine, and to purchase it by the

---

10) John S. Chipman, without correct understanding of the labour theory of value, treats Ricardo lightly as follows: "It does not seem to have been recognized that Ricardo's own statement of the law is quite wanting, so much so as to cast some doubt as to whether he truly understood it; at best, his version is carelessly worded." (A Survey of the Theory of International Trade: Part 1,The Classical Theory, *Econometrica* 33. July 1965). p. 480.

exportation of cloth.(p.135)

[C] To produce the wine in Portugal, might require only the labour of 80 men for one year, and to produce the cloth in the same country, might require the labour of 90 men for the same time. It would therefore be advantageous for her to export wine in exchange for cloth.(p.135)

[D] Thus England would give the produce of the labour of 100 men, for the produce of the labour of 80. Such an exchange could not take place between the individuals of the same country. The labour of 100 Englishmen cannot be given for that of 80 Englishmen, but the produce of the labour of 100 Englishmen may be given for the produce of the labour of 80 Portuguese, 60 Russians, or 120 East Indians.(p.135)

Irwin has interpreted the above Paragraphs B and C as follows: "Portugal has an absolute cost advantage in the production of both commodities but comparative cost advantage in wine."(p.91)

With regard to Irwin's interpretation, he is correct in saying that "Portugal has a comparative cost advantage in wine", but not correct to say that "Portugal has an absolute cost advantage in the production of both commodities."

In order to understand the reason why I declare this to be so, it is crucial to read Paragraph A carefully (which has been ignored by Irwin), and to grasp the essential logic of the labour theory of value. The labour theory of value, which argues that the value of a commodity is determined by the amount of necessary labour required to produce it, is the cornerstone of Ricardo's political economy. Ricardo begins Chapter 1, Section 1 of *On the Principles of Political Economy and Taxation*, with another expression of the labour theory of value, as follows: "*The value of a commodity, or the quantity of any other commodity for which it will exchange, depends on the relative quantity of labour which is necessary for its production.*" (p.11) . (Italics are Ricardo's)

In Paragraph A, the labour theory of value is demonstrated in two different ways; that is, positively and negatively. The positive way is : 'The quantity of wine which shall be given in exchange for the cloth is determined by the respective quantities of labour devoted to the production of each, if both commodities were manufactured in England, or both in Portugal.' The negative is : "The quantity of Portuguese wine which shall be given in exchange for the cloth of England, is not determined by the respective quantities of labour devoted to the production of each, as if both commodities were manufactured in England, or both in Portugal."

The point is that the labour theory of value can be applied only within a country, and cannot be applied between countries. It is definitely correct to agree with Ricardo that "the same rule which regulates the relative value of commodities in one country, does not regulate the relative value of the commodities exchanged between two or more countries" (p.133) , and that "the difference in this respect, between a single country and many, is easily accounted for, by considering the difficulty with which capital moves from one country to another, to seek a more profitable employment, and the activity with which it invariably passes from one province to another in the same country."(pp.135-6)

Under the command of capital, labour moves actively within a country, and there will be created a certain standard in the relation between labour and value in which labour finds expression. On the ground of the labour theory of value, within a country, for example, within England, I can say that the value of the cloth of England, the produce of the labour of 100 men, is 100/120 of the value of the wine of England, the produce of the labour of 120 men; within Portugal, the value of the cloth of Portugal, the produce of the labour of 90 men, is 90/80 of the value of the wine of Portugal, the produce of the labour of 80 men. Therefore, I can correctly agree with Irwin that "Portugal has a comparative cost advantage in wine", and in the same manner, I can affirm that "England has a comparative cost advantage in cloth."

It is difficult for labour to move between countries; there cannot be created a certain standard in the relation between labour and value. Between countries, therefore, there will be "difference in the rate of profit" and "difference in the real or labour price of commodities"(p.136) . With the "difference in the real or labour price of commodities" between countries, or in other words, with no functioning of the labour theory of value between countries, I connot maintain that the value of the cloth of England, the produce of the labour of 100 Englishmen, is 100/90 of the price of the cloth of Portugal, the produce of the labour of 90 Portuguese. Under some circumstances it may be possible that the price of the cloth of England becomes smaller than that of the cloth of Portugal. In the famous example given by Ricardo, as shown later in detail, the cloth of England, which requires the labour of 100 Englishmen, is actually cheaper in the foreign trade market than the cloth of Portugal, which requires the labour of 90 Portuguese. Consequently, it is not correct to say, as Irwin does, that "Portugal has an absolute cost advantage in the production of both commodities", because England may have an absolute advantage at least in the production of cloth.

VI

Now that I have pointed out Irwin's theoretical shortcoming; namely, his misunderstanding of Ricardo's example, I proceed to present my own explanation. Paragraphs B, C and D draw my attention to two points.

The first point is the fact that with regard to Paragraphs B and C, Ricardo has added the definite article *the* to *cloth* and *wine* to make *the cloth* and *the wine*. In 1974, Kenzo Yukizawa attempted to interpret *the cloth* and *the wine* as follows: "*the cloth* and *the wine* are considered to mean *a definite quantity of cloth* and *another definite quantity of wine* that are actually traded at the same price, in the international trade market."[11] According to this interpretation, *the cloth of England requiring the labour of 100 men for one year* and *the wine of Portugal requiring the labour of 80 men for one year* have achieved the position of exporting commodities and have been assigned the same price. This interpretation will lead to the same conclusion outlined below in the second

---

11) 行澤健三「リカードゥ『比較生産費説』の原型理解と変形理解」（中央大学経済・商業学会『商学論纂』第 15 巻第 6 号、1974 年）25 〜 51 頁。
Kenzo Yukizawa "Ricardo's 'Comparative Cost' Theory as it was". In: *Journal of Commerce* (The Society of Business and Commerce in Chuo University), Vol. 15, No. 6, pp. 25-51. (in Japanese.) (English translation from Japanese is mine.)

point. I agree with Yukizawa's interpretation, and represent as W-unit *the quantity of the cloth* that is traded for *the quantity of the wine* marked as X-unit.

The second point is the fact that with regard to paragraph D, Ricardo has illustrated that "the labour of 100 Englishmen cannot be given for that of 80 Englishmen, but the produce of the labour of 100 Englishmen may be given for the produce of the labour of 80 Portuguese, 60 Russians, or 120 East Indians." This illustration means that *the cloth of England, the produce of the labour of 100 men* is at the same price with *the wine of Portugal, the produce of the labour of 80* in the international trade market, and that *the cloth of England* and *the wine of Portugal* respectively have the highest productive advantage and the lowest level of price among the same sort of commodities.

On the basis of these discussions, let me assume that *W-unit English cloth* and *X-unit Portugal wine* are traded, for example, at the price of £4000, in the international trade market. Because domestic trade obeys the labour theory of value, *W-unit Portugal cloth* becomes worth £4000×90/80=£4500, and *X-unit English wine* £4000×120/100=£4800. Thus, I can illustrate Ricardo's four-number-example in two ways. One is based on the quantity of labour (or industry), and the other on the quantity of value (or price), as shown below. It is made clear that the cloth of England, which requires the labour of 100 Englishmen, is actually cheaper in the foreign trade market than the cloth of Portugal, which requires the labour of 90 Portuguese.

Table ① the quantity of labour necessary to produce

	W-unit cloth	X-unit wine
England	100men	120men
Portugal	90men	80men

Table ② the quantity of value which the labour expresses

	W-unit cloth	X-unit wine
England	£4,000	£4,800
Portugal	£4,500	£4,000

In the same manner, Ricardo's four-number-example will be extended, for example, to sixteen-number-example consisting of four countries, which produce four kinds of commodities, as shown below.

Table ③ the quantity of labour necessary to produce

	W-unit cloth	X-unit wine	Y-unit corn	Z-unit cotton
England	100men	120men	140men	160men
Portugal	90men	80men	100men	110men
Russia	84men	78men	60men	102men
India	138men	150men	129men	120men

Table ④ the quantity of value which the labour expresses

	W-unit cloth	X-unit wine	Y-unit corn	Z-unit cotton
England	£4000	£4800	£5600	£6400
Portugal	£4500	£4000	£5000	£5500
Russia	£5600	£5200	£4000	£6800
India	£4600	£5000	£4300	£4000

Putting Paragraphs A, B, C and D together, I can definitely recognize that the Ricardian model of the theory of comparative costs is grounded on the dual point of view, which consists of *labour as the substance of value* and *price as the form of value*, as indicated by Karl Marx.

One striking result from a careful observation of the tables shown above is that the absolute advantage of price is indispensable for the commodity to be exported from the home-country to the foreign-country, or to be imported from the foreign-country to the home-country. This proposition is completely consistent with Ricardo's statement cited at the beginning of this essay: "Thus, cloth cannot be imported into Portugal, unless it sell there for more gold than it cost in the country from which it was imported; and wine cannot be imported into England, unless it will sell for more there than it cost in Portugal." At the same time, this proposition is absolutely inconsistent with Irwin's statement cited above: "The theory of comparative costs, or comparative advantage . . . stated that certain goods could be advantageously imported from abroad *even if* the home country had an absolute cost advantage in producing the good."

According to this proposition, Ricardo specifies the commodity, which is the cheapest among the same kind of commodities, as the exportable one on the ground of its absolute advantage in the international price competition.

Another striking result from the tables concerns the commodities which are unable to be the cheapest among the same kind of commodities, and unable to be exported. Whether they can survive or not in the international competition depends on their degree of comparative disadvantages compared to their respective countries' comparative advantage commodities. If they succeed in overcoming their disadvantage by technological development, they can survive. But if they fail, they are forced to exit from the market. The countries which have no cheapest commodities will be so circumstanced that they have no exportable commodities to pay for the imported commodities and they are troubled with unbalanced foreign trade positions. As a result money instead of exportable commodities must be given in exchange for their imported commodities.

To summarize the four (or sixteen) number-example of the Ricardian model, as the first step, the strong exportable commodities occupy the central positions on the ground of the absolute priority of value (or price) among the same sort of commodities, and create the standard measure of value (or price) in the international market. In the next step, the weak non-exportable commodities are positioned according to the comparative priority of labour (or industry) in relation to other domestic commodities.

Against almost all the economists, I conclude that the Ricardian theory on international free trade represents not only a world of peaceful coexistence for everyone's mutual benefit, but also a world of cut-throat competition and the survival of the fittest, where the strong prey upon the weak and the weak fall prey to the strong.

In 2016, Japan is about to experience the results of the T.P.P (Trans-Pacific

Partnership) Agreement, which is a kind of Free Trade Agreement. Whether this agreement will result in coexistence and co-prosperity, or bring about a loss of diversity as the weak fall prey to the strong, that is the question.[12]

(Autumn, 2016)

---

12) I would like to thank Professor Matsuji Tajima, Mr. Toyoya Ikeda and Mr. Hideto Fukudome, who read the earlier manuscript and suggested numerous stylistic improvements. Without their help, I could not have completed this essay in English. I am of course responsible for all remaining errors and omissions.

第六章

How David Ricardo Has Been Misunderstood:
The Case of Jacob Viner

I

The aim of this essay is to examine Jacob Viner (1892–1970)'s view of 'the doctrine of comparative costs',[1] thereby correcting his misunderstanding of David Ricardo's theory of foreign trade.

In Chapter 7, 'On Foreign Trade' of *On the Principles of Political Economy and Taxation* (1817), David Ricardo (1772–1823) observes that "The quantity of wine which she shall give in exchange for the cloth of England, is not determined by the respective quantities of labour devoted to the production of each, as it would be, if both commodities were manufactured in England, or both in Portugal."[2]

According to this statement, 'the labour theory of value', when it concerns domestic and foreign trade, is demonstrated in two different ways, that is, positively and negatively. The positive way is: The quantity of wine which shall be given in exchange for the cloth is determined by the respective quantities of labour devoted to the production of each, if both commodities are manufactured in England, or both in Portugal. The negative one is: The quantity of Portuguese wine which shall be given in exchange for the cloth of England, is not determined by the respective quantities of labour devoted to the production of each, as if both commodities were manufactured in England, or both in Portugal.

The point is that 'the labour theory of value' can be applied only within a country, and cannot be applied between countries. It is definitely correct to say with Ricardo that "the same rule which regulates the relative value of commodities in one country, does not regulate the relative value of the

---

1) Jacob Viner, Chapter 8 'Gains From Trade: The Doctrine of Comparative Costs' of *Studies in the Theory of International Trade*. (Harper & Brothers, Publishers, 1937. Reprinted 1957 by Augustus M. Kelly Publishers), pp. 437–526
2) David Ricardo, *On the Principles of Political Economy and Taxation*. (*The Works and Correspondence of David Ricardo*, edited by Pierro Sraffa with the collaboration of M. H. Dobb, Cambridge University Press, 1951–55. Volume1.), pp. 134–135.

commodities exchanged between two or more countries",[3] and that "the difference in this respect, between a single country and many, is easily accounted for, by considering the difficulty with which capital moves from one country to another, to seek a more profitable employment, and the activity with which it invariably passes from one province to another in the same country."[4]

Ricardo's frame of mind is that the labour employed in the production of commodities creates the value of the commodities, and that the quantity of value added to the commodities by labour varies greatly, depending on the countries where the condition and manner of labour are variously different from country to country. From this standpoint, Ricardo analyzes foreign trade from a dual point of view, which consists of *labour as the substance of value* and *price as the form of value*. In other words, he examines foreign trade not only on the level of the labour which is necessary to produce a commodity, but also on the level of the value (or price) which the labour devoted to the production of the commodity represents.

II

David Ricardo analyzes foreign trade from a dual point of view consisting of labour and value (or price). But Jacob Viner fails to understand this important fact, and looks at foreign trade from only a single point of view consisting of labour, and confuses labour with value. Consequently, Viner overestimates Ricardo's doctrine of comparative costs, while he underestimates Adam Smith's theory of foreign trade and gives it such a derogatory name as 'the eighteenth-century rule'. As will be shown below, Viner's view, which has been accepted world-wide as the right interpretation of the classical theory of foreign trade, is arguably a cunning misapprehension of Smith's and Ricardo's theories.

With regard to Adam Smith (1723–1790), Viner states as follows: "In the beginnings of free-trade doctrine in the eighteenth century the usual economic arguments for free trade were based on the advantage to a country of importing,

---

3) Ricardo, op. cit., p. 133.
4) Ricardo, op. cit., pp. 135–136.

in exchange for native products, those commodities which either could not be produced at home at all or could be produced at home only at costs absolutely greater than those at which they could be produced abroad. Under free trade, it was argued or implied, all products, abstracting from transportation costs, would be produced in those countries where their real costs were lowest. The case for free trade as presented by Adam Smith did not advance beyond this point."[5] By reading these sentences, we discern the essence of free-trade doctrine developed by the English classical school in the eighteenth century, whose representative master is Adam Smith: that the absolute priority of price is an indispensable condition for a commodity to be exported and imported, and that all exportable commodities will be produced in those locations where their absolute prices are lowest.

Concerning David Ricardo, I will introduce Viner's quotation from, and comment on, Ricardo's essential statements.

Firstly, Viner mentions both 'the eighteenth-century rule' and 'the doctrine of comparative costs', and quotes Ricardo's numerical explanation: "Many of the classical economists, both before and after the formulation of the doctrine of comparative costs, resorted to this eighteenth-century rule as a test of the existence of gain from trade. Ricardo incorporated it in his formulation of the doctrine of comparative costs."[6]

"Though she [i. e., Portugal] could make the cloth with the labor of 90 men, she would import it from a country where it required the labor of 100 men to produce it, because it could be advantageous to her rather to employ her capital in the production of wine, for which she would obtain more cloth from England, than she could produce by diverting a portion of her capital from the cultivation of vines to the manufacture of cloth."[7]

Secondly, on the basis of the above quotations, Viner concludes as follows: "This explicit statement *that imports could be profitable even though the commodity imported could be produced at less cost at home than abroad*

---

5) Viner, op. cit., pp. 439–440.
6) Viner, op. cit., p. 440.
7) Viner, op. cit., p. 440. (Originally, Ricardo, op. cit., p.135). Viner has changed the British spelling of *labour* into the American *labor.*

was, it seems to me, the sole addition of consequence which the doctrine of comparative costs made to the eighteenth-century rule. Its chief service was to correct *the previously prevalent error that under free trade all commodities would necessarily tend to be produced in the locations where their real costs of production were lowest.*"[8]

III

In Viner's concluding sentences, I find out two wrong statements, which are shown in italics. The first wrong statement is "This explicit statement *that imports could be profitable even though the commodity imported could be produced at less cost at home than abroad.*" He holds this part is a correct interpretation of Ricardo's view, but it is wrong, as detailed later.

The second wrong statement is "*the previously prevalent error that under free trade all commodities would necessarily tend to be produced in the locations where their real costs of production were lowest.*" He argues that the underlined part is erroneous. But I am convinced that it is correct, as detailed later.

How this view of Viner's is wrong can be aptly demonstrated by Ricardo's following statement: "Thus, cloth cannot be imported into Portugal, unless it sell there for more gold than it cost in the country from which it was imported; and wine cannot be imported into England, unless it will sell for more there than it cost in Portugal."[9]

Regarding the same kind of commodities, if the price of the commodity produced in the home country is lower than that of the commodity produced in the foreign country, it is absolutely impossible for the foreign commodity to be imported into the home country. This is a fundamental fact underlying market-economy. Everyone knows that a commodity, more expensive than a rival one, cannot be bought and sold. In consequence, Ricardo's statement mentioned above is nothing but an essential point of the undeniable truth in market-

8) Viner, op. cit., p. 441. (Italics mine.)
9) Ricardo, op. cit., p. 137.

economy.

According to Ricardo, and considering my above comment, we cannot agree with Jacob Viner that *imports could be profitable even though the commodity imported could be produced at less cost at home than abroad.* Viner's assumption is contradictory to the fact that the absolute priority of price is an indispensable condition for a commodity to be exported and imported. I must say Viner's first statement is wrong, not correct.

On the other hand, the statement *that under free trade all commodities would necessarily tend to be produced in the locations where their real costs of production were lowest,* is compatible with the essential truth in market-economy. Therefore, this statement, which is terribly depreciated as erroneous and given a derogatory name like 'the eighteenth-century rule' by Viner, is completely correct in reality. Here, I must say that it is Viner himself that is wrong, not the English classical school in the eighteenth century.

IV

Why and How does Viner fail to understand Ricardo's theory ? Why and How is Viner led to a wrong conclusion?

The reason is that Viner fails to understand the important fact that Ricardo analyzes foreign trade from a dual point of view consisting of labour and value (or price), looking at foreign trade from only a single point of view consisting of labour. Consequently Viner confuses labour with value (or price, cost). In order to clarify Viner's mistake, I will compare Ricardo's statement with Viner's interpretation of the statement.

Ricardo states as follows: "This exchange might even take place, notwithstanding that the commodity imported by Portugal could be produced there with less *labour* than in England."[10] Viner interprets this statement as follows: "that imports could be profitable even though the commodity imported could be produced at less *cost* at home than abroad."[11]

---

10) Ricardo, op. cit., p. 135. (Italics mine.)
11) Viner, op. cit., p. 441. (Italics mine.)

On the essential point of labour and cost, Ricardo states that "the commodity imported by Portugal could be produced there [i. e., in Portugal] at less *labour* than in England." Viner interprets this as meaning that "the commodity imported could be produced at less *cost* at home [i. e., in Portugal] than abroad [i. e., in England]."

The difference seems to be just a difference between *labour* and *cost*, but in reality it is the expression of an extremely sharp conflict of views on the value of the commodities.

On Ricardo's view, I repeat my previous comment made at Section I: the labour employed in the production of commodities creates the value of the commodities, and the quantity of value added to the commodities by labour varies greatly, depending on the countries where the condition and manner of labour are variously different from country to country. In consequence, under some circumstances it may be possible that the price of the cloth of England becomes lower than that of the cloth of Portugal. In the famous example given by Ricardo, as shown later in detail, in the foreign trade market, the cloth of England which requires the labour of 100 Englishmen, is actually lower in price than the cloth of Portugal, which requires the labour of 90 Portuguese. From this standpoint, Ricardo examines foreign trade not only on the level of the labour which is necessary to produce a commodity, but also on the level of the value (or price) which the labour devoted to the production of the commodity represents.

On the other hand, Viner looks at foreign trade only on the level of the labour, and mistakes labour for value (or price, cost). Consequently, he takes it that the price of the cloth of England, the produce of 100 Englishmen, is higher than that of the cloth of Portugal, the produce of 90 Portuguese.

To sum up, Viner's view of international trade is that international trade depends on a difference in the comparative, not in the absolute, cost of producing commodities, whereas the basic principles of market economy are: "Every transaction in commerce is an independent transaction",[12] and

---

12) Ricardo, op. cit., p. 158.

the absolute priority of cost (or price) is an indispensable condition for a commodity to be sold and bought in market, to be exported and imported in international trade. Viner's contention is decidedly incompatible with these basic principles, and contradicts itself. In short, the comparative priority of cost (or price) of the commodity becomes effective only on the condition that the commodity has the absolute priority of cost (or price). Without this absolute priority, there is no possibility for the commodity being exported and imported.

V

Jacob Viner also refers to David Ricardo's *Notes on Malthus's 'Principles of Political Economy'*, written in 1820 to answer Malthus (1766–1834). It is for strengthening his argument that international trade depends on a difference in the comparative, not in the absolute, cost of producing commodities.

His reference consists of eight lines. The first four lines, which I mark (X), is Viner's introduction of Malthus's statement on foreign trade between Europe and America. The second four lines, which I mark (Y), is Ricardo's comment on Malthus's statement.

(X) Malthus had credited as a factor contributing to the prosperity of the United States her ability to sell "raw produce, obtained with little labor, for European commodities which have cost much labor." To this, Ricardo replied[13]

(Y) It can be of no consequence to America, whether the commodities she obtains in return for her own, cost Europeans much, or little labor; all she is interested in, is that they shall cost her less labor by purchasing them than by manufacturing them herself.[14]

---

13) Viner, op. cit., p. 441.
14) Viner, op. cit., p. 441. Originary, David Ricardo, *Notes on Malthus's "Principles of political economy"*. (*The Works and Correspondence of David Ricardo*, Cambridge University Press, 1951-55. Volume II.), p. 383. In (X) and (Y), Viner has changed the British spelling of *labour* into the American *labor*.

Viner interprets these quotations in his favour. Viner's assumptions are that Malthus discusses the comparison between higher cost of European commodity and lower cost of American commodity, and that Ricardo disregards the question of absolute difference of cost between Europe and America, paying his attention only to the difference of cost between the imported commodity and the native commodity. Based on this interpretation, Viner asserts "that imports could be profitable even though the commodity imported could be produced at less cost at home than abroad", and makes this assertion his fundamental point of view on international trade. This interpretation of Viner's is decidedly beside the point, however.

First of all, Malthus discusses the comparison of the quantity of labour, not the height of cost, between European commodity and American commodity. Ricardo knows distinctly that the labour theory of value cannot be applied to two or more countries, in this case between Europe and America. Therefore it is quite natural for Ricardo to state as follows: "It can be of no consequence to America, whether the commodities she obtains in return for her own, cost Europeans much, or little labour." Furthermore Ricardo knows clearly that the labour theory of value can be applied only within a country. Thus it is highly reasonable for him to say: "All she [i. e., America] is interested in, is that they shall cost her less labour by purchasing them than by manufacturing them herself."

Secondly, considering the circumstances of foreign trade of America in the early nineteenth century, it is obvious that the influential exporting commodities were cotton and tobacco as shown in the table below, and they had not their counterparts, their rival commodities in Europe. America was continuously increasing their exports year by year. Therefore, there is no need for Ricardo to consider price competition among those commodities.

Exports of U.S.,(Millions of Dollars)[15]

	1802-04	1860
Vegetable foods	13	27
Cotton	6	191
Tobacco	6	15
Animal products	3	20
Fish products	2	4
Forest products	4	13
Manufactures	2	37
Total of these items, omitting decimals	36	307

From the above-mentioned facts, I assert that Ricardo's *Notes* advances the argument in conformity with the truth of market-economy, but that Viner's inference is its exact opposite.

VI

Now, I proceed to set forth my own view of Ricardo's numerical explanation on 'the theory of the comparative costs of production', which is, in Viner's words, 'the doctrine of comparative costs'.

First, I quote three paragraphs from Ricardo's *On the Principles of Political Economy and Taxation*, which I mark [A], [B] and [C].

[A] England may be so circumstanced, that to produce the cloth may require the labour of 100 men for one year; and if she attempted to make the wine, it might require the labour of 120 men for the same time. England would therefore find it her interest to import wine, and to purchase it by the exportation of cloth.[16]

[B] To produce the wine in Portugal, might require only the labour of 80 men for one year, and to produce the cloth in the same country, might require the labour of 90 men for the same time. It would therefore be advantageous for

---

15) Clive Day, *History of Commerce* (Fourth Edition, 1938) p. 530.
16) Ricardo, op. cit., p. 135.

her to export wine in exchange for cloth. This exchange might even take place, notwithstanding that the commodity imported by Portugal could be produced there with less labour than in England. Though she could make the cloth with the labour of 90 men, she would import it from a country where it required the labour of 100 men to produce it, because it would be advantageous to her rather to employ her capital in the production of wine, for which she would obtain more cloth from England, than she could produce by diverting a portion of her capital from the cultivation of vines to the manufacture of cloth.[17)]

[C] Thus England would give the produce of the labour of 100 men, for the produce of the labour of 80. Such an exchange could not take place between the individuals of the same country. The labour of 100 Englishmen cannot be given for that of 80 Englishmen, but the produce of the labour of 100 Englishmen may be given for the produce of the labour of 80 Portuguese, 60 Russians, or 120 East Indians. The difference in this respect, between a single country and many, is easily accounted for, by considering the difficulty with which capital moves from one country to another, to seek a more profitable employment, and the activity with which it invariably passes from one province to another in the same country.[18)]

In reading Paragraphs A, B and C, we must pay attention to three points. Both the first and the second point concern English grammatical rule included in Paragraphs A and B.[19)]

The first point is the fact that Ricardo has added the definite article *the* to *cloth* and *wine* to make *the cloth* and *the wine*. Consequently, *the cloth* and *the wine* are considered to mean *a definite quantity of cloth* and *another definite*

---

17) Ricardo, op. cit., p. 135.
18) Ricardo, op. cit., pp. 135–136.
19) In 1974, Professor Kenzo Yukizawa took notice of this English grammatical rule in his essay, "Ricardo Hikakuseisanhisetsu no Genkeirikai to Henkeirikai." (Kenzo Yukizawa, "Ricardo's 'Comparative Cost' Theory as it was".) In: *Shogakuronsan: Journal of Commerce* (The Society of Business and Commerce in Chuo University), Vol.15, No.6, pp. 25–51.

quantity of wine that are actually traded at the same price, in the international trade market.

The second point is the fact that Ricardo has expressed the manufacture of English wine and Portugal cloth in the subjunctive mood, as follows: "if she [i. e., England] attempted to make the wine, it might require the labour of 120 men for the same time", and "though she [i. e., Portugal] could make the cloth with the labour of 90 men, she would import from a country where it required the labour of 100 men to produce it, ...". The subjunctive past sentence expresses the supposition which is contrary to the present fact. Therefore, in Ricardo's numerical example concerned, wine is not made in England, and cloth is not made in Portugal, in actuality.

Thus considered, *the cloth of England requiring the labour of 100 men for one year* and *the wine of Portugal requiring the labour of 80 men for one year* have won the position of exporting commodities and have got the same value. This interpretation will lead to a conclusion shown below as *the third point*. On the basis of this interpretation, I represent as W-unit *the quantity of the cloth* that is traded for *the quantity of the wine* marked X-unit.

The third point is the fact that with regard to Paragraph C, Ricardo has illustrated that "The labour of 100 Englishmen cannot be given for that of 80 Englishmen, but the produce of the labour of 100 Englishmen may be given for the produce of the labour of 80 Portuguese, 60 Russians, or 120 East Indians." This illustration means that *the cloth of England, the produce of the labour of 100 Englishmen* is at the same price with *the wine of Portugal, the produce of the labour of 80 Portuguese* in the international trade market, and that *the cloth of England* and *the wine of Portugal* respectively have the highest productive advantage and the lowest level of value among the same sort of commodities.

From these discussions, let me assume that *W-unit English cloth* and *X- unit Portugal wine* are traded, for example, at the price of £4000, in the international trade market. Because domestic trade follows 'the labour theory of value', *W-unit Portugal cloth* becomes worth £4000×90/80=£4500, and *X-units English wine* £4000×120/100=£4800. Thus, I illustrate Ricardo's two-country and two-commodity example in two ways. One is based on the quantity of labour, and the other on the quantity of value (or price), as shown below. It is clear that the cloth of England which requires the labour of 100 Englishmen, is actually lower in price than the cloth of Portugal which requires the labour of 90 Portuguese, in the foreign trade market.

Table 2 the quantity of labour necessary to produce

	W-unit cloth	X-unit wine
England	100men	120men
Portugal	90men	80men

Table 3 the quantity of value which the labour expresses

	W-unit cloth	X-unit wine
England	£4,000	£4,800
Portugal	£4,500	£4,000

In the same manner, Ricardo's two-country and two-commodity example will be extended, for example, to four-country and four-commodity example, as shown below.

Table 4 the quantity of labour necessary to produce

	W-unit cloth	X-unit wine	Y-unit corn	Z-unit cotton
England	100men	120men	140men	160men
Portugal	90men	80men	100men	110men
Russia	84men	78men	60men	102men
India	138men	150men	129men	120men

Table 5 the quantity of value which the labour expresses

	W-unit cloth	X-unit wine	Y-unit corn	Z-unit cotton
England	£4000	£4800	£5600	£6400
Portugal	£4500	£4000	£5000	£5500
Russia	£5600	£5200	£4000	£6800
India	£4600	£5000	£4300	£4000

Putting Paragraphs A, B and C together with the above Tables, we definitely recognize that Ricardian model of the theory of comparative costs is grounded on the dual point of view, which consists of *labour as the substance of value* and *price as the form of value.*

One appreciable result derived from close observation of the tables shown above is that the absolute advantage of price is indispensable for the commodity to be exported from the home country to the foreign country, or to be imported from the foreign country to the home country. This proposition is completely consistent with Ricardo's statement cited in Section III of this essay: "Thus, cloth cannot be imported into Portugal, unless it sell there for more gold than it cost in the country from which it was imported; and wine cannot be imported into England, unless it will sell for more there than it cost in Portugal."[20] At the same time, this proposition is perfectly consistent with the so-called 'the eighteenth-century rule': "under free trade all commodities would necessarily tend to be produced in the locations where their real costs of production were lowest."[21]

On the other hand, this proposition is absolutely inconsistent with Viner's statement cited above: "that imports could be profitable even though the commodity imported could be produced at less cost at home than abroad."[22] From these considerations, I infer that Ricardo specifies the commodity, which is the lowest in price among the same kind of commodities, as the exportable one on the ground of its absolute advantage in the international price competition.

Another appreciable result derived from the tables concerns the commodities which cannot be the lowest in price among the same kind of commodities, and accordingly cannot be exported. Whether they can or cannot exist in the international competition depends on the degree of their comparative disadvantages to their respective countries' comparative advantage commodities. If they succeed in overcoming the disadvantages by technological

---

20) Ricardo, op. cit., p. 137
21) Viner, op. cit., p. 441.
22) Viner, op. cit., p. 441.

development, they can survive. But if they fail, they are forced to disappear out of the market. The countries which have no lowest commodities will be so circumstanced that they have no exportable commodities to pay for the imported commodities, and they are troubled with unbalanced foreign trade, and money instead of exportable commodities must be paid in exchange for the imported commodities.

To summarize Ricardo's numerical explanation, first, the strong exportable commodities occupy the central positions on the ground of the absolute priority of value (or price) among the same sort of commodities, and shape the standard measure of value (or price) in the international trade market. Second, the weak non-exportable commodities are positioned according to the comparative priority of labour in relation to other domestic commodities. In this framework, 'the theory of comparative costs of production' can be expressed as the superstructure, which has been erected on the substructure named 'the eighteenth-century rule'.

Despite the prevailing view among the economists concerned, I would argue that the Ricardian theory on international free trade depicts not only the world of peaceful coexistence for mutual benefit, but also the world of cut-throat competition and the survival of the fittest, where the strong prey upon the weak and the weak fall prey to the strong.[23]

(Spring, 2018)

---

23) I would like to thank Professor Matsuji Tajima, who read the earlier versions and suggested numerous stylistic improvements. All remaining errors and inadequacies are, of course, mine.

結言　著書刊行への感謝の辞

著書刊行の直接の契機

　本書の刊行は、私の次のメールに対して、松田健二氏が「メール受け取りました。状況は分かりました。貴著刊行について、緊急にご相談しましょう」と即答して下さったことで具体化した。「御無沙汰致しております。九大(今は名誉教授)の福留久大です。特別の御願いがありまして、ご都合も伺わないままに、入院中の病院から、メールを試みております。２０２０年秋までは、元気印の福留さんでしたが、それ以降、肺活量が急減、間質性肺炎の難病指定患者となり、酸素吸入器の支援を受けております。長男（その妻が医師）夫婦の見立てでは活動できるのはあと数か月かも知れないと言います。

　私の余命の短いことを察知したのでしょう、息子二人が協議して、拙作のうち①余人に出来ない論稿②後世に残す価値のある論稿、を選択して、その書籍化を勧めております。二人（長男・英資ひでし・52歳、次男・東土ひでと・50歳）はいずれも東大経済OBですが、卒業後は別の道を選んで、英資は福岡で弁護士、東土は東大教育の教授を職業としています。二人が、まず着目したのは、リカード貿易論関係の七本の論文でした。詳細は、近くに居る東土が御社に伺って話すと言っていますが、要点は添付しました「比較生産費と国際価値———リカード対ヴァイナー」の６頁右欄から８頁左欄までの「古典学派の二重の視点」（20分で読めると書いています）から読み取って頂けるかと思います。いま少し時間が頂けるならば、１頁〜４頁左欄の「序」を読んで頂けると、なおよく理解して頂けると思います。リカード貿易論については、１９世紀にはMill親子によって、２０世紀にはViner とその弟子Samuelson によって行われた、巧妙な誤解が通説として流布して、牢固とした固定観念になって、世界中の貿易論・国際経済論の冒頭に据えられています。

　私は、2013 年に明確にこの誤解に気付き、草稿を作って友人間に配布しました。強く賛同して下さったのは、日頃から違和感を抱いてい

たらしい田中史郎氏（宮城学院女子大学）でした。彼は、福留説として、世界中の教科書の書き換えを迫るものになるので、是非書籍として刊行するよう強く勧めて下さいました。息子たちの動きも田中さんの勧めを受けてのものでもあります。櫻井毅先生からは「周囲の若い人達の間では福留説が正解だとの声が多い、私もそう思うけれど、そうすると内外の名だたる大物たちが皆間違っていることになるので、公言するには至って居ない」旨の報知がありました。昨夏のお便りでは、気になる論文として今も櫻井先生の机上に置かれているのだそうです。貿易論や学説史の専門家は、自分が説いてきた通説を否定することになるので、なかなか真剣に読んで呉れません。専門外の山崎廣明、柴垣和夫、田中学、小澤健二、片桐幸雄という方々が、率直に賛意を表して下さいました。私は、最近まで、ポルトガルとイギリスのワイン貿易の実情（自由貿易ではなくて、協定に基づく特恵貿易）について一本、綿業における印度英国間、英国米国間競争の実情について一本、書き加えることを考えていました。しかし、病状が切迫した今は、それは諦めざるを得ません。次男の構想では、「比較生産費と国際価値」を主題とし、副題を「リカード対ヴァイナー」「サムエルソン会長講演」「リカード対アーウィン」とした３本で200頁くらいになるので、それで纏めたいらしく思われます。私としては、How David Ricardo Has Been Misunderstood :The Case of Jacob Viner（九大『経済学研究』84巻5・6号）を付録として収録したい気持ちもあります。その辺のことは、まだ詳しく打ち合わせていません。1月17日に、私の検査入院が始まったのを機に急遽持ち上がった話でして、まずは書籍化の可能性を伺うために次男が松田様に会って話を聞いて頂けるようにお願いするのが先決事項だと考えた次第です。次男・福留東土が近日中に連絡を差し上げると思いますので、何卒宜しくお願い申し上げます。２０２２年２月２日、福留久大」

　息子二人の背中を押した田中さんの書籍化の勧めは次のような過褒の辞だった。「この短い夏休みを利用して、先生のご論考（「リカード比較生産費説－宇沢氏と根岸氏の錯誤－」2014、「比較生産費と国際価値－リカードとヴァイナー－」2014、「比較生産費と国際価値－サムエルソン会長講演－」2015、「比較生産費と国際価値－リカード対アーウィン－」2015）を再読さ

せていただきました。先生のお考えは、極めて正当なリカード比較生産費説の継承であるとともに、それ故、これまでの通説を根底から覆すものとして「福留比較生産費説」という表現もあり得るものと感じました。国際経済学や経済学史のテキストの重要な一部に変更を迫るものです。そこで、改めてこれらをまとめてご著書にされては、と思いました。後世に残るかたちにすべきと考えた次第です。ほぼこのままでも問題ありませんが、たとえば、第1部・リカード説のテキストクリティーク（スミス、マルクスの価値論も含む)、第2部・内外の諸説の批判的検討、第3部・「労働」と「価値」の二重の視点、というように整理されるのも一案かもしれません。いずれにしても、一冊の書物となれば、後に学ぶ者にとっても意義は大きいと思います。誠に勝手ながら、ご一考いただければ、と思います。2020年9月3日」。

　2月10日に退院して、病妻と共に仮住いの身になり、体力不足と資料不足のなかで、編集者本間一弥氏と東土の妻・留理子の助力を得つつ、出版準備を急ぐことになった。

価格量基準の国際比較

　比較生産費説についての教科書的解説、辞書的解説における、労働量基準の物々交換方式の説明の誤りを繰り返し述べてきた。未引用部分を含む原文を示して、リカードが労働量基準に依る国内比較と合わせて、価格量基準に基づく国際比較に徹している真相を改めて強調しておきたい。

　＜ [G] ＞「こうして、クロスはそこから輸入される国で掛かる費用よりも多くの金に対して売れない限り、ポルトガルへは輸入され得ない。またワインは、ポルトガルで掛かる費用よりも多くの金に対して売れない限り、イギリスへは輸入され得ない。もしも貿易が純粋に物々貿易であるならば、それは、イギリスが非常に安価にクロスを作ることができて、葡萄の樹を栽培することによるよりもクロスを製造することによって、一定量の労働を用いて、より多量のワインを取得し得る間だけ、またポルトガルの勤労がそれとは逆の効果を伴う間だけ、継続し得るに過ぎないだろう。さて、イギリスがワイン生産の一方法を発見し、そこで

それを輸入するよりはむしろそれを生産する方がその利益になるものと仮定すれば、イギリスは当然その資本の一部分を外国貿易から国内産業へ転換するであろう。イギリスは、輸出のためにクロスを生産することを止めて、自国でワインを生産するであろう。これらの商品の貨幣価格は、それに応じて左右されるであろう。すなわち、イギリスではクロスは引き続いて以前の価格にあるのにワインは下落し、ポルトガルではいずれの商品の価格にも変更は起こらないであろう。クロスは、その価格がポルトガルではイギリスよりも引き続いてより高いから、しばらくの間はイギリスから引き続いて輸出されるであろう。しかし、それと引き換えにワインではなく貨幣が与えられるであろう、そしてついにこの国での貨幣の蓄積、及び外国でのその減少が、両国におけるクロスの相対価格に作用し、そのためにそれを輸出することが有利でなくなるであろう。もしもワイン生産における改良が甚だしく重要な種類のものであるならば、業務を交換することが両国にとって有利となるかも知れない。すなわち、両国によって消費される全てのワインをイギリスが生産し、全てのクロスをポルトガルが生産するのが、有利となるかも知れない。しかしこれは、貴金属の新しい分配が生じて、イギリスでクロスの価格を引き上げ、ポルトガルでそれを引き下げることによってのみもたらされ得るであろう。ワインの相対価格は、イギリスにおいては、その製造上の改良から来る実際の優位性の結果として、下落するであろう。換言すれば、その自然価格が下落するであろう。クロスの相対価格は、そこでは貨幣の蓄積のために騰貴するであろう」。

　<Thus, cloth cannot be imported into Portugal, unless it sell there for more gold than it cost in the country from which it was imported; and wine cannot be imported into England, unless it will sell for more there than it cost in Portugal. If the trade were purely a trade of barter, it could only continue whilst England could make cloth so cheap as to obtain a greater quantity of wine with a given quantity of labour, by manufacturing cloth than by growing vines; and also whilst the industry of Portugal were attended by the reverse effects. Now suppose England to discover a process for making wine, so that it should become her interest rather to grow it than import it; she would naturally divert

a portion of her capital from the foreign trade to the home trade; she would cease to manufacture cloth for exportation, and would grow wine for herself. The money price of these commodities would be regulated accordingly; wine would fall here while cloth continued at its former price, and in Portugal no alteration would take place in the price of either commodity. Cloth would continue for some time to be exported from this country, because its price would continue to be higher in Portugal than here; but money instead of wine would be given in exchange for it, till the accumulation of money here, and its diminution abroad, should so operate on the relative value of cloth in the two countries, that it would cease to be profitable to export it. If the improvement in making wine were of a very important description, it might become profitable for the two countries to exchange employments; for England to make all the wine, and Portugal all the cloth consumed by them; but this could be effected only by a new distribution of the precious metals, which should raise the price of cloth in England, and lower it in Portugal. The relative price of wine would fall in England in consequence of the real advantage from the improvement of its manufacture; that is to say, its natural price would fall; the relative price of cloth would rise there from the accumulation of money.> (pp.137-8)

　リカードは、ここで三段階にわたる価格状況を描いている。第一段階、イギリスクロスとポルトガルワインが廉価で輸出品となっている状況。第二段階、イギリスワインに生産改良によって価格低下が生じ、ポルトガルワインの輸出が不可能となりポルトガルが片貿易に陥る状況。第三段階、輸出品を失ったポルトガルがイギリスへ輸入代金を貨幣で支払う結果、貨幣数量説（物価の上昇や下落は貨幣数量の増加や減少に比例するとする学説）に従って、イギリス側の貨幣蓄積による価格上昇とポルトガル側の貨幣減少による価格下落とが合わさって、イギリスワインとポルトガルクロスが廉価で輸出品となる状況、第一段階と逆転した形で輸出入が再開される状況。

　引用部分に続く文節で、第一段階と第二段階の価格状況について、数値を入れた説明が与えられている。「イギリスにおけるワイン生産の改

良以前に、ワインの価格はここでは一樽につき 50 ポンドであり、一定量のクロスの価格は 45 ポンドであったが、それに対してポルトガルでは、同一量のワインの価格は 45 ポンドであり、同一量のクロスの価格は 50 ポンドであったと仮定しよう。ワインは 5 ポンドの利潤を伴ってポルトガルから輸出され、クロスは同額の利潤を伴ってイギリスから輸出されたであろう。改良後には、イギリスでワインは 45 ポンドに下落し、クロスは引き続き同一価格にあるとしよう。商業上のあらゆる取引は独立の取引である。商人がイギリスでクロスを 45 ポンドで買うことができて、それをポルトガルで通常利潤を伴って売ることができる間は、彼は引き続きそれをイギリスから輸出するであろう」（p. 138）。

　この価格状況に関連して、リカードが上記引用文に「もしも貿易が純粋に物々貿易であるならば（If the trade were purely a trade of barter)」という一句を挿入したことに特別の注意を払う必要がある。一見したところでは、リカードが貿易を物々交換方式で捉えているかのように読めるかも知れないが、決してそうではない。仮定法過去形で綴られているのだから、「物々貿易」は現在の事実に反する想定である。現在の事実は、貨幣が存在していて、第二段階でポルトガルが輸出品を失っても貨幣支払で貿易を続行することができる。貨幣が存在せずに「純粋に物々貿易であるならば」貿易は、両国がそれぞれに輸出品を有する間だけ「継続し得るに過ぎないだろう」ということになる。商業取引が独立の取引であって、商人は 45 ポンドで購買したイギリスクロスをポルトガルにおいて 50 ポンドで販売すると述べるのも、クロスとワインの物々交換でない事実を強調する意図によると考えられる。

　以上の如くリカードは、生産上の改良による自然価格の低下と貨幣蓄積による相対価格の騰貴とを価格変動の二つの要因として挙げていること、その延長上に労働量基準ではなくて、価格量基準において国際比較を行っていることが再確認できる。さらに、本書第二章でサムエルソンについて見たように、ポルトガルを先進国に、イギリスを後進国に特定して議論する論者が少なくないが、リカードは、ポルトガルが片貿易に陥る状況を事例に挙げるように、ポルトガルとイギリスが立場を逆転し得るものとして扱っているのであって、先進国・後進国の特定にこだわっ

ているわけではないことも確認できる。

　比較生産費説を巡る最大の誤解、したがって何をおいても是正されねばならない誤解は、貿易を労働量基準に基づく物々交換として捉えるために、大前提として輸出商品は相手国商品より安価であるという条件の存在が看過されるところに由来する。あらゆる商品が絶対的に高価な国でも相対的に安価な商品は存在するので、全関係国が何らかの輸出商品を有して貿易利益を得られる架空世界図式の謬論が通説化している。

偶然が生む決定的認識

　2013年5月の連休に、私は思いっきり呑んだ。5月2日には次男と昼も夜も、5月3日には長男と昼も夜も。この暴飲暴食が「偶然」の引金になった。連休最後の5月6日、朝3時丁度に目覚めた。NHKの英会話番組「名探偵シャーロック・ホームズとワトソン博士」の録画VIDEOを観るか、そのテキストを読むか、どちらにするか一瞬迷った。途端に、胸を締め付ける相当に重い苦しみ（痛みではなく）を覚えた。苦しみは丁度40分続いて、スーッと消えて行った。そのまま再度眠りについて、朝食時に妻にその件を話した。狭心症の薬物治療を続けている彼女は、狭心症ではないかと疑い、診察を勧めた。連休明けの5月7日、のんびりと自転車で、幾つか委員として関係している浜の町病院（国家公務員共済組合立）に出かけた。連休明けで待ち時間が長くなると考えて、暇つぶしのつもりで、J. S. Mill の Of International Values の複写を持参した。心電図を精査していた医師が、突然に、「車椅子に乗って」「歩いてはいけません」「家族に連絡」「緊急手術」「緊急入院」と指示して、あっという間に、不安定性狭心症の手術を受けることになった。

　幾つかの意味で、非常に幸運だった。手術後、造影剤を注入して撮影した映像で見ると、心臓の筋肉を動かしている3本の冠動脈の中央のものが一個所だけ9割近くふさがっていた。この危機を「知らぬが仏」の幸運でくぐり抜けて、手術にたどり着いた。局部麻酔の注射で5分もしないうちに眠り込んだ。手首から冠動脈の患部までカテーテルを挿入する手術も、そのカテーテルを通じてステントを患部まで送り込む手術も、意識しないまま眠り続けて、40分後に目が覚めたときには手術は終わっ

ていた。そのまま 15 日まで 9 日間入院した。手術翌日朝まで点滴を受けたので、多少不自由を感じた。しかし、点滴が外れた後は、ミルの Of International Values を繰り返し読むほか何もすることが無く、観光旅館の遊客気分だった。

　ミルは、イギリスとドイツを対象国、リンネルとクロスを対象財にして、色々に交換割合が変わるときに両国間にどのような貿易利益が生ずるか、詳しく記述している。正確を期して覚書を作って読んでいて、はっきりと認識するに至った、リカードの議論と比べて、ミルのそれは明確に異質であり、歴然として低水準である、と。リカード貿易論には商品経済の特質に関する興味深い論点が幾つも含まれている。ミルの場合には、それが見出し難い。そしてミルの決定的弱点は、リカードが商品売買として論じている貿易を、ミルが「全ての貿易は現実には物々交換である（all trade is in reality barter.）」（p.583）と捉えていることである。売れるか否かは問題にならない形式になっていて、商品経済の基本原理に根本的に背馳するのである。リンネルとクロスが、それぞれ別々に売買される現実が無視されているのである。このミルの物々交換説に接して、反射的にリカードの「価格の絶対優位が輸出入の前提条件だ」とする見解、当然すぎるほどに当然の見解が重要論点として認識された。本書第二章においてサムエルソンはミル貿易論に言及している。リカードに比べて対象国がイギリスとドイツに、対象財がリンネルとクロスに変更されたことだけに触れて、議論の中核が変質していることには何ら解説が加えられていない。固定観念の陥穽にはまって思考停止に陥っていると言わねばならない。

　入院の際に持参したのが J. S. Mill の Of International Values だという「偶然」が何故生まれたのか？当日は、特別の意識なく、たまたま手許にあった手頃のものを持参したに過ぎない。しかし、その複写物を用意していたのには、次の事情が存在している。時期は失念しているが、かつて宇野弘蔵『経済学方法論』（東京大学出版会、1962 年刊）を通読したとき、ミルの「国際価値論」が論じられていることに注目した。シュムペーター『経済分析の歴史』第三編第六章「一般経済学、純粋理論」が「ジョン・スチュアート・ミルの『国際価値論』における価値論の転換を明らかにし、

リカルドにおける比較生産費説が、ミルにおいてさらに一歩進められて
『相互需要説』に一般化された」ことに関連して、シュムペーターの文
章が引用される。「価値論として考えられた供給需要説は、------ 実体費
用説と限界効用説の中間宿である。それ故に、ミルの相互需要の相等式
は、前者から遠ざかり、後者に近づく今一つのステップをなすものであ
る。そしてこれこそミルの形成した国際価値論が、古典学派のその他の
ものよりも遥かに良く批判の矢面に直面して対抗しえた理由であり、ま
たまさに一九二〇年代に至るまで支配的な学説として存続していた理由
である」(28 頁)。そしてこう位置づけられる。「この指摘は、古典経済
学からいわゆる近代経済学への転換が如何にして行われたかを、極めて
明瞭に示す一例といってよいのではないかと思う」(29 頁)。宇野先生
の指摘に接して、丹念に熟読するために、ミルの *Principles of Political
Economy*「国際価値論」を複写したに相違ない。

　この偶然の恵みで私は、「価値実体としての労働」と「価値形態とし
ての価格」との二重の視点に立脚するとともに、価格の絶対優位を輸出
入の必要条件として強調することで、リカード比較生産費説の正解を得
た、と少なからず確信できることになった。ただ、一方で、拙論は「コ
ロンブスの卵」と言えるという気持ちを持ちながらも、他方では、これ
だけ多数の著名な論者が主張することだから、自分の議論のどこかに誤
りが潜んでいるのではないかと懸念も拭えなかった。2013 年の後半を
費やして、ミル親子とヴァイナーのリカード理解を批判する草稿を作成
して、身近な先輩や友人に吟味をお願いすることにした。2014 年 1 月
12 日、法事で博多に帰省された山崎廣明氏にお会いして、「これで良い
と思うよ」と賛意を頂けた。山崎さんには、東大社会科学研究所に転勤
される前の法政大学経営学部勤務時代に、日米と日英の綿業競争を論じ
た「日本綿業構造論序説」(『経営志林』5 巻 3 号) という力作があり、こ
の論文を巡って経営学部内で比較生産費説問題を討論された経緯があっ
た。競争の決め手になる価格の絶対優位の重要性を熟知しておいでの方
だけに、この上なく頼もしい賛同だった。

大内力先生の不可思議

　前述の「決定的認識」に到達するまでに、私には比較生産費説と幾度かの出会いの体験があった。第一、大学入学の 1960 年に、川田侃先生の講義で『経済学講義』（東京大学出版会、1959 年刊）に基づいて「リカアドの比較生産費説」を教わった。私は記憶すべき重要学説の一つとして受容した。第二、1962 年、経済学部に進学して大内力先生の農業経済演習に属したことによって、比較生産費説は農産物自由化との関連で理解すべき学説として意識された。この年に小泉信三訳『改訂・経済学及び課税の原理』上・下（岩波文庫）を購読した。ただ、独学ではリカード説の真価は理解し得ずに終った。しかしながら、大内門下生になり得たことが、後述する 61 年後の「偶然」を生み、私の通説への挑戦の士気を高める重要な契機になった。第三、1970 年、九州大学教養部に赴任して、木下悦二先生の国際価値論に接することになった。ただし 1970 年代前半の時期は、九州経済調査協会における月例勉強会で、田中素香氏ほかの当時の大学院生と今村昭夫氏以下の若手研究員から木下説を伝授される形だった。彼らは経済学部において木下先生の講義を受講しており、木下説に好意的だった。私ひとりが木下説に内包される複雑な論理を受容できずに、要を得ない質問を繰り出していた。この縁の糸も 30 年後の 2004 年 7 月 17 日に、83 歳の木下先生に経済理論学会西南部会で「労働価値説と国際価値論——国際価値論の現代的意義」を報告いただくことで、相当に大きく結実することになった。討論者に指名された私は、木下先生の新旧の著作『我が航跡——国際経済探究の旅』（東北大学出版会、2003 年刊）『資本主義と外国貿易』（有斐閣、1963 年刊）におけるリカード論を精査して、リカード原文との異同を点検した。討論稿に加筆して「比較生産費説と国際価値——リカード説の本質理解」（九大『経済学研究』74 巻 1 号、2007 年 5 月執筆）を書き上げた。そこでは、リカード原文に含まれる労働量表示と価格量表示の二重の視点を摂取して、労働量基準に依ってその国際格差を資本主義の不均衡発展の反映と看做す木下説について、そのリカード原意からの逸脱を明示した。しかし、二重の視点を摂取したとは言いながら、その基底を成す輸出入の必

要条件としての価格の絶対優位の存在を意識するには至っていなかった。さらに、私自身が無意識の裡に物々交換方式で推論する弱点をも免れていなかった。

時計の針を1990年に巻き戻して、大内力『農業の基本的価値』（家の光協会、1990年刊）を頂いて一読したとき、全体としては極めて優れた啓蒙の書である同書のなかで、次の文章だけは如何にしても説明が呑み込めなかった。

「リカードの『比較生産性理論』を利用していえば、日本のように工業製品を輸出して農産物を輸入している国の場合は、農業の国際競争力というのは、じつは日本の農業とアメリカの農業とが直接競争をするという形で問題になることではないのです。『日本の工業品の生産性の上昇率と、国内の農業の生産性の上昇率とどちらが高いかということによって決まる』というのが経済学の教えるところです。簡単にいえば、日本が自動車を一台輸出してアメリカから小麦を一〇トン買ってくるという場合に、自動車一台が五〇〇〇ドルのときには、それと見返りに輸入される小麦一〇トンも五〇〇〇ドルということになる（むろん運賃とか税金とかは別として）でしょうが、自動車の生産性が大幅に上がって、同じ自動車が二〇〇〇ドルで輸出できるということになれば、それと見返りに入ってくる小麦一〇トンも二〇〇〇ドルということになります。すなわち、輸入小麦価格はかなり安くなった。」「いまいったような理屈で考えれば、かりに日本の農業の生産性をかなり速く高めうるという条件があったとしても、その上昇率よりも輸出工業の生産性の上昇率の方が速い限り、輸入農産物は絶えず安くなる（すなわち、国内農産物の価格より、どんどん安くなる）わけです。したがって、日本国内の農産物は競争力をますます失うという形になります」（129〜30頁）。

当時の私には、限りなく明敏な大内先生の記述に誤りがあるはずはない、納得できないのは自分の理解力不足に依るという思いがあった。同年秋の終わりころ、経済学部に進学していた長男を伴って、新宿百人町の先生宅に質問に伺った。しかし、リカード比較生産費説については腑に落ちる説明は得られなかった。流暢な先生の説明に何だか丸め込まれた感じがして、先生の説明を文字にしていただきたくて、福岡に帰って

から質問の手紙を出した。その後間もなく私は、教養部改組を基礎にした独立大学院・比較社会文化研究科の設立準備の任務を負わされて、案作りと学内調整と文部省交渉との準備に忙殺されることになった。大内リカード論への拘りは希薄化していつの間にか消えて行った。20年以上が経過した2013年7月終り頃（先生没後4年余を経て）書類袋のなかから全く記憶に残っていない先生の手紙が出てきた。上記の質問に対する返書だった。『世界経済論』の索引作りや校正作業で返事が遅れたと書かれている。『世界経済論』の発刊は、1991年3月25日だから、その前の1月29日か、2月29日かに書かれたものと思われる。大内リカード論に引き戻すとともに通説への挑戦を志向させる嬉しい偶然だった。懐かしい先生の文字に接して、改めて思ったことが二つあった。

　一つは、先生の手紙における（本当は手紙だけに限られないが）几帳面さ、誠実さ。先生に手紙を書くと、必ず返事を下さった。先生へ手紙を書く人の数は非常に多かったと思われる。その多数の便りへ欠かさず返事を書く仕事は、大変に労力を要しただろう。私への返書にしても、その日に何人かの人々に出すべき便りのなかの一つだったと思われる。急いで書かれたために、末尾の何月何日というところが「二九、」だけに終わっている。先生の几帳面さ、誠実さを思い、明敏にして情愛深い類稀な名教師だった、と思わざるを得なかった。

　改めて思った事項の二つ目は、大内先生までを捕囚にする物々交換方式に基づく比較生産費説解釈の固定観念としての強固さ。私への返書に「物々交換として捉える」と明記されていた。前述の「決定的認識」後のこの時期、私は、大内先生の議論の弱点を苦労なく看破できた。まず議論の首尾が整っていない。起首において「日本の農業とアメリカの農業とが直接競争をするという形で問題になることではない」とされる。日本の工業品とアメリカの農産物の物々交換が想定されて、生産性上昇によって日本工業品が安くなればそれに伴ってアメリカ農産物も安くなる、と述べられる。末尾に至ると「輸入農産物は、国内農産物の価格より、どんどん安くなる。したがって、日本国内の農産物は競争力をますます失う」という次第で、日本農産物とアメリカ農産物が直接競争することになって、起首部分と平仄が合わなくなっている。加えて中間項部分で、

日本工業品とアメリカ農産物の物々交換の論理が導入されたうえに、日本工業品の低廉化にもかかわらず、アメリカ農産物との交換割合は数量的にも価格的にも一定不変だとする不可解な論理が紛れ込んでいる。

ここのところは、「リカードの『比較生産性理論』を利用して」言えば、価格の絶対劣位が日本農業の弱点として強調されるべきである。『資本論』第1巻第25章「近代植民理論」が説くように、アメリカはいわば中世なき社会である。近代において少数ヨーロッパ人が多数先住民を排除して農地を確保した。その歴史を反映してアメリカの農業経営規模は平均175haと広大で日本の1.2haの150倍に達する（佐伯尚美『農業経済学講義』東京大学出版会、1989年、312頁）。日本農業の懸命の努力にも拘わらず大きい価格差が現存する。加えて、連年の日本工業の輸出拡大で、貿易収支の黒字化・為替相場の円高ドル安傾向（リカードの貨幣数量説に基づく輸出国の貨幣蓄積に依る価格騰貴、輸入国の貨幣減少に依る価格低下に対応する傾向）が出現する。為替相場が1971年までの1ドル＝360円から1ドル＝100円前後まで円高になる。輸入農産物の低廉化が生じて、日本農業の競争力弱化要因が加重される。以上の説明に、物々交換の論理の入り込む余地は全く存在しない。しかし、大内先生としては、比較生産費説が余りに有名であるために、貿易自由化論議に不可欠の議論としてその利用を試み、通説化した物々交換方式を導入して混乱に陥った、という経緯が考えられる。それほどに「物々交換として捉える」慣行は根強く固定観念化しているのである。

大内ゼミの先輩では、次の四名の方々が、リカード比較生産費説について論文を執筆した。①高橋精之「古典派経済学の外国貿易論」上、中の一、中の二、中の三（法政大学社会学部学会『社会労働研究』1967年、68年、69年）。②大内秀明「リカードの『外国貿易論』――自由主義段階論への一接近」（宇野弘蔵先生古稀記念『マルクス経済学の研究・下』東京大学出版会、1968年）。③馬場宏二「古典派の比較生産費説」（初出・大東文化大学『経済研究』第17号、2004年）（同著『もう一つの経済学――批判と好奇心』御茶の水書房、2005年）（改訂版・同著『経済学古典探索』御茶の水書房、2008年）。④伊藤誠「グローバリゼーションの時代における国際的不等価交換の意義」（初出・国士舘大学『アジア・日本研究センター紀要』

2008 年）（同著『現代のマルクス経済学』社会評論社、2010 年）。（論文の形に纏まってはいないが、大内ゼミ一期生・齋藤仁氏は，過去に相当深く検討された模様で、拙論に対して生前三回ほど異例に詳細な論評を寄せてくださった）。これらの論文に多くを学び少なからぬ批判の心も抱いた。2008 年10 月 25 日、九州大学で開催された経済理論学会で上記論文に依る伊藤誠報告があって、私は討論者に指名された。労働量表示と価格量表示の二重の視点に立脚して討論を行った。終了後に小幡道昭氏が「比較生産費説の核心を把握できずにいたけれど、今日の討論で良く分かりました」と拙論への賛意を表明された。しかしこの時点では私は、前述のように、二重の視点に立脚したとは言え、価格の絶対優位の不可欠性を意識していないし、無意識の裡に物々交換方式で推論していた。そのために、上記四論文のうち大内論文は部分的に、他の三論文は全面的に、「物々交換として捉える」慣行に囚われている弱点を指摘することができなかった。価格の絶対優位の存在を強調するのは、「決定的認識」後の「比較生産費説と国際価値──リカード対ヴァイナー」（九州大学『経済学研究』81 巻 4 号、2014 年冬執筆、本書第一章収録）を待たねばならなかった。

最後の念願と感謝の辞

　物々交換方式の説明の広まり具合を高校『政治・経済』教科書で点検したことがある。山崎廣明著者代表の『詳説　政治・経済』（山川出版社）だけは、下手な細工をせずに、リカードの「四つの数字」の部分の訳文を掲載する方式を採用して誤りを回避している。他の教科書は全部が、基本的には物々交換方式を採用することで価格競争の現実を無視して仕舞い、生産力が低くて絶対価格では全商品が高価格の国でも、相対価格で優位の商品だけは輸出可能で全関係国が貿易利益を得られるという謬論で紙面を飾っている。

　国際貿易について、共存共栄と相互利益の温和な牧歌的世界の描写に終ってはならない、苛烈な価格競争の渦巻く優勝劣敗の厳しい世界の存在も認識されねばならない、そのためには、教科書や辞書にあふれる物々交換方式に基づく説明の誤謬は改訂されねばならない───いま、私はそう念じ願っている。「書きかえられる『現代社会』『政治・経済』教科

書」（筑紫女学園高校『筑紫』67 号、2017 年）執筆の萩尾明彦氏に続く高校教師の登場を、病床にあって鶴首している。

　感謝の辞の筆を擱くにあたって、お名前を記し得なかった多くの友人知人の存在に思いを馳せている。彼を避け彼女を採ることは叶わない。ここでは英語論文の作成に尽力下さった田島松二氏、この英語学の偉才を友人代表として心よりお礼申し上げたい。

　人生の最終局面で病に倒れて、家族の支援と激励なしには生きられないし出版も不可能だと痛感している。川内以来の人生を共にする妻・美弥子、その美弥子が自分の身体の一部と実感する四人の子供、福留英資、福留東土、谷口里子、野口尚子、およびそれぞれの家族、彼ら彼女らが永続する平和に恵まれることを祈念して感謝の辞としたいと思う。

（2022 年 3 月 28 日）

【引用文献一覧】（ABC 順）

▼第一章

(1) 碧海純一「マルクスの労働価値説における説得定義と本質論」（岡田与好・広中俊雄・樋口陽一編『社会科学と諸思想の展開』創文社、1977 年、所収）。

(2) Clive Day, *History of Commerce,* 1938.

(3) 江夏美千穂訳『初版・資本論』（幻燈社書店、1983 年）。

(4) 福留久大『ポリチカルエコノミー』（九州大学出版会、2004 年）。
福留久大「リカード比較生産費説 — 宇沢氏と根岸氏の錯誤」（進歩と改革研究会『進歩と改革』2014 年 6 月号）。

(5) 日高普『経済原論』（有斐閣、1983 年）。

(6) 池田弘一「経営戦略と私の歩み」（九州大学経済学部同窓会報第 55 号、2013 年）。

(7) Douglas A. Irwin, *Against the Tide : An Intellectual History of Free Trade,* 1996.

(8) 経済学史学会編『経済思想史辞典』（丸善、2000 年）。

(9) 木下悦二「世界経済論」（奥村茂次・村岡俊三・編『マルクス経済学と世界経済』有斐閣、1983 年、所収）。

(10) 小宮隆太郎・天野明弘『国際経済学』（岩波書店、1972 年）。

(11) Karl Marx, *Das Kapital, Kritik der politischen Oekonomie.* Erster Band（Hamburg, 1867）．
Karl Marx, *Das Kapital, Kritik der politischen Oekonomie.* Erster Band. Zweite verbesserte Auflage.（Hamburg, 1872）
Karl Marx, *Das Kapital, Kritik der politishen Ökonomie* Erster Band,（*Karl Marx-Friedrich Engels Werke,* Band 23. 1986）．
Karl Marx, *Theorien über den Mehrwert,*（*Karl Marx -Friedrich Engels Werke*, Band 26-2. 1974）．

(12) 真実一男『リカード経済学入門』（新評論、1975 年）。

(13) 中村廣治『リカァドゥ体系』（ミネルヴァ書房、1975 年）。
中村廣治『リカードゥ評伝』（昭和堂、2009 年）。

(14) 鳴瀬成洋「国際経済における均衡 — リカードウの問題提起とその解答 —」（九州大学「経済論究」第 51 号、1981 年。森田桐郎編著『国際貿易の古典理論』同文館出版、1988 年、所収）。

(15) James Mill, *'Colony', The Supplement to the Encyclopedia Britannica,* 1818.

(16) John Stuart Mill, *Principles of Political Economy,* the first edition 1848, the seventh 1871.

(17) 根岸隆「比較生産費説は不滅」（日本経済新聞、1982 年 5 月 12 日〜 19 日）。

根岸隆「学説史に学ぶ」（日本経済新聞、2001 年 9 月 6 日〜 21 日）。

根岸隆『経済学史入門・改訂版』（放送大学教育振興会、2001 年）。

(18) 野口旭『経済対立は誰が起こすのか — 国際経済学の正しい使い方』（ちくま新書、1998 年）。

野口旭「比較生産費説」（経済学史学会編『経済思想史辞典』丸善、2000 年）。

(19) David Ricardo, *On the Principles of Political Economy and Taxation.*, (*The Works and Correspondence of David Ricardo*, edited by Pierro Sraffa with the collaboration of M. H. Doob, Cambridge University Press, 1951-55. Volume I）．

David Ricardo, *Notes on Malthus's 'Principles of political economy'*. (*The Works and Correspondence of David Ricardo*, edited by Pierro Sraffa with the collaboration of M. H. Dobb, Cambridge University Press, 1951-55. Volume II）．

(20) 向坂逸郎編『資本論読本』（河出書房新社、1963 年）。

(21) 佐藤秀夫『国際経済 — 理論と現実』（ミネルヴァ書房、2007 年）。

(22) William Shakespeare, *Othello The Moor of Venice.*「オセロー」（シェークスピア著、坪内逍遥訳）『ザ・シェークスピア』全原文＋全訳文、全一冊、第三書館）、1989 年。

(23) Adam Smith, *An Inquiry into The Nature and Causes of The Wealth of Nations*（The Modern Library, 1937）．

(24) Joseph A. Schumpeter, *History of Economic Analysis*, 1954. 東畑精一訳『経済分析の歴史 1 〜 7』（岩波書店、1955 〜 62 年）。

(25) 田淵太一『貿易・貨幣・権力 — 国際経済学批判』（法政大学出版局、2006 年）。

(26) 宇野弘蔵『経済原論』上巻、（岩波書店、1950 年）。

宇野弘蔵『経済原論』（岩波全書、1964 年）。

(27) 宇沢弘文『経済学の考え方』（岩波新書、1989 年）。

(28) Jacob Viner, *Studies in the Theory of International Trade*, 1937.

(29) 山口重克「商業資本論と競争論、2」（東京大学「経済学論集」第 42 巻第 3 号、1976 年、所収）。後に、同著『競争と商業資本』（岩波書店、1983 年、所収）。

(30) 山下正男『論理学史』（岩波書店、1983 年）。

▼第二章

(1) Lord Ernle, *English Farming Past and Present.* the third edition. 1922.

(2) Friedrich Engels, *Die Lage der arbeitenden Klasse in England.* 1845（*Karl*

Marx -Friedrich Engels Werke. Band 2. 1970）.

The condition of the working class in England. Translated by W. O. Henderson and W. H. Chaloner. 1958.

（3）福留久大「比較生産費と国際価値 — リカード対ヴァイナー」（九州大学経済学会『経済学研究』第 81 巻第 4 号、2015 年、1 〜 46 頁）（本書第一章に収録）。

（4）Leone Levi, *Wages and Earnings of the Working Classes*.1867.

（5）Karl Marx, *Das Kapital*, Erster Band,（*Karl Marx -Friedrich Engels Werke*. Band 23.1986）.『資本論』岡崎次郎訳、国民文庫版。

（6）根岸隆「比較生産費説は不滅」（日本経済新聞、1982 年 5 月 12 日〜19 日、5 回連載）。根岸隆「学説史に学ぶ」（日本経済新聞、2001 年9 月 6 日〜 21 日、11 回連載）。

根岸隆『経済学史 24 の謎』（有斐閣、2004 年）。

（7）E. J. Radley, *Notes on British Economic History from 1700 to the present day*. 1967.

（8）David Ricardo, *On the Principles of Political Economy and Taxation*.（*The Works and Correspondence of David Ricardo*. Edited by Pierro Sraffa with the collaboration of M. H. Dobb. Cambridge University Press. 1951-55. Volume I）.

羽鳥卓也・吉澤芳樹訳『経済学および課税の原理』岩波文庫、上巻、下巻（岩波書店、1987 年）。

David Ricardo, *Letters* 1816-1818.（*The Works and Correspondence of David Ricardo*. Edited by Pierro Sraffa with the collaboration of M. H. Dobb. Cambridge University Press, 1951-55.Volume VII）.

（9）Roy J. Ruffin, David Ricardo's Discovery of Comparative Advantage. *History of Political Economy* 34: 4, 2002.

（10）Paula A. Samuelson, Presidential Address : The Way of an Economist.（*International Economic Relations : Proceedings of the Third Congress of the International Economic Association*. Edited by P. A. Samuelson, 1969）.

P. A. Samuelson, *Economics*. ninth edition. 1973. サムエルソン著、都留重人訳『経済学』下、（岩波書店、1974 年）。

（11）Robert Torrens, *An Essay on the External Corn Trade*. the first edition. 1815.

Robert Torrens, *An Essay on the External Corn Trade*. the third edition, 1826.

（12）Jacob Viner, *Studies in the Theory of International Trade*. 1937.

（13）行沢健三「リカードゥ『比較生産費説』の原型理解と変形理解」（中央大学『商学論纂』15 巻 6 号、1974 年、25 〜 51 頁）。

▼第三章

（1） John S. Chipman. "A Survey of the Theory of International Trade: Part 1, The Classical Theory," *Econometrica* 33（July 1965）.

（2） 福留久大「比較生産費と国際価値 — リカード対ヴァイナー」（九州大学経済学会『経済学研究』第 81 巻第 4 号、2014 年 12 月、1 ～ 46 頁）（本書第一章に収録）。

「比較生産費と国際価値 — サムエルソン会長講演」（九州大学経済学会『経済学研究』第 82 巻第 2・3 合併号、2015 年 9 月、17 ～ 52 頁）（本書第二章に収録）。

（3） Douglas A. Irwin, *Against the Tide : An Intellectual History of Free Trade.* (Princeton U. P., 1996). ダグラス・A・アーウィン著、小島清監修、麻田四郎訳『自由貿易理論史』（文眞堂、1999 年）。

（4） Karl Marx, *Das Kapital, Kritik der politiscen Ökonomie*, Erster Band, (*Karl Marx -Friedrich Engels Werke*, Band 23. Diez Verlag 1962). 『資本論』岡崎次郎訳、国民文庫版第 1 分冊。

（5） James Mill,'The Corn Laws.' *Eclectic Review*. n.s.2. July 1814.

James Mill,'Colony.' *The Supplement to the Encyclopaedia Britannica.* 1818.

James Mill, *Elements of Political Economy.* (London: Baldwin, Cradock, & Joy. 1821).

（6） David Ricardo, *On the Principles of Political Economy and Taxation.* (*The Works and Correspondence of David Ricardo*, edited by Pierro Sraffa with the collaboration of M.H. Dobb, Cambridge University Press, 1951- 55.Volume I). 岩波文庫、羽鳥卓也・吉澤芳樹訳『経済学および課税の原理』上巻（岩波書店、1987 年）。

David Ricardo, *Letters 1821-1823.* (*The Works and Correspondence of David Ricardo*, edited by Pierro Sraffa with the collaboration of M. H. Dobb, Cambridge University Press, 1951-55.Volume IX).

（7） Roy J. Ruffin, David Ricardo's Discovery of Comparative Advantage, *History of Political Economy* 34: 4. 2002.

（8） Paul A. Samuelson, Presidential Address : The Way of an Economist. (*International Economic Relations : Proceedings of the Third Congress of the International Economic Association*. Edited by P.A. Samuelson. 1969).

（9） Adam Smith, *An Inquiry into the Nature and Causes of the Wealth of Nations.* (Modern Library Edition. 1937).

（10） 田淵太一『貿易・貨幣・権力 — 国際経済学批判』（法政大学出版局、2006 年）。

（11） 田中史郎「福留報告に対するコメント」（2014 年 10 月 25 日経済理論学会第 7 分科会配布資料）（経済理論学会『季刊・経済理論』第 52 巻第 1 号、2015 年）。

(12) Robert Torrens, *An Essay on the External Corn Trade.*（London: J. Hatchard. 1815）.

(13) Jacob Viner, *Studies in the Theory of International Trade.*（New York: Harper & Brothers, Publishers. 1937）.

(14) 行沢健三「リカードゥ『比較生産費説』の原型理解と変形理解」(中央大学『商学論纂』15 巻 6 号、1974 年)。

▼第四章

(1) 馬場宏二『経済学古典探索 ― 批判と好奇心』御茶の水書房、2008 年刊)。

(2)John S. Chipman, A Survey of the Theory of International Trade: Part 1, The Classical Theory, (*Econometrica* 33. July 1965）.

(3)Douglas A. Irwin, *Against the Tide: An Intellectual History of Free Trade* (Princeton U. P., 1996.)

(4)Karl Marx, Capital, Vol. I （*Karl Marx-Frederick Engels-Collected Works, Volume 35*. International Publishers, 1996)

(5) 根岸隆「学説史に学ぶ ― 基本と応用」(日本経済新聞、2001 年 9 月 21 日)。

(6) 奥山忠信「需要論の省察」(仙台経済学研究会『経済学の座標軸』社会評論社、2016 年刊、所収)。

(7)David Ricardo, *On the Principles of Political Economy and Taxation.*, （*The Works and Correspondence of David Ricardo*, edited by Pierro Sraffa with the collaboration of M. H. Doob, Cambridge University Press, 1951-55. Volume I)

(8) 作山巧『日本の TPP 交渉参加の真実』(文真堂、2015 年刊)。

(9)Paul A. Samuelson, Presidential Address：The Way of an Economist. （*International Economic Relations : Proceedings of the Third Congress of the International Economic Association*. Edited by P. A. Samuelson, 1969）.

(10) 篠原三代平経済学入門（上)』(日本経済新聞社、1979 年刊)

(11)Adam Smith, *An Inquiry into The Nature and Causes of The Wealth of Nations*（New York: The Modern Library, Random House, 1937)

(12) 田中史郎「福留報告に対するコメント」2014 年 10 月 25 日経済理論学会第 7 分科会配布資料 (経済理論学会『季刊・経済理論』、第 52 巻第 1 号、2015 年刊)。

(13) 外山滋比古『思考の整理学』(ちくま文庫、1986 年刊)。

(14) 吉信粛「リカードゥ『比較生産費説』の論理構造」『古典派貿易理論の展開』同文館出版、1991 年刊、所収)。

(15) 行澤健三「リカードゥ『比較生産費説』の原型理解と変形理解」(中

央大学『商学論纂』15 巻 6 号、1974 年刊）。

▼ 結言

(1) 馬場宏二「古典派の比較生産費説」（初出・大東文化大学『経済研究』第１７号、2004 年刊）（同著『もう一つの経済学——批判と好奇心』御茶の水書房、2006 年刊）（改訂版・同著『経済学古典探索』御茶の水書房、2008 年刊）。

(2) 萩尾明彦「書きかえられる『現代社会』『政治・経済』教科書」（筑紫女学園高校『筑紫』67 号、2017 年刊）。

(3) 伊藤誠「グローバリゼーションの時代における国際的不等価交換の意義」（初出・国士舘大学『アジア・日本研究センター紀要』2008 年）（同著『現代のマルクス経済学』社会評論社、2010 年刊）。

(4) 川田侃『経済学講義』（東京大学出版会、1959 年刊）。

(5) 木下悦二『資本主義と外国貿易』（有斐閣、1963 年刊）、『我が航跡——国際経済探究の旅』（東北大学出版会、2003 年刊）。

(6) 小泉信三訳『改訂・経済学及び課税の原理』上・下（岩波文庫）。

(7)John Stuart Mill, Principles of Political Economy, the first edition 1848, the seventh 1871.

(8) 大内秀明「リカードの『外国貿易論』——自由主義段階論への一接近」（宇野弘蔵先生古稀記念『マルクス経済学の研究・下』東京大学出版会、1968 年刊）。

(9) 大内力『農業の基本的価値』（家の光協会、1990 年刊）、『世界経済論』（東京大学出版会、1991 年刊）。

(10)David Ricardo, *On the Principles of Political Economy and Taxation.*, (*The Works and Correspondence of David Ricardo*, edited by Pierro Sraffa with the collaboration of M. H. Dobb, Cambridge University Press, 1951-55. Volume I)

(11) 佐伯尚美『農業経済学講義』（東京大学出版会、1989 年刊）。

(12) シュムペーター著・東畑精一訳『経済分析の歴史 1 ～ 7』（岩波書店、1955 ～ 62 年刊）。

(13) 高橋精之「古典派経済学の外国貿易論」上、中の一、中の二、中の三（法政大学社会学部学会『社会労働研究』1967 年、68 年、69 年刊）。

(14) 宇野弘蔵『経済学方法論』（東京大学出版会、1962 年刊）。

(15) 山崎廣明「日本綿業構造論序説」（法政大学『経営志林』5 巻 3 号、1968 年刊）。
山崎廣明著者代表『詳説 政治・経済』（山川出版社、2007 年刊）。

○著者紹介

福留　久大　（ふくどめ・ひさお）

1941年上海生まれ。

1960年鹿児島県立川内高校、64年東京大学経済学部、69年同大学院を経て、69年東北大学助手、70年九州大学講師・助教授、85年教授。94〜2005年、経済学研究院に所属し比較社会文化学府を重担する。05年定年退職。現在、九州大学名誉教授。

著訳書：『現代日本経済論』（共著、東京大学出版会）、『九州における近代産業の発展』（共著、九州大学出版会）、『資本と労働の経済理論』（九州大学出版会）、『ポリチカルエコノミー』（九州大学出版会）、I・バーリン『人間マルクス──その思想の光と影』（サイエンス社）。

リカード貿易論解読法
──『資本論』に拠る論証──

2022年7月7日　初版第1刷発行

著　者：福留久大
発行人：松田健二
発行所：株式会社 社会評論社
　　　　東京都文京区本郷 2-3-10
　　　　tel.03-3814-3861　Fax.03-3818-2808
　　　　http://www.shahyo.com
組版装幀：Luna エディット .LLC
印刷製本：倉敷印刷 株式会社